GESCHICHTE DES

OKKULTISMUS

LECHNER

GESCHICHTE DES OKKULTISMUS

T. Wynne Griffon

LECHNER

Ins Deutsche übertragen von
Lies Künzli, Götz Lemberg
und Jürgen Martini

ISBN 3-85049-415-2

Printed in the European Union.

Alle Photographien und Bildmaterialien stammen aus der Sammlung des Autors mit Ausnahme von:

American Graphic Systems Photo Archives: 52, 53, 57 (oben), 58 (oben links), (Mitte), 59 (Mitte, unten), 60 (oben), 61 (oben), 62 (oben) 63 (unten), 64 (oben Mitte), 65 (oben).
Bison Books Picture Library: 90
California State Railroad Museum: 161 (unten)
C. R. DeJauregui: 114 (oben), 172 (oben Mitte)
Edgar Cayce Fondation Archives: 149
Lloyd G. Ingalls: 130 (oben)
Lowie Museum of Anthropology: 143
Reverend MJ McPike Collection: 50 (unten), 166
National Archives 33 (unten) 144
National Portrait Gallery, London: 34 (oben)
The Paul Ballard Collection, Wagner Library, Rancho Palos Verdes Art Center: 26
Robert Hunt Picture Library: 91
San Francisco Public Library: 169
Smithsonian Institution: 33 (oben), 112, 113, 114, (unten links), 115, 116, 117, 119, 120 (unten), 121, 122–123, 138, 139
Marjosa Star: 120 (oben), 146 (oben), 147
Bill Yenne: 57 (unten), 58 (oben rechts), 59 (oben), 60 (unten links, rechts), 61 (unten), 62 (unten), 63 (oben), 64 (unten), 65 unten links, rechts), 158

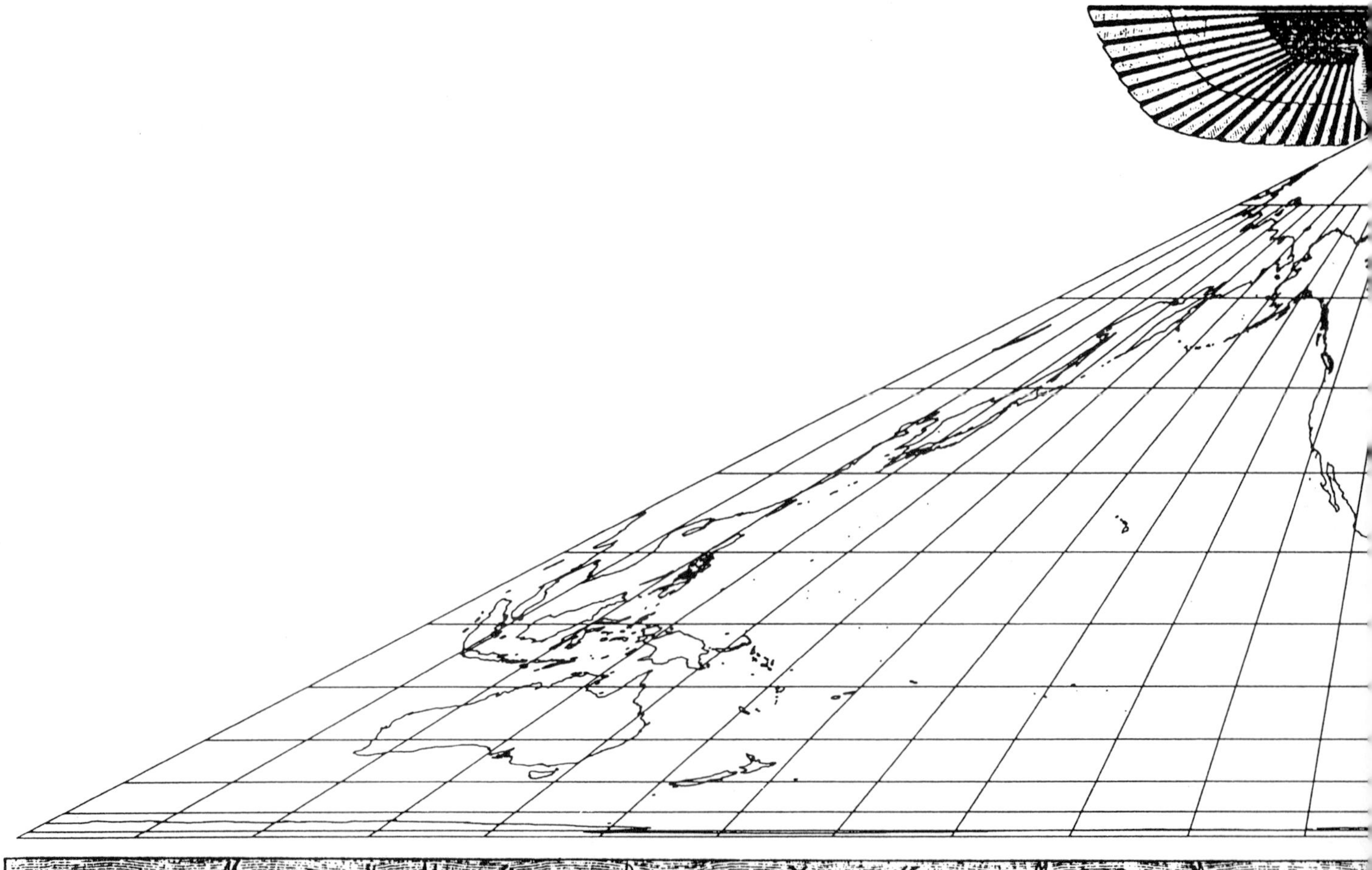

INHALTSVERZEICHNIS

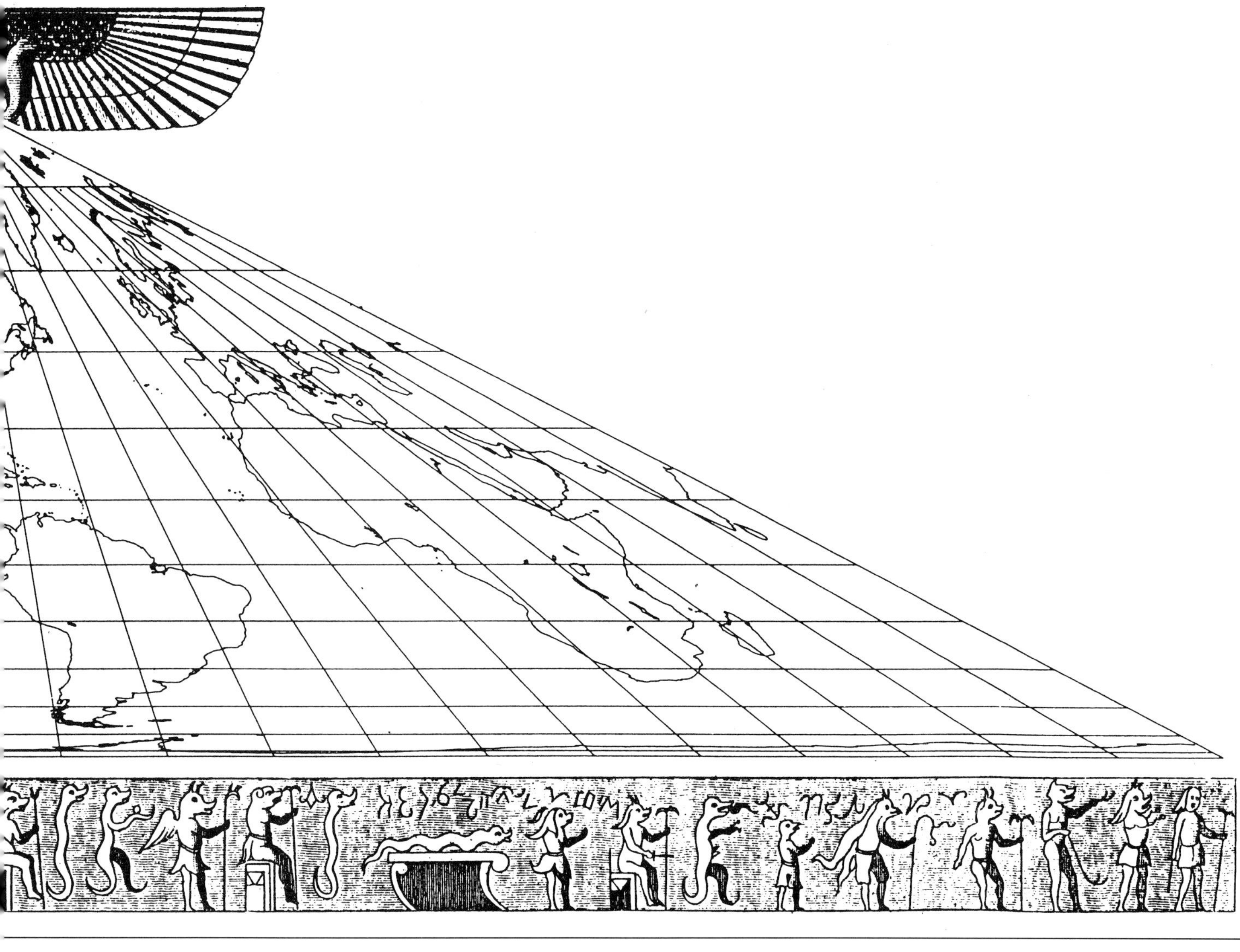

EINLEITUNG

Über Jahrhunderte hat der Okkultismus die Entwicklung der Menschheit begleitet. Im 15. Jahrhundert war die Astrologie sehr verbreitet und wurde an den Universitäten gelehrt.

Ein tiefer Glaube an die Astrologie scheint wesentlich zu diesem pessimistischen Zeitalter zu gehören, wie es ein Ausschnitt aus einem Gemälde von Hieronymus Bosch *(nächste Seite)* zeigt. Die drei Dämonen weisen auf die Verdorbenheit des Klerus. Der Fisch, ein Symbol für das Tierkreiszeichen der Fische, kündigt das Ende der Welt an.

In den 90er Jahren dieses Jahrhunderts ist der Okkultismus aktueller denn je. Für die zunehmende Aktualität gegen Ende unseres Jahrhunderts zeugt die starke Verbreitung der New-Age-Geschäfte *(oben)* in den USA wie in Europa.

Seit Urzeiten sind die Menschen fasziniert von der Welt der Magie. Das Übersinnliche war in der Geschichte stets von geheimem Wissen und geheimer Macht umwittert. Nur innerhalb bestimmter Gruppen wurde es unter Eingeweihten weitergegeben. Obwohl geheim, war das Übersinnliche stets ein anerkannter Bestandteil des menschlichen Lebens. Während der Aufklärung geriet der Okkultismus jedoch mit der wissenschaftlich geprägten Weltanschauung in Konflikt. Das Gefüge, das bislang die Mysterien erhellt hatte, lieferte nicht mehr die erwarteten Antworten, das okkulte Wissen wurde als altmodisch abgetan.

Dessen ungeachtet blühten die magischen Künste weiter im Verborgenen. Bauern richteten sich bei der Aussaat nach dem Stand der Sterne, andere befragten Tarotkarten um Rat. Während einige der alten okkulten Traditionen mit der Zeit verblaßten, erwuchs aus dem bleibenden Interesse an überirdischen Phänomenen der zeitgenössische Okkultismus.

Er begann in den USA mit dem Jahr 1848, als die Geschwister Fox aus New York öffentlich erklärten, sie könnten mit der Geisterwelt kommunizieren. Der Spiritualismus erregte das Interesse der Intellektuellen und wurde einer wissenschaftlichen Prüfung unterzogen. Eine Ironie des Schicksals wollte es, daß die Wissenschaft noch 100 Jahre zuvor alles Übernatürliche strikt geleugnet hatte. Aber nun wollte man es plötzlich genau wissen: Sollten die übersinnlichen Phänomene real sein, dann mußte es auch eine logische, rationale Erklärung für sie geben.

Mit der Gründung der Society of Psychical Research (SPR) 1882 in London durch den Philosophen Henry Sedgwick begann die Erforschung des Übersinnlichen. Ihre Mitbegründer – die bekannten Ärzte Sir William Barett, Sir William Crookes, Sir Oliver Lodge, die Philosophen Frederic W. H. Myers und Edmund Gurney – waren angesehene Mitglieder der akademischen Welt. 1885 zog William James, ein berühmter Psychologe und Philosoph der Harvard Universität, nach mit der Gründung der American Society for Psychical Research. James konzentrierte sich auf das Studium der spiritistischen Bewegung und ihrer Medien. Medien sind Menschen, die behaupten, mit der Geisterwelt in Verbindung zu stehen.

ASPR und SPR setzten sich die Aufgabe, das Paranormale in logische, rationale Begriffe zu fassen. Die Mitglieder der beiden Gesellschaften verhalfen den übersinnlichen Erscheinungen zu neuem Inter-

Oben: Anhänger der Schwarzen Magie kommen zusammen, um an traditionellen Ritualen teilzunehmen:

Oben rechts: Der bekannte Schweizer Psychologe Carl G. Jung war seit seiner Kindheit vom Okkultismus fasziniert. Das Mystische war für ihn Bestandteil des täglichen Lebens.

Über die Astrologie sagte Jung: „Wir sind in einem bestimmten Augenblick, an einem bestimmten Platz zur Welt gekommen. Wie der Wein tragen wir die Qualitäten des Jahres und der Jahreszeiten, in denen wir geboren sind."

Nächste Seite: Diese Illustration aus dem Jahre 1695 zeugt vom tief verankerten Glauben an die Macht der Sterne.

esse. Jedoch nicht wenige der von ihnen überprüften Medien entpuppten sich als Schwindler und Phantasten. Bald wurden auch Spuk und Poltergeister, die sogenannten lärmenden Gespenster, die Dinge herumwarfen und „nachts herumpolterten", wissenschaftlich untersucht. Führend unter den Geisterjägern war Harry Price, ein ehemaliger Zauberer, der sich durch Aufdeckung betrügerischer Medien einen Namen machte. Seine Karriere dauerte vierzig Jahre und gipfelte im Buch *Das spukreichste Haus in England*, worin er den angeblichen Spuk im Pfarrhaus von Borley in Suffolk schilderte.

1948, einige Jahre nach Prices Tod, führte die SPR eine Untersuchung seiner Arbeit im Pfarrhaus von Borley durch und kam zum Schluß, daß viele seiner Entdeckungen gefälscht waren. In akademischen Kreisen wurden Geisterjäger fortan mit derselben Skepsis betrachtet wie ein Medium.

1927 trat die Erforschung des Übersinnlichen in eine neue Phase, als Dr. J. B. Rhine an der Duke Universität von Durham im U.S. Bundesstaat North Carolina das Parapsychology Laboratory gründete. Das Institut befaßte sich ebenfalls mit parapsychologischer Forschung. Aber es interessierte sich weniger für die Welt der Poltergeister als für die Experimental-Psychologie. Rhine konzentrierte sich dabei auf Prägnostik, eine bestimmte Art von Hellsehen, Telepathie und Wahrsagerei. Ausgehend von der Annahme, daß diese Fähigkeiten eher unter einfachen Menschen als in den gebildeten Schichten verbreitet waren, testete er unter sorgfältig ausgearbeiteten Versuchsbedingungen Tausende von Kandidaten. Die Ergebnisse wurden statistisch analysiert. Rhine folgerte, daß die Existenz von Telepathie nicht weiter in Frage gestellt werden könne. Seine Arbeit erregte die Aufmerksamkeit des Schweizer Psychologen C. G. Jung, der seit langem von der Existenz übersinnlicher Phänomene überzeugt war. Jung veranstaltete unter anderem ein astrologisches Experiment, bei dem Tierkreiszeichen von glücklich verheirateten Paaren mit denjenigen von gescheiterten Eheleuten verglichen wurden. Das Resultat bestätigte: Ehepartner leben glücklicher und dauerhafter zusammen, wenn sie nach ihren Tierkreiszeichen harmonierten. Jung nutzte diese Ergebnisse für seine Theorie der Synchronizität oder der „sinngemäßen Koinzidenz". Danach sind alle Ereignisse des Universums in sinnvoller, jedoch nicht in kausaler Weise miteinander verknüpft. Zur Veranschaulichung diente Jung z. B. die Pendeluhr Friedrichs des Großen im Schloß Sanssouci. Das Pendel war beim Tod des Preußenkönigs stehengeblieben.

Jung begrüßte die Arbeiten Rhines, aber seine Einstellung wurde nicht von allen Wissenschaftlern geteilt. Sie gaben zu bedenken, daß Rhines Ergebnisse außerhalb des Labors kaum überprüfbar seien. Das Institut wurde schließlich nach der Pensionierung Rhines im Jahre 1965 geschlossen, was allerdings nicht bedeutete, daß die akademische Erforschung damit zu Ende gegangen war. Jetzt richtete sich die Aufmerksamkeit besonders auf die Universität Utrecht in den Niederlanden.

Seit dem Aufkommen der *New Age* Bewegung hat sich der Kreis derer, die sich für okkultes Wissen interessieren, vervielfacht. Die *New Age* Bewegung entstand in den 70er Jahren aus einem Gefühl der geistigen Leere bei der Nachkriegsgeneration. Sie war im Wohlstand aufgewachsen, aber viele Menschen fühlten sich desillusioniert. Nun suchten sie in spirituellen Erfahrungen und im okkulten Wissen einen neuen Sinn des Lebens.

So erregen der Okkultismus und seine Geschichte sowohl in gebildeten als auch in einfachen Schichten derzeit großes Interesse. Unaufhörlich sucht der Mensch danach, sich selbst und die Welt um sich herum besser zu begreifen.

Venter
Cor
Pectus
Brachia
Collum
Caput
Pudenda
Coxæ
Crura
Genua
Pedes
HOMO FIGURATUS, ET SYMBOLICUS.
Omnia subiecisti sub pedib. ejus. Psal.

HEXEREI

Nächste Seite: **Eine Darstellung aus dem frühen 20. Jahrhundert: Eine freundliche Hexe und ihre Verbündete, die schwarze Katze. Mit ihrem blonden Haar und der schlanken Figur weckt diese Hexe keine Assoziationen mehr an das Böse und das Teuflische wie die Bilder aus früheren Zeiten. Sie ist ein Symbol für den Tag von Allerseelen.**

Hexen geistern seit Jahrhunderten durch unser Bewußtsein. Man kennt sie aus Kunst und Literatur, vor allem jedoch aus der mörderischen Inquisition, die im 13. Jahrhundert begann und durch die päpstliche Bulle von 1484 sanktioniert wurde. Zu trauriger Berühmtheit gelangten in Nordamerika des 17. Jahrhunderts die Hexenprozesse von Salem. Auch in Märchen, Comics und Filmen treten Hexen auf. Der Ursprung des Hexenglaubens liegt jedoch unter vielen Schichten des menschlichen Bewußtseins begraben. Er ist verschüttet und durch die Vermischung verschiedener Kulturen verlorengegangen.

Nach der britischen Anthropologin Margaret Murray war der Hexenglaube schon eine mächtige Religion der Höhlenbewohner. Pennethorne Hughes beschreibt in seiner historischen Abhandlung den Tierkult als frühen Ausdruck von Hexerei. Die totemischen Beziehungen altsteinzeitlicher Menschen mit Tieren werden als ein wesentlicher Bestandteil früher Religionspraktiken angesehen. Der Gott-Priester trug bei Tänzen und Festen zur Feier einer erfolgreichen Jagd Tierfelle und galt als Inkarnation des toten Tieres angesehen. Durch Grunzen, Tanzen und Freudenlaute identifizierte er sich mit dem Tier. Zur religiösen Erfahrung gehörte auch die orgiastische Paarung des Priesters mit dem Tier. Die Wurzeln der Hexerei können bis in die mutterrechtliche Religion der alten Ägypter zurückverfolgt werden. Diese seßhafte Agrargesellschaft exportierte ihre Künste, die Astrologie und ihre Vorstellung eines Lebens nach dem Tode in andere Regionen der Welt. Seit Urzeiten hatten Frauen heilige Ämter inne. Sie waren Herdmeisterinnen, die Hüterinnen des heiligen Feuers. Sie spendeten als Gebärende das Leben und bewahrten dessen Geheimnisse.

In den meisten Agrargesellschaften wird das Wissen über die heilenden und giftigen Pflanzen den Frauen zugeschrieben. Sie setzten ihre Kenntnisse ein bei Ritualen, Empfängnisverhütung, Abtreibungen, aber auch bei Initiationen, um die Fruchtbarkeit zu steigern.

Auch in der antiken Mythologie finden sich Anspielungen auf die Hexerei. Hekate zum Beispiel war Jägerin und nächtliche Göttin des Mondes. Als Göttin der Unterwelt und Meisterin der Schwarzen Künste und der Hexerei waltete sie über Geburt, Leben und Tod. Nachts bei Fackellicht wurde sie angerufen, und man brachte der Göttin schwarze Lämmer zum Opfer dar. Einsame Wegekreuzungen, ein beliebter Hexentreffpunkt, galten als Orte, wo man der Mondgöttin begegnete. Hekate soll auch die legendäre Hexe Medea in ihre Zauber-

Oben: **Dieser Hexer ist das genaue Gegenbild zur freundlichen jungen Hexe auf der vorangegangenen Seite. Auch er ist mit der unvermeidlichen schwarzen Katze abgebildet. Verbündete Dämonen und Geister in Gestalt von kleinen Tieren assistierten den Hexen und Zauberern bei ihren Verwünschungen.**

Lange Zeit dachte man, daß die Hexen mit dem Teufel im Bunde stehen. Auf dem Bild *rechts* wird eine Hexe vom Teufel in die Hölle entführt.

Nächste Seite: **Zum heidnischen Hexenkult des späten Mittelalters und der Renaissance gehörten die sogenannten Hexensabbate. Auf der Illustration von Hans Baldung Grien brauen die Hexen einen Trank, der ihnen magische Kräfte verleihen sollte, um an den Sabbat fliegen zu können.**

künste eingeweiht haben. Als die Barbaren aus dem Norden mit ihrer patriarchalischen Religion bei der Eroberung von Griechenland, Kreta und Kleinasien in den Mittelmeerraum einfielen, zerstörten sie die traditionellen Kulturen. Die alte ägyptische Religion mit ihren mystischen Praktiken wurde verboten, was sicher zum geheimen Charakter des Kultes beitrug.

Die Hexerei erlebt heute mit der Göttinnenbewegung, die ihre Wurzeln in den prähistorischen, heidnischen Kulten hat, einen neuen Aufschwung. Sie ist an kein Dogma und an keine bestimmte Glaubensrichtung gebunden, sondern inspiriert sich am Kreislauf der Natur, an der Bahn der Gestirne, am Flug der Vögel und am Wechsel der Jahreszeiten.

ELEMENTE DER HEXEREI

Der Begriff *Okkultismus* wird heute meist mit Hexerei oder Zauberei gleichgesetzt. Hexerei wird dabei normalerweise im traditionellen Sinne verstanden – als Ketzerei, wie sie erst durch die katholische Kirche, dann auch durch die Puritaner verfolgt wurde. Der Hexenglaube erregte im späten Mittelalter in Europa großes Aufsehen. Im 16. Jahrhundert erlebte die Hexerei in Deutschland ihren Höhepunkt. Dann lebte sie noch etwa hundert Jahre im restlichen Europa fort und flackerte im 17. Jahrhundert in Amerika auf: genauer gesagt in Neu England an der Ostküste.

Die zwei Hauptströmungen des Hexenglaubens werden gewöhnlich als schwarze und als weiße Magie bezeichnet. Die weiße Hexerei geht auf den keltischen Glauben, den Diana-Kult und andere Fruchtbarkeitsriten zurück. Zur schwarzen Magie, zum sogenannten Satanismus, gehören Teufelsverehrung, satanische Praktiken, manchmal auch pervertierte Sexualität, Menschenopfer und Mord. Satanismus meint die Verehrung des Teufels als höhere oder bevorzugte Gottheit. Spiegelbildlich führt er also genau zur Umkehrung des christlichen Glaubens.

Die zentrale kultische Feier beider Varianten ist der sogenannte Hexensabbat, an dem sich gewöhnlich dreizehn Mitglieder beiderlei Geschlechts beteiligen. Sie bewahrten so das über Jahrhunderte angesammelte Wissen und gaben es weiter. Oft waren es Hellseher, Heiler und Hebammen, die sich die subtilen Kräfte der Natur zu eigen machten. Die nächtlichen Feiern wurden streng vor der Obrigkeit und den kirchlichen Autoritäten geheimgehalten. Es gab zwar Anführer oder Anführerinnen, aber keine Hierarchie; jeder Eingeweihte konnte eines Tages Priester oder Priesterin werden, ein Ritual leiten oder einen Novizen einweihen. Der Hexensabbat umfaßte eine kleine Gemeinschaft von Freunden. Die Rituale waren, bevor sie in den Untergrund gingen, beliebter Treffpunkt, um Geheimnisse und Zaubersprüche auszutauschen.

Magie und Zauberei gehörten seit jeher zur Hexerei. Beide Arten behaupteten, ihre Kräfte stammten aus übersinnlichen Quellen. Magie entpuppt sich bei näherer Betrachtung als eine Kombination von Geschicklichkeit, Intuition und wissenschaftlichen Erkenntnissen, die alle drei

Oben: Die Hexe als Verführerin.
Unten: **Eine Szene aus einer modernen filmischen Hexenerzählung:** ***Die Hexen von Eastwick.***
Nächste Seite: **Die Darstellung des Frühlings von Botticelli nimmt eine moderne Sichtweise vorweg: Frauen, wie sie sich in der Göttinnen-Bewegung sehen.**

auf mystischen Erfahrungen beruhen. Aus diesem Grund unterscheidet man die Magie gelegentlich von der Hexerei. Bei der Magie wird ein Energiefeld geschaffen, das durch sich gegenteilige Pole kanalisiert wird, beispielsweise durch Mann und Frau.

Im Gegensatz zum chinesischen Prinzip des Yin und Yang, das auf einer ähnlichen Auffassung beruht, aber das männliche und weibliche Prinzip als komplementär betrachtet, sieht die Polaritäten-Theorie der Hexerei Mann und Frau als ein und dieselbe Kraft. Sie fließt in gegensätzliche Richtungen, ohne widersprüchlich zu sein. Die Frau repräsentiert die Lebenskraft, während der Mann die Kraft des Todes darstellt; beide sind voneinander abhängig, da Leben und Tod als Elemente eines unendlichen Kreislaufs angesehen werden. Die Freisetzung positiver und negativer Energien während des sexuellen Akts wurde lange Zeit in einem traditionellen Wein-Ritual symbolisiert: Beim Segnen tauchte der Hohepriester eine rituelle Klinge in einen Weinkelch, der von der Hohepriesterin gehalten wurde.

Michelle Delio, eine der Begründerinnen der Wiccan-Kirche im kanadischen Toronto, beschreibt im *Gnosis-Magazine* eine zeitgenössische Alternative zur traditionellen Weinsegnung: „Die Sonne bringt den Anfang hervor. Der Mond hält ihn in Dunkelheit. Wie oben, so unten. Es gibt keinen größeren Zauber als den, daß Leute in Liebe zueinander finden."

Die Autorin und praktizierende Hexe Starhawk entmystifiziert in ihrem Buch *The Spiral Dance: A Rebirth of the Ancient Religion of the Great Goddess* das Hexenwesen und bietet eine höchst persönliche Darstellung. Aufgrund ihrer eigenen Erfahrung sieht sie in den modernen Hexentreffen den Versuch, sinnvolle Rituale zu schaffen, die den zeitgemäßen Bedürfnissen und Vorstellungen der Teilnehmerinnen entsprechen.

Oben: **Der Satan hält über Hexen Gericht. Eine Illustration aus dem Buch *Livre de l'histoire chronique* aus dem Jahre 1549 von Gérard d'Euphrates.**

Unten: **Die Hexen feiern das Hexenneujahr (31. Oktober) und beschwören die Toten.**

Unten rechts: **Das Hexenneujahr aus der Sicht eines Hollywood-Films.**

Nächste Seite: **Ein Stich von Albrecht Dürer aus dem 16. Jahrhundert: Hexen fliegen zu der *Walpurgisnacht.***

HEXENFESTE

Es gibt acht traditionelle Feiern, große Sonnenfeste oder Sabbat genannt. Sie beziehen sich auf die Winter-Sonnenwende, auf Lichtmeß, die Frühlings-Tagundnachtgleiche, den 1.Mai, die Sommersonnenwende, den 1. August, die Herbst-Tagundnachtgleiche und auf Allerheiligen. Beim Jul-Sabbat (Weihnachten) wird die längste Nacht des Jahres gefeiert. Man wartet auf die Rückkehr der Sonne, die den nächsten Sommer verspricht. Lichtmeß am zweiten Februar ist Brigid gewidmet, der Göttin des Feuers und der Inspiration. Lichtmeß ist auch der Tag der Initiationen.

Die Frühlings-Tagundnachtgleiche kündet die Wiederkehr des Frühlings an und bricht die Fesseln des Winters.

Die Walpurgisnacht, in der die Hexen nach einer in Deutschland kursierenden Sage auf Besen durch die Luft reiten, fällt in die Nacht auf den 1. Mai. Die Tänze um den Maibaum symbolisieren neue Lebenskraft. Der Sprung über das Freudenfeuer symbolisiert einen Reinigungsakt, der Glück bringt.

Am Tag der Sommersonnenwende wird der längste Tag des Jahres gefeiert. In einem Ritual wird Gott geopfert, indem man sein Bildnis in ein großes Freudenfeuer wirft.

Die Rituale zum 1. August fallen in eine Zeit der Unsicherheit. Das Korn auf den Feldern ist nun reif, aber noch nicht geerntet.

Bei der Feier zur herbstlichen Tagundnachtgleiche wird den Gottheiten für die Ernte gedankt.

Am 31. Oktober ist das Hexenneujahr. In dieser Zeit sind die Felder kahl und die Tore für Tod und Leben weit geöffnet. In Mexiko heißt dieser Tag traditionsgemäß *Dias de los Muertes*, der Tag der Toten. Die Verwandten bringen Essen und Trinken, Blumen und Kerzen an die Gräber ihrer verstorbenen Angehörigen und rufen sich deren Leben in Erinnerung.

Der Ursprung des Begriffs „Sabbat" im Zusammenhang mit dem Hexenglauben ist nicht eindeutig geklärt. Die meisten Quellen sehen seinen Ursprung im altfranzösischen Wort *s'esbettre*, das Margaret Murray mit „frohlocken" übersetzt. Damit meint sie die fröhliche Stimmung bei den geheimen nächtlichen Feiern.

Es gibt noch weitere Erklärungen, die in den beiden folgenden Punkten übereinstimmen: Es fehlt nach Ansicht der Etymologen jeder Bezug zum jüdischen Feiertag des Sabbat. Auch mit der Zahl sieben hat dieser Begriff nichts zu tun. Der Hexenglaube gilt für manche Wissenschafter als eine schamanische Religion. Ekstatischen Erlebnissen wird ein hoher Wert beigemessen. Dies gilt ganz besonders für Tänze aller Art. Daher wurden sie auch vom Klerus als heidnisches Treiben scharf mißbilligt. Der berühmte Heilige und Kirchenvater Augustinus verdammte den Tanz in seiner Schrift *Speculum Morale*

***Oben:* Bouc de la gotie Basphomet, der Teufel in Gestalt einer Ziege. Federzeichnung aus *La magie noire*, einer okkulten Schrift aus dem 19. Jahrhundert.**

***Unten:* Die öffentliche Verbrennung von Pater Urbian Grandier im Jahre 1634. Er soll angeblich einen Pakt mit dem Teufel geschlossen haben.**

***Gegenüberliegende Seite:* Das französische Bauernmädchen Jeanne d'Arc behauptete, göttliche Stimmen zu hören. Sie führte das französische Heer siegreich im Kampf gegen England. 1431 wurde sie von den Engländern als Ketzerin auf dem Scheiterhaufen verbrannt.**

Ingrid Bergmann spielte die mutige Jungfrau von Orléans im Film *Jeanne d'Arc* aus dem Jahr 1948.

als „eine Erfindung des Teufels, eine Versuchung zur Sünde, eine Beleidigung Gottes und eine verrückte Freude". Für die Hexen jedoch bedeutet der Tanz eine religiöse Erfahrung.

Im seinem Buch *Satanismus und Hexerei,* eine Studie über den mittelalterlichen Aberglauben liefert der französische Historiker Jules Michelet eine anschauliche Beschreibung der Schwarzen Messe. Wie er schreibt, bestand die Bedeutung des Sabbats in erster Linie darin, Eva und damit alle Frauen vom Sündenbann des Christentums zu befreien, das ihnen das Priesteramt, den Altar und die Heilige Hostie vorenthielt.

Bei den frühesten nächtlichen Feiern suchten die Teilnehmer beim Rücken-an-Rücken-Tanzen, Essen, Trinken und Drogengenuß orgiastische Erfahrungen. Andere Darstellungen hingegen berichten von masochistischen Ritualen, denen sich Frauen und Männer in tiefer Nacht unterwarfen.

DIE ZEIT DER SCHEITERHAUFEN

Die grausamen Hexenverfolgungen setzten nicht von heute auf morgen ein. Als das Christentum in Europa Fuß faßte, änderte sich nicht viel. Die Landbevölkerung hielt an ihren heidnischen Vorstellungen fest. Sie verehrte eine Gottesmutter, die ein göttliches Kind geboren hatte, das später ihr Geliebter wurde. Er war Jäger und der „Herr der Frucht", der jeden Herbst geopfert und im Frühling wiedergeboren wurde. Im 12. und 13. Jahrhundert erlebte die alte Religion neuen Auftrieb durch Troubadoure, die der Gottesmutter mit Liebesgedichten huldigten und sie mit den Namen edler Damen aus der damaligen Zeit anredeten. Kirchen und Kathedralen wurden der Jungfrau Maria geweiht, der man göttliche Eigenschaften zuschrieb.

Mit der Zeit begann die Kirche, die aus vorchristlicher Zeit überkommenen Glaubenspraktiken zu unterdrücken. Wie Richard Kieckhefer betont, war die Hexerei für die unteren Schichten ein Versuch, ihren Alltag zu erleichtern. Der Klerus hingegen versuchte, den sogenannten Teufelskult zu unterbinden. Die Rolle des Klerus bei der Ausrottung von fast 200 000 Ketzern, die während einer sonst blühenden Periode der europäischen Kulturgeschichte der Hexerei angeklagt wurden, ist noch nicht eindeutig geklärt. Manche Historiker schätzen die Zahl der Opfer auf neun Millionen. Der kirchliche Eifer artete in einen grausamen Fanatismus aus. All die Henkersknechte, Großinquisitoren und Hexenjäger, die vom 13. bis zum 18. Jahrhundert ihr Unwesen trieben, belegen Kieckhefers These.

Der Historiker Pennethorne Hughes unterscheidet zwischen drei Wellen der Verfolgung. Sie erlebten jeweils ihren Höhepunkt, wenn neue Geistesströmungen die Autorität der Kirche in Frage stellten, den Glauben in den Gemeinden erschütterten und die offiziellen Dogmen bedrohten. Ein erster Höhepunkt fiel ins 13. Jahrhundert. Die Kreuzzüge waren beendet, der Konflikt zwischen den christlichen Normannen und den Moslems beschränkte sich auf den südlichen Rand Europas. Einflüsse aus dem Orient schürten versteckte Ketzereien unter den Gläubigen, die streng asketische Lebensart lockerte sich. Die Kirche reagierte 1233 mit der Inquisition. Papst Gregor IX. übertrug den Dominikanern die Aufgabe, die um sich greifenden Anzeichen von Häresie zu bekämpfen.

Hexerei wurde zu einem ketzerischen Akt erklärt, der eine Herausforderung des christlichen Gottes und seines Stellvertreters auf Erden bedeute.

Eines der ältesten Dokumente über einen Inquisitionsprozeß stammt aus dem Irland des Jahres 1324. Alice Kyteler von Kilkenny, als Äbtissin in einem Irischen Kloster eine Frau von hohem sozialen Ansehen, wurde durch den Bischof von Ossory der Ketzerei angeklagt. Ihr Titel bewahrte sie vor dem Feuertod, doch alle ihre Anhängerinnen endeten auf dem Scheiterhaufen.

Einen zweiten Höhepunkt erlebten die Verfolgungen Anfang des 15. Jahrhunderts. Schon hatte der Schwarze Tod in Europa mindestens 25 Millionen Menschen dahingerafft. Der Hundertjährige Krieg zwischen England und Frankreich war endlich beendet. Aber nun kam das Ost-West-Schisma der Kirche zwischen Rom und Konstantinopel mit zwei rivali-

heretic
relapse
apostate
idolatress

Oben: **Ein Pamphlet über die öffentliche Verbrennung dreier Hexen im Oktober 1555 in Dernberg, Deutschland.**

Unten: **Viele Hexen endeten am Galgen. Diese Zeichnung der öffentlichen Hinrichtung von Joan Prentice, Joan Cony und Joan Upney stammt aus einer Flugschrift aus dem Jahre 1589.**

sierenden Oberhäuptern. Der Glaubenseifer in der Hierarchie erhitzte sich aufs neue und konzentrierte sich nicht zuletzt auf die Verfolgung jeglicher Art von Ketzerei.

Die Legende der späteren französischen Nationalheiligen Jeanne d'Arc stammt aus der damaligen Epoche. Jeanne führte als angeblich gottgesandte Jungfrau das Heer der Bourbonen gegen die Engländer, vertrieb sie und wurde durch ihren Sieg als Jungfrau von Orléans in Frankreich berühmt. 1430 geriet sie in die Gefangenschaft des Burgunderkönigs, der sie an die Engländer auslieferte. Mit deren Genehmigung machte ihr die Kirche 1431 den Ketzerprozeß. Aber Jeanne widerrief nicht, sie beharrte auf der Wahrheit ihrer göttlichen Stimmen und weigerte sich, auf Befehl das Vaterunser zu sprechen. Deswegen wurde sie noch im gleichen Jahr in Rouen auf dem Scheiterhaufen verbrannt, was den Vatikan nicht hinderte, sie schließlich 1920 heiligzusprechen.

Noch heute behaupten einige Historiker, Jeanne d'Arc sei eine Hexe gewesen. Margaret Murray nimmt an, daß Jeanne einem Diana-Kult gehuldigt habe. Ihre angeblichen göttlichen Stimmen habe sie in den Wäldern ihres Heimatdorfes Domremy gehört, wo die lothringischen Bauern um einen heiligen Baum tanzten. Auch die Tatsache, daß das schlichte Bauernmädchen vor Gericht statt „Christus" die Redewendung „mein Herr" verwendete, deutet die Historikerin als ein Indiz, daß Johanna Anhängerin eines heidnischen Kultes gewesen sei.

1484 ordnete Papst Innozenz III. mit einer allerhöchsten Bulle an, daß jegliche Abweichungen vom katholischen Glauben von amtlichen Inquisitoren zu untersuchen und zu verfolgen seien.

Zwei Dominikaner, Henrich Institor und Jakob Sprenger, schufen die kirchenrechtlichen Grundlagen. Sie formulierten sie in einem Buch mit dem Titel *Malleus Malleficarum*, zu deutsch „Hexenhammer". Mit dieser Publikation von 1486 gab die Kirche dem Klerus und den Inquisitoren eine ausführliche Anleitung in die Hand. Sie enthielt Anweisungen, wie sie die Hexen verhören, überführen, foltern und schließlich dem Scheiterhaufen überantworten sollten. Die Anwendung dieses Buches von 250.000 Wörtern kostete schließlich Millionen unschuldiger Mädchen und Frauen das Leben. Nicht zuletzt leistete die Erfindung des Buchdrucks nur dreißig Jahre nach dem Erstdruck der Bibel einen unglückseligen Beitrag. Der „Hexenhammer" verbreitete den Hexenwahn über ganz Europa. Er erschien in mehr als 35 Ausgaben und kam nicht nur in Latein, sondern auch in Deutsch, Französisch, Italienisch und Englisch heraus.

So kamen gegen Ende des 15. Jahrhunderts die Ketzerverfolgungen in vollen Gang. Die Juden wurden aus dem streng katholischen Spanien vertrieben, sofern sie sich nicht zwangsweise zum Christentum bekehren ließen. 1499 wurde diese Maßnahme auch auf Untertanen maurischer Abstammumg ausgedehnt.

Die Inquisition lieferte dem Klerus einen Vorwand, sich an Hab und Gut seiner unschuldigen Opfern zu bereichern. Wohlhabende Bürger wurden zu diesem Zweck als Ketzer denunziert.

Den dritten gewalttätigen Ausbruch fanden die Hexenverfolgungen im 16. und 17. Jahrhundert, also zu einer Zeit, wo sich das katholische Europa im Gefolge der italienischen Renaissance und der protestantischen Reformation verändert hatte.

Im Jahr 1509 ernannte König Heinrich VIII. von England sich selbst zum Oberhaupt der Kirche, nachdem ihn der Papst exkommuniziert hatte. Martin Luther hämmerte seine 95 Thesen über die Mißstände des Papsttums an die Tür der Schloßkirche zu Wittenberg. Der deutsche Reformator brachte damit ungewollt eine politische Umwälzung in Gang. Papst Leo X. verurteilte den abtrünnigen Mönch öffentlich als Häretiker. 1535 gelangte die Reformation nach England. Ein Jahr später etablierte Jean Calvin eine andere Spielart des Protestantismus in der Schweiz. 1541 führte John Knox die Reformation in Schottland ein. Als Antwort auf die Rebellion von Protestanten und anderen Abweichlern etablierte Papst Paul III. 1542 die Inquisition in Rom. Doch das neue Denken breitete sich weiter aus. 1543 publizierte der polnische Gelehrte Nikolaus Kopernikus seine Thesen über *Die Bewegung der Himmelskörper* und erschütterte so das katholische Dogma, wonach biblische Gesetze den Lauf des Universums bestimmen. Kopernikus bewies, daß die Erde nicht Zentrum des Universums sei, sondern daß sie und die anderen Planeten um die Sonne kreisen.

Der Dominikanermönch Giordano Bruno weitete die Theorie des Kopernikus aus, brachte sie in eine Form des Pantheismus und griff die christliche Doktrin der Unsterblichkeit an.

1600 starb er für seine Überzeugungen auf dem Scheiterhaufen.

DIE HEXENJÄGER

Jeder Hexenprozeß begann mit einer körperlichen Untersuchung der angeklagten Frauen. Die kirchlichen Ankläger gingen dabei mit einer auffälligen Gründlichkeit vor. Die Opfer wurden in aller Öffentlichkeit entkleidet und am ganzen Körper rasiert. Fachleute schließen aus den überlieferten Quellen, daß rund neun Millionen Menschen während der Inquisition wegen heidnischer Praktiken hingerichtet wurden. Fast achtzig Prozent von ihnen waren Frauen. Man versuchte, von den Opfern durch geistige und körperliche Folter aller Art, durch Auspeitschen, Einzelhaft oder Schlafentzug Geständnisse zu erzwingen. Hexerei galt als strafwürdiges Treiben, das auf dem Scheiterhaufen gesühnt werden sollte. Manchmal wurde ein „gnädiger", schneller Tod gewährt. Dann wurden die Opfer vor der Verbrennung bis zur Bewußtlosigkeit gemartert. Andere wurden dem Feuer bei lebendigem Leibe überantwortet.

Pennethorne Hughes überlieferte die Geschichte eines Hexenjägers aus Newcastle-on-Tyne, der 1649 gestand, für den Tod von 220 Frauen verantwortlich gewesen zu sein. Dem Weihbischof von Trier, Peter Binsfeld, wird der qualvolle Tod von 6500 Frauen, Männern und Kindern im 16. Jahrhundert zugeschrieben. Er ging äußerst erbarmungslos vor, denn er war der Meinung, daß eine „schwache" Folter so gut sei wie keine Folter. In seiner auch in England verbreiteten Schrift *Tratise on Confessions by Evils Doers and Witches* versuchte er, seinen mörderischen Fanatismus zu rechtfertigen.

Offiziell schaffte die Römisch-katholische Kirche die Inquisition erst 1834 ab. Glücklicherweise für Millionen von Frauen hatten die Hexenverbrennungen schon früher aufgehört: in England 1684, Frankreich 1745, Deutschland 1775, Spanien 1781, der Schweiz 1782 und Polen 1793.

Oben und unten: **Der Warner Bros. Film *The Devils* aus dem Jahre 1971 handelt von der Hexerei im siebzehnten Jahrhundert. Diese Szenen zeigen einen verurteilten Hexer auf dem Weg zum Scheiterhaufen.**

HEXEREI IN AMERIKA

In Nordamerika gab es zwei Arten von traditioneller Hexerei. Von 1673 bis 1708 wurde in Pennsylvania eine Variante praktiziert, die deutsche Einwanderer aus der Alten Welt mitgebracht hatten. Im Mittelpunkt stand eine Bruderschaft, die Johannes Kelpuis im damaligen Germantown, dem heutigen Philadelphia, gegründet hatte. Seine Anhänger praktizierten die Zauberei als Naturreligion und feierten die Sommersonnenwende nach alter Tradition. In ihrem Weltbild vermischten sich heidnische, christliche und jüdische Elemente. Die Natur galt für sie als eine Quelle der heiligen Mächte, deren Geheimnisse sie zu entdecken und zu beherrschen suchten.

Eine andere Richtung, die in der damaligen britischen Kolonie vorherrschte, war eher praktischer Natur. Da gab es verschwiegene Hexen und Hexenmeister, die „das listige Volk" genannt wurden. Man rief sie zu Hilfe, um Krankheiten zu heilen, verlorene Gegenstände, wertvolle Metalle zu finden oder wenn man guten Wind zum Segeln brauchte. Was ihre Rolle innerhalb der Gesellschaft betraf, waren sie den Schamanen anderer Kulturen vergleichbar.

Schließlich gab es Hexen, denen man nachsagte, daß sie ihre Kräfte zum Schaden anderer einsetzten. Durch den sogenannten Schadenzauber konnten sie ihre Feinde bestrafen und Krankheit oder sogar Tod für sie herbeiwünschen. Oft schrieb man diese bösen Zauberkräfte alten, armen, verschrobenen oder geisteskranken Frauen zu, die von der Mitwelt ausgestoßen worden waren. Margaret Murray, eine führende Autorität auf dem Gebiet des Hexenwesens, arbeitete drei damals gültige Theorien über Hexen heraus: Einmal gab es Frauen, die tatsächlich über übernatürliche Kräfte verfügten. Was sie darüber in den Prozessen offenbarten, entsprach der Wahrheit. Darüber hinaus gab es auch Frauen, deren angebliche Zauberkräfte auf purer Einbildung beruhten und die unter Folter Handlungen gestanden, die sie gar nicht begangen hatten. Schließlich gab es Frauen, deren Geständnisse stimmten, die aber nichts mit übernatürlichen Kräften zu tun hatten.

Einer vierten Gruppe wurde vorgeworfen, sie stehe im Bunde mit dem Teufel. Durch einen Pakt mit dem Satan hätten sie dessen Macht erlangt, was sie später mit ihrem Seelenheil bezahlen sollten. Im Lichte der christlichen Dogmen verkörperten Hexen daher den Gegensatz zu allem, was der Kirche heilig war.

Als sogenannter „Beweis" für den Pakt mit dem Bösen galt das Hexenmal. Die Inquisitoren glaubten, daß die verdammenswürdigen Frauen irgendwo auf ihrem Körper dafür ein Merkmal trügen: Warzen und Muttermale auf der Haut sowie andere Anomalitäten. Mit ihnen sollten die Hexen angeblich ihre heimlichen Verbündeten, Kobolde und Dämonen, gestillt haben, die auch in Gestalt von Tieren auftreten konnten. Als da sprach man von Hunden, Katzen, Hasen, Kröten oder Nagetieren. War ein Hexenmal gefunden, stach man mit einer Nadel hinein. Wenn die Betroffenen Anzeichen von Schmerz bekundeten oder gar bluteten, so galten sie als überführt. Selbst angesehene Hexenjäger betrachteten die Entdeckung solcher rein körperlichen Indizien als endgültigen und unwiderruflichen Schuldbeweis.

Im Winter 1692 war das kleine Dorf Salem in New England in Massachusetts Schauplatz einer der schlimmsten Hexenepidemien in der amerikanischen Geschichte. Es war für die Kolonisten ein Jahr der politischen Unsicherheit, da der Protestantismus die bis dahin unter sich einigen pietistischen Puritaner zu entzweien drohte.

60 Hexenprozesse gab es in den Kolonien bereits vor der Salemer Episode. Die Ereignisse von Salem (heute Danvers) begannen im Haus des Dorfpfarrers. Seine neunjährige Tochter Betty Parris und ihre

***Unten:* Tod durch den Strang. Laut Schätzungen wurden vom fünfzehnten bis zum sechzehnten Jahrhundert neun Millionen Menschen, meist Frauen, wegen Hexerei hingerichtet. Eine angeklagte Hexe galt als schuldig, solange sie ihre Unschuld nicht beweisen konnte – was nur in seltenen Fällen möglich war.**

elfjährige Cousine Abigail Williams waren oft mit einer westindischen Sklavin namens Tituba zusammen. Sie erzählte den beiden Mädchen von den magischen Traditionen, mit denen sie in der Karibik aufgewachsen war. Tituba konnte beispielsweise aus Eiweiß im Glas Schicksale deuten. Schließlich erregte das okkulte Wissen der Farbigen auch bei anderen Mädchen aus der Nachbarschaft Interesse. Titubas Geschichten brachten einen Hauch von Exotik in die nüchterne Atmosphäre ihrer puritanisch geprägten Elternhäuser.

Schließlich wurden Betty und Abigail von ihrer Einbildungskraft überwältigt. Sie fielen in Trance und begannen zu kreischen und zu keuchen. Sie krochen auf allen vieren herum und bellten wie Hunde. Auch andere Mädchen sahen Geister und galten plötzlich als besessen. Als die zwölfjährige Ann Putnam ihren Kampf mit einer Hexe beschrieb, die sie mit einem Messer angegriffen habe, konnte weder der Arzt noch der Prediger Zeichen einer körperlichen Krankheit entdecken. Folglich lautete die Diagnose: Hexerei.

Ein Gericht wurde eingeschaltet. Die Zeugenaussagen übersteigerten sich, bis Betty schließlich Tituba als Hexe denunzierte. Die anderen Mädchen beschuldigten noch zwei Frauen der Hexerei: Sarah Good lebte am Dorfrand von Salem, eine verschrobene, pfeifenrauchende Bettlerin. Sarah Osborne forderte die puritanischen Schicklichkeitsvorstellungen heraus, weil sie mit einem unverheirateten Mann zusammenlebte. Tituba gestand, Ann Putnam in Gestalt eines Geistes mit einem Messer angegriffen zu haben. Ihr Schuldbekenntnis rettete ihr das Leben, und sie wurde verkauft. Die andern hatten nicht so viel Glück. Noch bevor der Hexenprozeß zu Ende ging, waren 19 Frauen gehängt worden.

Für C. L. Albanese, die Autorin von *America: Religions and Religion,* sagt der Prozeß von Salem viel aus über die Intensität des damaligen Hexenwahns. Die Aussage der Mädchen, von der Angeklagten in Gestalt eines Gespenstes attackiert worden zu sein, galt dem Gericht als Beweis.

Die Angeklagten hatten keine Chance, denn nach christlicher Überzeugung konnte der dämonische Geist einer Hexe den Körper nach Belieben verlassen und überall wieder auftauchen.

***Unten:* Die Titelseiten von Cotton Mathers Pamphlet über Hexen und Ketzer. Mather war die treibende Kraft hinter den Salemer Hexenprozessen von 1692. Verurteilt wurden nicht nur praktizierende Magier, sondern auch viele alte, senile, geistesschwache oder behinderte Menschen.**

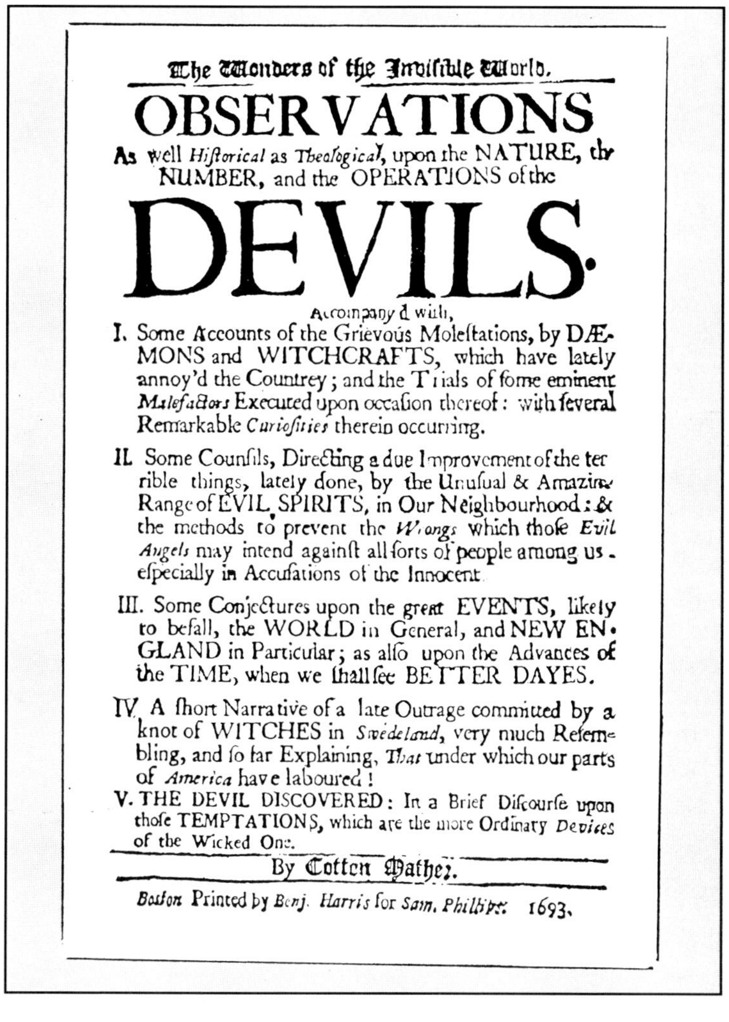

The Wonders of the Invisible World.

OBSERVATIONS

As well *Hiſtorical* as *Theological*, upon the NATURE, the NUMBER, and the OPERATIONS of the

DEVILS.

Accompany'd with,

I. Some Accounts of the Grievous Moleſtations, by DÆMONS and WITCHCRAFTS, which have lately annoy'd the Countrey; and the Trials of ſome eminent *Malefactors* Executed upon occaſion thereof: with ſeveral Remarkable *Curioſities* therein occurring.

II. Some Counſils, Directing a due Improvement of the terrible things, lately done, by the Unuſual & Amazing Range of EVIL SPIRITS, in Our Neighbourhood: & the methods to prevent the *Wrongs* which thoſe *Evil Angels* may intend againſt all ſorts of people among us. eſpecially in Accuſations of the Innocent.

III. Some Conjectures upon the great EVENTS, likely to befall, the WORLD in General, and NEW ENGLAND in Particular; as alſo upon the Advances of the TIME, when we ſhall ſee BETTER DAYES.

IV. A ſhort Narrative of a late Outrage committed by a knot of WITCHES in *Swedeland*, very much Reſembling, and ſo far Explaining, *That* under which our parts of *America* have laboured!

V. THE DEVIL DISCOVERED: In a Brief Diſcourſe upon thoſe TEMPTATIONS, which are the more Ordinary *Devices* of the Wicked One.

By Cotton Mather.

Boston Printed by *Benj. Harris* for *Sam. Phillips*. 1693.

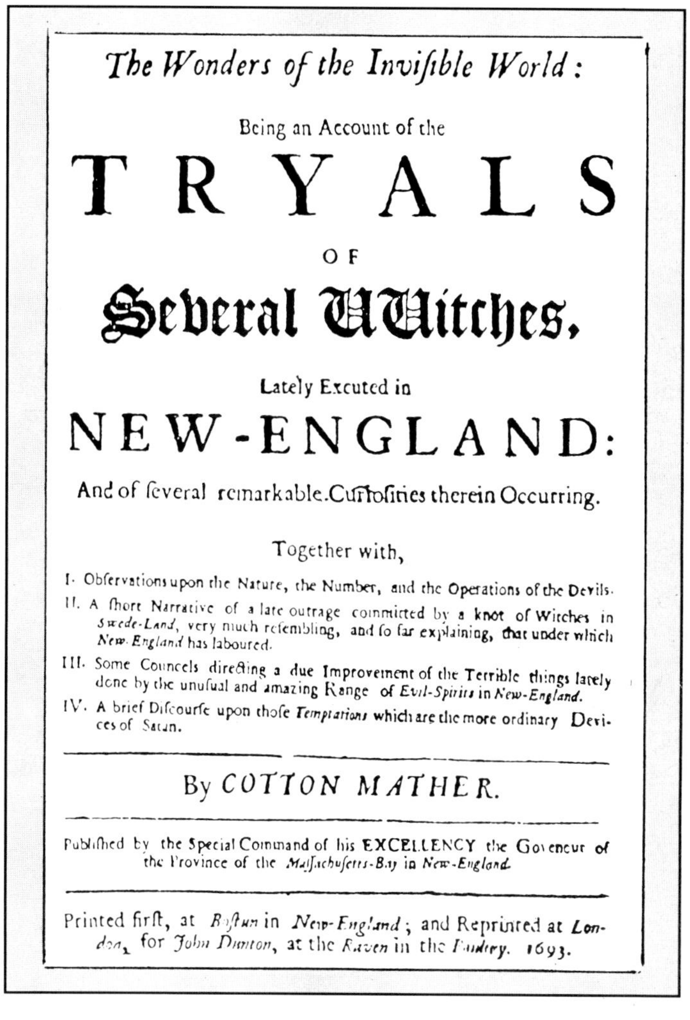

The Wonders of the Inviſible World:

Being an Account of the

TRYALS

OF

Several Witches,

Lately Excuted in

NEW-ENGLAND:

And of ſeveral remarkable Curioſities therein Occurring.

Together with,

I. Obſervations upon the Nature, the Number, and the Operations of the Devils.

II. A ſhort Narrative of a late outrage committed by a knot of Witches in *Swede-Land*, very much reſembling, and ſo far explaining, that under which *New-England* has laboured.

III. Some Councels directing a due Improvement of the Terrible things lately done by the unuſual and amazing Range of *Evil-Spirits* in *New-England*.

IV. A brief Diſcourſe upon thoſe *Temptations* which are the more ordinary Devices of Satan.

By COTTON MATHER.

Publiſhed by the Special Command of his EXCELLENCY the Govenour of the Province of the *Maſſachuſetts-Bay* in *New-England*.

Printed firſt, at *Boſtun* in *New-England*; and Reprinted at *London*, for *John Dunton*, at the *Raven* in the *Poultry*. 1693.

Das Dorf Salem in Massachusetts, USA war im Jahre 1692 Schauplatz einer der schlimmsten Hexenepedemien. 22 Menschen wurden gehängt, einer starb unter der Folter.

Hollywood bearbeitete die Ereignisse im Film *Die Jungfrau von Salem,* der Dramatiker Arthur Miller widmete ihnen sein Stück *Hexenjagd.*

HEXEREI IM ZWANZIGSTEN JAHRHUNDERT

Trotz aller Verfolgung überlebte der Hexenkult bis in unsere Tage. Gleiches gilt für die alte Zweiteilung übersinnlicher Zauberkräfte in schwarze und weiße Magie. Zwei bekannte Vertreter der schwarzen Magie, die vor allem eine Domäne der Männer ist, waren Aleister Crowley und Anton LaVey.

Als „Satan auf Erden", Zauberer oder Scharlatan betitelt, nannte sich Aleister Crowley selbst „die Große Bestie". Er inszenierte in London Schwarze Messen verschiedener Art, die er als „sexuelle Magie" bezeichnete. Durch Orgien, Menschen- und Tieropfer sowie durch Drogen versuchte Crowley, Macht über andere Menschen zu gewinnen und den Teufel zu beschwören. Als Zauberkünstler und Showman veranstaltete Crowley vor zahlendem Publikum mysteriöse Rituale, die er in Anspielung an das antike Mysterienheiligtum bei Athen Eleusische Riten nannte. Crowleys farbige Erscheinung hinterließ eine denkwürdige Fußnote in der Geschichte der schwarzen Magie.

Eine andere Fußnote in der Geschichte der Hexerei verbindet sich mit dem Namen von Anton Szandor LaVey aus San Francisco. Seine satanistischen Praktiken ähnelten stark denen Crowleys. LaVey gründete eine Satanskirche und predigte die Überzeugung, daß sexuelle Energien große okkultische Kräfte hervorbringen können.

„Satan" ist ursprünglich ein christlicher Begriff, die Hexerei jedoch weist auf vorchristliche Zeiten zurück. Für Sybil Leek, eine der bekanntesten zeitgenössischen Hexen, bedeutet die Hexerei daher eine Rückkehr zur Naturreligion. Sie zeige den Menschen wieder ihren Platz im Kosmos. Sybil Leek ist eine Vertreterin der weißen

***Unten:* Margaret Hamiltons Porträt der bösen Hexe im Film *The Wizard of Oz.* Der Klassiker aus dem Jahre 1939 hat die landläufige Vorstellung über Hexen nachhaltig beeinflußt. „Hexen sind alt und häßlich", äußert die kleine Dorothee in dem Film.**

Magie, die ihre Wiedergeburt dem wiedererwachten Interesse an alten Glaubensformen verdankt. In dieser magischen Welt spielen Symbole eine Rolle, die für die Kraft des weiblichen Elements stehen.

Z. Budapest, eine gebürtige Ungarin, die in Kalifornien lebt, sieht eine enge Verbindungen zwischen dem uralten Hexenkult und dem modernen Feminismus. Sie beschreibt in einem Buch zu diesem Thema das aktuelle Interesse am Hexenkult als vierte Welle des Feminismus. Die erste Welle fiel mit dem frühgeschichtlichen Matriarchat der ersten Kulturen zusammen. Die zweite feministische Welle verkörperten die Sufragetten des späten 19. und im frühen 20. Jahrhunderts, die für das Stimmrecht der Frauen auf die Straße gingen. Die dritte Welle sieht die Autorin in der kritisch geprägten Frauenbewegung der 60er und 70er Jahre.

Eine andere Hexenmeisterin ist Starhawk, die in Kalifornien den Kult der neuen Göttinnen ins Leben rief. Sie betont die Notwendigkeit zu politischem Denken und Umweltbewußtsein. „Wir müssen darüber reden, was geschähe, wenn wir die Luft, das Wasser, das Feuer, die Erde und die Mitmenschen wieder ehrten. Was für eine Welt hätten wir, wenn wir diesen konkreten Dingen den Vorrang gäben anstelle von abstrakten Werten wie Profit oder einen entfernten Gott?“

Als neue Religion zieht diese Form der Hexerei vor allem Menschen an, die von der christlichen Erbsünde nichts halten. Ihnen will nicht einleuchten, warum Gott Adam und Eva verbieten wollte, den Apfel vom Baum der Erkenntnis zu essen. Die Hexen glauben, daß Göttlichkeit den Menschen „immanent“ sei und nicht irgendwo im Himmel schwebt.

Die Göttinnen glauben auch nicht an die Geburt, die Auferstehung und die Wiederkehr eines neuen Messias. Sie feiern bei ihren religiösen Festen den Kreislauf der Jahreszeiten und bringen auf diese Weise die Verbundenheit aller Menschen mit Mutter Erde zum Ausdruck. Diese Frauen sehen sich als Wesen, die alle göttlichen Aspekte des Lebens verkörpern.

Links: **Im Gegensatz zur bösen Hexe im Film der M. Hamilton stellt Samantha Stephens im Fernsehfilm *Verhext* von Elisabeth Montgomery eine gute Hexe dar. Sie wollte eine normale Sterbliche werden, konnte jedoch der Versuchung nicht widerstehen, mit Nasezucken Menschen und Gegenstände zu verhexen.**

Oben: **Aleister Crowley, genannt das große Biest, ist wohl der bekannteste Hexer aus dem zwanzigsten Jahrhundert. Als Vertreter der schwarzen Magie hat er nur wenig Ähnlichkeit mit den Hexen, wie wir sie aus Film und Fernsehen kennen.**

GEISTER UND SPIRITISTISCHE WELT

Teilweise von den Geisterfotografien Raynam Halls inspiriert, untersuchte Walter Riley Hewett mit der Fotokamera ein Haus in Indianapolis, USA. Es wurde angeblich vom Geist einer Frau heimgesucht, die in diesem Hause gelebt hatte.

Hewitts dreijährige Forschungen hatten diese Bilder zum Ergebnis. Hewitt versuchte mehrere Monate lang, seine Serie fortzusetzen, doch der Geist ließ sich nicht mehr auf den Photos blicken.

Der Geisterglaube ist sehr alt. Er beruht auf der Zweiteilung des Menschen in Körper und Geist. Die meisten Religionen sind sich darin einig, daß der Körper nur für eine kurze Zeit existiert, während der Geist nach dem physischen Tod fortbesteht und in ein höheres Reich gelangt, sei es Himmel, Nirwana oder das „Jenseits". Doch manchmal bleibt der Geist nach dem Tod des Körpers in der materiellen Welt gefangen. Nach einer populären Vorstellung kann ein Geist die physische Welt nicht verlassen, wenn der Tod durch einen gewaltsamen oder tragischen Akt wie Mord oder Suizid verursacht wurde.

Der Geist bleibt dann teil der materiellen Welt und muß auf alle Zeiten am Ort des Geschehens herumspuken. Nicht immer, wenn Gespenster ihr Unwesen treiben, ist jedoch ein gewaltsamer Tod im Spiel.

Im Haus des amerikanischen Schriftstellers Nathaniel Hawthorne gehörten geisterhafte Erscheinungen zur Tagesordnung. Sie haben in zahlreichen seiner Erzählungen ihren Niederschlag gefunden. Im Bostoner Athenäum traf Hawthorne mehrmals den Geist des Pfarrers Dr. Harris. Als Stammgäste im Athenäum kannten sich die beiden Männer vom Sehen. Nach seinem Tod nahm Dr. Harris weiterhin regelmäßig seinen gewohnten Platz neben dem Kamin ein. Meist waren noch andere Leute im Raum, doch nur Hawthorne nahm den Geist des Verstorbenen wahr.

Anfang des 20. Jahrhunderts begannen Wissenschaftler Spukhäuser und Poltergeister zu untersuchen. Führend unter den Geisterjägern dieser Zeit war Harry Price, ein Zauberkünstler, dessen Steckenpferd es war, falsche Medien zu entlarven. Mit einer umfangreichen Ausrüstung wollte er den Pseudo-Gespenstern das Handwerk legen. Er trug Filzüberschuhe, damit man ihn nicht hörte. Mit einem Maßband aus Stahl klopfte er die Wände auf Geheimgänge ab; stets trug er einen Photoapparat, eine ferngesteuerte Filmkamera und ein tragbares Telephon bei sich.

1929 führte Price eine Untersuchung im Pfarrhaus von Borley in England durch. Das alte Pfarrhaus war als Spukhaus bekannt; die damaligen Bewohner, Pfarrer G. Eric Smith und seine Frau, wurden durch allerlei gespenstische Vorkommnisse belästigt. Möbel wanderten in den Räumen umher und Schlüssel fielen ohne ersichtlichen Grund aus dem Schloß. Immer wieder hörte man mysteriöse Schritte und eine weibliche Stimme. Nach dreitägiger intensiver Nachforschung erklärte Price, keine natürliche Ursache für die Geschehnisse finden zu können.

Price nahm seine Untersuchungen ein Jahr später wieder auf, kurz nachdem Pfar-

rer Lionel Algernon Foyster und seine Frau Marianne als neue Mieter das Haus bezogen hatten. Sie klagten über Belästigungen durch einen Poltergeist. Scheiben zersprangen, Türen knallten zu, Hausgeräte verschwanden, Möbel flogen durch die Räume, üble Gerüche verpesteten die Luft und durch die Gänge hallten seltsame Geräusche.

Mrs. Foyster wurde von den nächtlichen Vorkommnissen am meisten in Mitleidenschaft gezogen. Sie wurde nachts auf mysteriöse Weise aus dem Bett geworfen und drohte manchmal, unter ihrer Matratze zu ersticken. Regelmäßig wurde sie von einer unsichtbaren Hand geschlagen, und häufig wachte sie am Morgen mit einem blauen Auge auf. Immer wieder wurde sie von einer Stimme, die aus den Wänden zu kommen schien, um Hilfe gerufen.

Price verdächtigte Mrs. Foyster, viele der Geschehnisse selbst zu inszenieren. Trotzdem blieb er überzeugt, daß es im Haus spuke. Als man neue Mieter suchte, zog er selbst ins Pfarrhaus, um den Dingen auf den Grund zu gehen.

Zusammen mit 48 Helfern untersuchte er das Gebäude bis in den letzten Winkel. Das Ergebnis schilderte er 1940 in seinem Buch *Das spukreichste Haus in England.*

Price widmete sich vierzig Jahre lang der Erforschung übersinnlicher Phänomene. Er war zwar nicht unumstritten, doch er wurde als aufrichtig und kritisch geschätzt. Nach seinem Tod 1948 wurden seine Methoden allerdings in Frage gestellt. 1956 überprüfte sie die Society für Psychical Research im Fall Borley. Sie kam zum Schluß, er habe Beweisstücke manipuliert. So bleibt die Frage, ob tatsächlich Geister die Wände des Pfarrhauses bewohnten, noch immer unbeantwortet.

Das Pfarrhaus von Borley ist nur eines von vielen alten Häusern, das von gespenstischen Gästen heimgesucht wurde. Diane Norman befragte für ihre Untersuchung zu *The Stately Ghosts of England* dreißig Familien. 28 von waren überzeugt, daß es in ihrem Haus spukt. Das Ehepaar Roger und Alexandra Moreton-Frewen aus Sussex lieferte Norman das Material zu einer ihrer faszinierendsten Fallstudien. Seit das 1350 erbaute Anwesen Brede Place im Jahre 1708 in den Besitz der Familie Frewen überging, gehörten geisterhafte Wesen zu den Stammgästen.

Norman kam zum Schluß, daß mehrere Geister in den Wänden von Brede Place hausten, darunter ein Mann und eine Frau, die man durch die östlich gelegenen Schlafzimmer gehen sah und ein Priester, der in der Kapelle wohnte. Ihre Befunde wurden durch anwesende Zeugen und alte Familiendokumente gestützt.

Die dreijährige Margaret Sheridan aus Frampton, einem anderen englischen Familiensitz, berichtete eines Morgens beim Frühstück, sie habe soeben einen kleinen Jungen im Matrosenkleid gesehen. Eisiges Schweigen folgte ihrer Eröffnung, während die Großmutter versuchte, die Kleine mit einem Toastbrot abzulenken. Kurze Zeit später, es war zur Zeit des Ersten Weltkrieges, bekam die Familie die Nachricht, daß Margarets Vater an der Front gefallen war. Der Schiffsjunge war in der Familie kein Unbekannter. Es handelte sich um einen Verwandten, der vor langer Zeit als Kind ertrunken war. Sein Erscheinen kündigte immer ein Unglück in der Familie an.

Trotz vieler Hinweise auf Geistererscheinungen widerspricht ihre Existenz

***Unten:* Im Film *The Ghost Breakers* geht der Witzbold Bob Hope die Schauergeschichten auf komödiantische Weise an.**

jeglichem Gesetz der rationalen Vernunft; keine Theorie konnte sie bislang befriedigend erklären. Wir wissen nur, daß die Gespenster unsere Vorstellung von Raum und Zeit sprengen. Zahlreiche Erscheinungen bestätigten, daß Geister immer in der Gestalt auftreten, die sie zu ihren Lebzeiten hatten.

Als Harry Martindale aus York in England in seinem Keller eines mittelalterlichen Gebäudes Leitungen reparierte, hörte er auf einmal Trompetenklang. Er schaute auf und sah, wie ein Soldat mit einer Trompete durch die Wand marschierte. Der geisterhaften Erscheinung folgte eine ganze Kriegergruppe von sehr altertümlichem Aussehen. Es sollte sich später herausstellen, daß sie zu einer Römischen Legion aus dem 4. Jahrhundert gehörten. Sie marschierten ganz bedrückt an ihm vorbei, ohne daß Martindale ihre Füsse sehen konnte. Er nahm an, daß sie auf einer längst verschütteten Straße gingen. Seine Freunde sahen in seinen Visionen das Produkt einer übersteigerten Phantasie, doch sieben Jahre später sahen zwei Archäologen genau die gleiche Szene – nicht einmal die Trompeten fehlten.

Geister sind auch als Todesboten bekannt. Sie treten meist kurz vor oder nach dem Tod von Angehörigen in Erscheinung. Die Psychologin Thelma Moss studierte für ihr Buch *The Probality of the Impossible* die Akten der British Society for Psychical Research und kam zum Schluß, daß derartige Ankündigungen ein weltweit bekanntes Phänomen sind. Manche deuten sie als Telepathie, für andere ist es die Antwort des Unterbewußten auf Einsamkeit und Leid.

Aus dem Jahre 1917 stammt folgende Geschichte, die eine junge Engländerin in Indien erlebte. Sie war gerade dabei, ihr Kind anzuziehen, als sie plötzlich einen unwiderstehlichen Drang spürte, sich umzudrehen. Erschrocken sah sie ihren Bruder, den sie weit weg im Krieg wähnte. Als sie nach einem kurzen Blick auf ihr Baby erneut aufsah, war er verschwunden. Die Erscheinung war so überzeugend, daß sie ihren Bruder im ganzen Haus suchte. Er war nicht zu finden. Einige Zeit später erfuhr sie, daß er genau an jenem Tag im Feld gefallen war.

Um die Jahrhundertwende spielte sich in Chicago die folgende Episode ab. Eine Frau klagte eines Morgens in Chicago, sie sei schlecht aufgestanden. Sie wollte gerade in der Küche den Frühstückstee zubereiten, als sie plötzlich ihren Bruder Ed sah. Er hatte sich in einer Seilschlinge verfangen und war nach vorn übergefallen. Die Frau rief: „Mein Gott! Ed ist ertrunken!" Und tatsächlich war ihr Bruder, ein Heizer auf einem Schleppkahn, nur sechs Stunden zuvor über die Reling gestürzt und ertrunken.

Der Autor Robert Grave erzählte in seinem Buch *Good-Bye to All That* seine Begegnung mit einem Geist. Im 1. Weltkrieg lernte er während der Stationierung seiner Kompanie in Wrexham in Wales den Soldaten Challoner kennen. Am Abend, bevor Challoner in ein anderes Bataillon versetzt werden sollte, sagte er zu Grave: „Sir, wir sehen uns in Frankreich wieder." Im folgenden Mai fiel Challoner, doch im Juni erschien sein Geist in Graves Kompanie, die in Frankreich stationiert war. Er schaute zum Fenster herein, wo die Männer gerade beim Essen saßen, grüßte und verschwand.

Daniel Defoes Kurzgeschichte *A True Revelation of the Apparition of One Mrs.*

Unten: **Der Tod hält Wache, während ein Geist Würfel spielt. Die Szene findet auf einem Phantomschiff statt, das dazu verurteilt ist, für immer auf den Sieben Meeren herumzusegeln.**

Veal liegt wahrscheinlich eine Zeitungsnotiz zugrunde: Zu ihrer großen Überraschung wird Mrs. Bargrave von ihrer alten Freundin Mrs. Veal besucht, die sie seit zwei Jahren nicht mehr gesehen hat. Bei ihrem Wiedersehen unterhalten sich die beiden ausführlich über Mrs. Veals Kleid, das aus gekämmter Seide bestand.

Zwei Tage später besuchte Mrs. Bargrave die Familie Watson, Verwandte von Mrs. Veal. Die Watsons hatten soeben erfahren, daß Mrs. Veal vor einer Woche gestorben war – 24 Stunden vor dem mysteriösen Besuch bei Mrs. Bargrave. Mrs. Bargrave erwähnte das seidene Kleid und bemerkte, daß nur Mrs. Watson und Mrs. Veal wußten, daß es aus gekämmter Seide war.

Neben den Gespenstergeschichten gibt es auch Legenden über Tiergeister und spukhafte Gegenstände. Das bekannteste Beispiel eines Phantomobjekts ist die Legende des *Fliegenden Holländers*, ein Geisterschiff mit einem Gerippe als Kapitän. Er hatte eine Warnung mißachtet, das Kap der Guten Hoffnung anzusteuern. Nun war er dazu verdammt, für alle Zeiten über die Meere zu geistern.

Auf einer Wanderung durch die österreichische Landschaft bemerkte die Schriftstellerin Barbara Cartland ein Schloß. Als sie davon erzählte, erfuhr sie, daß dieses Schloß vor langer Zeit abgerissen worden war.

Viele Tierfreunde berichten, daß sie ihre Vierbeiner nach deren Tod wiedergesehen hätten. Im Jahre 1910 begegneten Angehörige der Familie Tweedale dem Geist einer längst verstorbenen Tante. Ihren Hund hatte sie mitgebracht. Obwohl keiner der Familie das Tier jemals zuvor gesehen hatte, war allen klar, daß es sich dabei um den ständigen Begleiter der alten Dame handelte.

Andere Geisteraktivitäten werden dem sogenannten Polter- oder Klopfgeist zugeschrieben, vor allem paranormale Geräusche und Störungen im Haus. Töpfe, Pfannen und Steine fliegen durch die Luft, Wasser rinnt von den Wänden. Poltergeister können also tote Gegenstände beleben.

Ein merkwürdiges Ereignis, das mit einem Poltergeist in Zusammenhang steht, geschah auf einer Farm in Illinois, USA. Innerhalb zweier Wochen brach ohne jeden ersichtlichen Grund insgesamt 200mal Feuer aus. Schließlich brannten das Haus, zwei Scheunen, der Stall und das Hühnerhaus bis auf die Grundmauern nieder.

Von einem anderen Fall berichteten Angestellte in einer Anwaltskanzlei im bayerischen Rosenheim, Deutschland. Glühbirnen drehten sich plötzlich in ihren Fassungen, Aktenschränke gingen auf und zu, und das Telefon wählte ununterbrochen dieselbe Nummer.

Im letzten Jahrhundert glaubte man, daß die Aktivitäten von Poltergeistern das Werk eines Dämons seien. Im 20. Jahrhundert entstanden zahlreiche psychologische Theorien über das Phänomen. Vorherrschend ist die Hypothese, daß es sich dabei um eine Form von Psychokinese handle. Damit ist die Fähigkeit gemeint, Gegenstände zu bewegen, ohne sie zu berühren. (siehe dazu das Kapitel Psychokinese S. 170).

Unten und rechts unten: Es gibt zahlreiche Geschichten über Geisterschiffe und ihre gespenstische Mannschaft. Die bekannteste ist die Legende vom _Fliegenden Holländer._ Das Schiff war zur ewigen Reise verdammt, weil sein Kapitän versucht hatte, das Kap der Guten Hoffnung anzusteuern.

SPIRITISMUS

Seit jeher fühlen sich die Menschen von der geheimnisvollen Geisterwelt angezogen. Das Interesse am Spiritismus überschreitet alle kulturellen Grenzen. Bei den Naturvölkern genießen Schamanen, das sind im einzelnen Priester, Wahrsager und Medizinmänner, großes Ansehen, weil sie mit Gottheiten und Geistern kommunizieren können. Um mit der geistigen Welt Verbindung aufzunehmen, versetzt sich der Schamane in Trance. Dieser Zustand wird durch starke Konzentration und Meditation erreicht. Der Schamane bedient sich dazu meist einer Trommel, oft auch halluzinogener Drogen. Während seiner Reise ins Jenseits empfängt er Botschaften aus der anderen Welt.

Black Elk, ein Medizinmann der Sioux Indianer, besuchte die Geisterwelt zum ersten Mal als Neunjähriger. Er war schwer krank, und zwei Geister kamen vom Himmel, um ihn in ihr Reich zurückzuholen. Dort begegnete er in einem mit Regenbogen verzierten Tipi-Zelt den sechs Ahnen – den mächtigen Geistern des Ostens und des Westens, des Nordens und des Südens, des Himmels und der Erde.

Die sechs Gottheiten lehrten Black Elk die geistigen Werte des Lebens und den Respekt vor der Schönheit und Nützlichkeit der Erde.

Nach dieser Lektion kehrte Black Elk in die irdische Welt zurück, wurde gesund und war von da an seinen Altersgenossen an Weisheit weit voraus.

Die Anfänge der spiritistischen Bewegung in den USA gehen mit der Publikation von Jackson Davis' Schrift *Nature's Divine Revelations* auf das Jahr 1847 zurück. Davis vertritt darin den Standpunkt, daß der menschliche Geist nach dem Tod des Körpers am Leben bleibe und nur in eine andere Welt oder „Sphäre" gelange. Nach Davis kann der Geist eines Menschen, solange er existiert, mit seinen Angehörigen, die er auf der Erde zurückgelassen hat, in Verbindung treten.

Noch im selben Jahr bekam Davis' Theorie Unterstützung durch Margaret und Kate Fox, zwei Teenager, die behaupteten, mit der geistigen Welt in Verbindung zu stehen.

Im Dezember 1847 bezog Familie Fox ein angebliches Spukhaus in Hydesville im Norden des US-Bundesstaates New York. Drei Monate nach ihrem Einzug wurden die 15jährige Margaret und die elfjährige Kate nachts von eigenartigen Geräuschen so erschreckt, daß sie die Nacht im Schlafzimmer der Eltern verbringen wollten. Doch der Polterer ließ ihnen keine Ruhe. Kate wurde solange von dem nächtlichen Klopfen verängstigt, bis sie schließlich mit den Fingern schnippte und rief: „Mr. Splitfood, antworte mir!" Sie klatschte in die Hände, und ein Klatschen antwortete ihr. Darauf forderte ihre Schwester Margaret die seltsame Erscheinung auf, mit ihr zu sprechen. Sie klatschte viermal und bekam ein vier-

***Oben:* Tatankaya Iyotake, ein Schamane aus Nordamerika. Unter den Naturvölkern genießen Schamanen großes Ansehen, weil sie mit der Geisterwelt Verbindung aufnehmen können. Der Häuptling der Sioux Indianer Tatankaya Iyotake, besser bekannt als Sitting Bull, führte die Sioux zum Sieg gegen General Custer.**

***Unten:* Hypnose und Tanz gehören zu den Ritualen, bei denen die Schamanen mit den Geistern Kontakt aufnehmen. Wir sehen Sioux Indianer in der Aufmachung für ein Geistertanz-Ritual.**

Um 1880 ging vom Schamanen Wovoka eine religiöse Bewegung aus, die sich rasch unter verschiedenen Stämmen verbreitete. Sie beschwörten mit ihren Tänzen den Messias. Er sollte kommen und alle Stämme im Kampf gegen die Weissen vereinen. Als er ausblieb, starb die Bewegung in den 90er Jahren wieder aus.

Oben: **Ein bekannter Anhänger des Spiritismus: Sir Arthur Conan Doyle, der Schöpfer von Sherlock Holmes.**

Unten rechts: The Progressive Thinker, **eine Zeitschrift für Spiritisten. Sie wurde um die Jahrhundertwende von J. R. Francis herausgegeben. (siehe auch Bildunterschrift S. 36).**

Nächste Seite: **Der Zauberkünstler Harry Houdini machte sich einen Namen, indem er betrügerische Medien entlarvte. Er bezeichnete auch Margery, ein angesehenes Medium aus den 20er Jahren, als Schwindlerin.**

An ihr entzündete sich ein Streit, der die Spaltung der ASPR zur Folge hatte.

faches Klatschen zur Antwort. Schließlich entwickelte sich ein vollständiges Klopfalphabet, und der mysteriöse Partner erzählte, man habe ihn vor langer Zeit in dem Haus ermordet und im Keller begraben. Und wirklich fand man 50 Jahre später unter dem Haus ein Skelett. Was für die einen als stichhaltiger Beweis galt, war für andere ein purer Zufall.

Die beiden Schwestern wurden fast über Nacht berühmt. 1849 gaben sie in Rochester im Staate New York eine erste öffentliche Demonstration ihrer übersinnlichen Fähigkeiten, bald wurden regelmäßig öffentliche Séancen abgehalten.

Die üblichen Beschuldigungen, es sei Betrug im Spiel, ließen nicht lange auf sich warten. Die beiden Schwestern gaben schließlich zu, daß das erste Klopfen fingiert war, allerdings nur, um ihr Geständnis später zu widerrufen. Ob sie sich nun tatsächlich mit den Geistern unterhalten konnten oder nicht, sei dahingestellt. Die spiritistische Bewegung, die der aufsehenerregende Fall auslöste, dauerte bis in die frühen 20er Jahre dieses Jahrhunderts.

Andere folgten dem Beispiel der Geschwister Fox. Im ganzen Staat New York hielten Hunderte von selbsternannten Medien Séancen ab. Zu Beginn jeder Sitzung versetzte sich das Medium in Trance und wurde so zu einem Kanal für den Geist. Die meisten Medien sprachen durch einen Hauptgeist, der als Führer durch die geistige Welt agierte.

Die meisten Medien empfingen geschriebene und gesprochenen Botschaften. Doch daneben gab es noch weitaus spektakulärere Erscheinungen. Einige Medien verblüfften die Teilnehmer der Séancen durch Tischrücken oder Trompeteblasen. Das bizarrste Beispiel allerdings war das Teleplasma, ein durchsichtiger, schleierartiger Stoff – angeblich die Materialisation eines Geistes.

Die spiritistische Bewegung breitete sich rasch im ganzen Land aus, überquerte den Atlantik und gelangte nach Europa.

Besonders eindrucksvoll als Medium war Daniel Douglas Home. Ein gebürtiger Schotte, wuchs Home in den USA auf. Er wurde aber auch in Europa sehr bekannt. Seine Séancen waren stets von ungewöhnlichen Erscheinungen begleitet. Da gab es ein Akkordeon, das ganz von alleine spielte, Hände tauchten plötzlich auf und verschwanden wieder.

Auch schien sich Homes Körper vor den Augen der Anwesenden zu verlängern. So sehr sie sich auch bemühten: Seine Kritiker konnten ihm keine Tricks nachweisen.

Homes erstaunlichste Séance fand am 13. Dezember 1868 statt. Während der Ekstase wurde sein Körper auf mysteriöse Art und Weise aus dem einen Fenster hinaus- und zum anderen wieder hineinbefördert. Der Abstand zwischen den Fenstern betrug mehr als zwei Meter, und es gab nicht den kleinsten Mauervorsprung, auf dem er seinen Fuß hätte abstützen können.

Als die Medien immer weiter florierten, begannen die Wissenschafter sich des Phänomens anzunehmen. 1882 gründete eine Gruppe angesehener Wissenschaftler, darunter Sir William Crookes, Sir Oliver Lodge, Professor Charles Richet und Alfred Russel Wallace, in London die Society for Psychical Research (SPR). Ihr Ziel war die Erforschung von Medien, Hypnose, Telepathie und Hellsehen. Auch Arthur Conan Doyle, der Schöpfer der weltbekannten literarischen Figur des Sherlock Holmes, verfolgte die Studien mit großem Interesse. Drei Jahre später folgte unter der Leitung des Harvarder Psychologen William James in Boston die American Society for Psychical Research (ASPR). Durch die Teilnahme dieser Forscher von großem Renommée gewannen spiritistische Phänome an Glaubwürdigkeit in der wissenschaftlichen Welt.

Eine der ersten Untersuchungen der ASPR betraf Mina Crandon, die Frau eines Bostoner Chirurgen. Unter dem Namen Margery war sie eines der faszinierendsten Medien jener Zeit, war aber zugleich sehr umstritten. Sie erregte Aufsehen durch die Demonstration von Teleplasma, das solider war als das fadenscheinige Material der anderen Medien. Ihre Kritiker stellten fest, daß dieses angebliche Teleplasma eine gewisse Ähnlichkeit mit Lungengewebe habe. Daher machte das Gerücht die Runde, ihr Mann, Dr. Le Roi Goodard Crandon, habe den Stoff beschafft. Durch öffentliche Verdächtigungen dieser Art hätte man allerdings ein angesehenes Mitglied der Gesellschaft bloß gestellt, so ließ man die Sache auf sich beruhen.

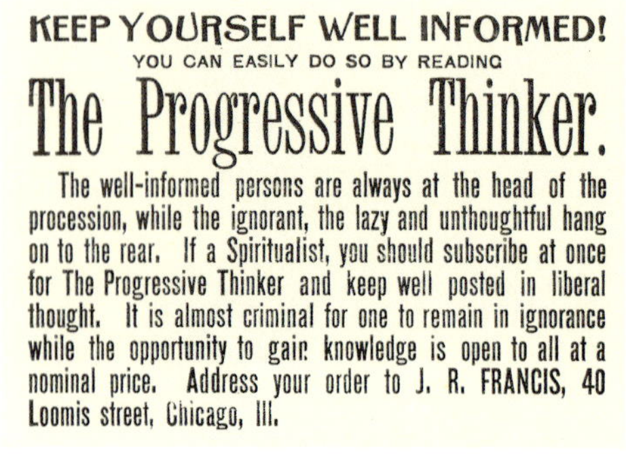

1922 nahm Margery an einem Wettbewerb der Zeitschrift *Scientific American* teil. Für jedes Medium, das übernatürliche Fähigkeiten beweisen konnte, war eine Prämie von 2.500 Dollar ausgesetzt. Zur Jury gehörten J. Malcolm Bird, Mitherausgeber der Zeitschrift *Scientific American*, das ASPR-Mitglied Walter F. Prince und der bereits erwähnte Zauberkünstler Harry Houdini. Bird wurde ein überzeugter Anhänger Margerys und schrieb einen begeisterten Bericht über sie. Auch andere Publikationen griffen die Story auf und beriefen sich auf Houdini, der die Frau noch gar nicht untersucht hatte. Außer sich reiste Houdini nach Boston. Er brauchte nur wenige Séancen, um Margery des Betrugs zuüberführen – ein Ergebnis, dem Walter Prince von der ASPR aus vollem Herzen zustimmte. Prince deutete an, daß Bird wohl eher dem Charme der Lady verfallen war. Als Bird der ASPR beitrat, verließ Prince die Gesellschaft unter Protest und trat in die Bostoner Society for Psychic Research ein. Andere folgten seinem Beispiel; die Spaltung der ASPR in Pro- und Kontra-Margerianer war perfekt. Was Margery selbst betraf, so schien sie das Interesse an spiritistischen Angelegenheiten nach dem Tod ihres Mannes verloren zu haben.

Nun rückte an ihrer Stelle die Italienerin Eusapia Palladino in den Mittelpunkt des spiritistischen Interesses. Sie wurde von italienischen und französischen Forschern wie auch von der ASPR und der SPR untersucht. Man war sich nicht einig, ob die Palladino über echte übersinnliche Fähigkeiten verfügte oder nicht einfach eine kaltblütige Schwindlerin war. Als leicht aufbrausende und abergläubische Frau schien sie für beide Möglichkeiten prädestiniert zu sein. Frederic W. H. Myers, einer der Mitbegründer der SPR, verfolgte ihre Arbeit in Frankreich und glaubte an ihre Fähigkeiten. Später revidierte er sein Urteil. Nun hielt er für eine Betrügerin.

Einer ihrer Anhänger war Hereward Carrington. Auch er gab zu, daß sie während der Sitzungen zu Tricks gegriffen habe. Trotzdem blieb er nach ausführlichen Untersuchungen an der Columbia Universität in New York von ihren paranormalen Fähigkeiten überzeugt. Er glaubte, daß sie ihre Tricks lediglich anwandte, um sich über die wichtigtuerischen Forscher lustig zu machen.

Mit der Zeit entpuppten sich immer mehr Medien als Hochstapler. Die Wissenschaft verlor das Interesse und tat den Spi-

Oben:* J. R. Francis, der Herausgeber der Zeitschrift für Spiritisten *The progressive Thinker.* (siehe auch Bildunterschrift S. 36.) Francis schrieb auch *The Encyclopedia of Death and Life in the Spirit World, Search After God* und *Is the Devil Dead?

ritismus als Hokuspokus ab. Da betrat eine Frau die Szene, die viele Kritiker wieder bekehrte: Eileen Garrett.

Geboren als Eileen Jeanette Vancho, verließ sie ihr Heimatland Irland. Nach Aufenthalten in London und Frankreich ließ sie sich schließlich in den Vereinigten Staaten nieder. Garret brachte die Forschungen über die übersinnlichen Phänomene ein ganzes Stück weiter. Als bereitwillige Versuchsperson reiste sie um die ganze Welt und hielt Vorlesungen. Sie bestach insbesondere dadurch, daß sie ihre Séancen nur in privatem Rahmen und auf Nachfrage abhielt, aber kein Geld dafür verlangte.

Garrets spiritistischer Führer war ein Wesen namens Uvani, das als Vermittler agierte und andere Geister anrief, die durch Garret sprechen wollten. Garretts berühmteste Séance fand am 7. Oktober 1930 in London statt. Der australische Journalist Ian Coster war auf der Jagd nach einer guten Story. Er fragte Harry Price, den Leiter des National Laboratory of Psychic Research, ob er ihm ein Medium verschaffen könne, um mit dem Geist von A. C. Doyle, dem Erfinder von Sherlock Holmes, in Kontakt zu kommen. Doyle war erst vor wenigen Monaten gestorben, als überzeugter Spiritist schien er wie geschaffen dafür, mit den Lebenden Verbindung aufzunehmen.

Doyle nahm auch wirklich durch Eileen Garrett Kontakt auf, doch seine Botschaft wurde von anderen Ereignissen in den Schatten gestellt. Zu Beginn der Sitzung sprach der Geist Uvani, wurde aber sofort unterbrochen von einer dringlichen Stimme. Sie rief: „Die Mannschaft des Luftschiffes war viel zu groß für die Motorleistung!". Die Stimme gehörte Luftwaffenleutnant Carmichael Irwin, der mit 47 anderen Opfern zwei Tage zuvor bei einem tragischen Absturz des Luftschiffs R–101 ums Leben gekommen war. Es war seinerzeit das schlimmste Unglück in der Geschichte der britischen Zivilluftfahrt; kritische Stimmen verlangten die Einstellung des Zeppelinbaus. Irwins Botschaft gab der Kontroverse neuen Auftrieb.

Vom technischen Standpunkt aus stimmte Irwins Botschaft. Skeptiker wiesen jedoch darauf hin, daß die Luftschiffkatastrophe in der Presse bereits ausführlich diskutiert worden sei. Immerhin bewahrte der mysteriöse Zwischenruf Mrs. Garrett davor, als Schwindlerin abgetan zu werden. Man nahm an, daß sie ihre Informationen telepathisch vom Journalisten Coster empfangen habe. Mrs. Garrett selbst gab keinerlei Erklärungen dazu ab. Mag seine Glanzzeit auch vorüber sein, so überdauert der Spiritismus bis in unsere Tage: Das Interesse flackert immer wieder auf, wenn viele frühzeitige Todesfälle zu beklagen sind. So erlebte der Spiritismus beispielsweise während des Ersten Weltkrieges in Frankreich eine kurzfristige Renaissance. Wie Robert Grave, von dem weiter oben schon die Rede war, berichtete, gab es zu dieser Zeit in Frankreich eine ganze Anzahl von Geister: eine Meinung, die auch vom Medium Gladys Osborne Leonard geteilt wurde.

Frau Leonard konnte durch ihre Sitzungen vielen Familien Trost verschaffen, die ihre Söhne und Väter im Ersten Weltkrieg verloren. Zu ihren Klienten gehörte auch der bekannte Physiker Sir Oliver Lodge. Dieser war so überzeugt von ihren Fähigkeiten, daß er später die Einleitung zu ihrer Autobiographie schrieb und beteuerte, daß „die Grundsätze der modernen Physik die Kommunikation mit der geistigen Welt nicht ausschließen".

Feda, so hieß ihr geistiger Führer, verfügte über ein Wissen, daß sein Medium nicht haben konnte. Feda erzählte Mrs. Hugh Talbot beispielsweise, wo sie ein schmales Buch finden könne, das ihrem verstorbenen Mann gehörte. Mrs. Talbot hatte das Buch nie zuvor gesehen und konnte also den Inhalt nicht durch Telepathie weitergeben. Zu Mrs. Talbots großer Überraschung beschrieb Feda sogar den Inhalt des Buches.

In den 60er Jahren erlebte der Spiritismus in den USA und in Kanada ein Comeback durch eine Fernseh-Séance, die der ehemalige Bischof James L. Pike mit seinem Medium Arthur Ford vorführte. Die Sitzung fand im September 1967 in Toronto statt.

Ford war kein unbekanntes Medium, er hatte die Aufmerksamkeit schon mit der Behauptung auf sich gezogen, für den Geist Houdinis zu sprechen. Aber was die Fernsehsitzung beim Publikum unvergeßlich machte, war Pikes Gespräch mit seinem Sohn Jim, der ein Jahr zuvor Selbstmord begangen hatte. Durch Arthur Ford sprach Jim mit seinem Vater und beruhigte ihn, daß kein Familienmitglied an seinem Selbstmord schuld sei.

Mit der Geburt der *New Age* Bewegung in den 80er Jahren erregt der Spiritismus neues Interesse. Die *New Age* Bewegung ging aus dem Verfall der traditionellen Religionen hervor. Als aus der einst idealistischen Jugend der 60er Jahre die übersättigten Konsumenten der 80er Jahre wurden, fielen viele von ihnen in eine Midlifecrisis und suchten nach neuem Lebenssinn. Die *New Age* Bewegung bot neue Antworten.

Für Professor Carl Raschke von der Universität Denver, eine Kapazität auf dem Gebiet neuer religiöser Bewegungen, umfaßt die *New Age* Bewegung eine ganze Palette unterschiedlichster geistiger Strömungen und therapeutischer Richtungen. Sie reicht von Okkultismus bis zu ganzheitlichen Lebenseinstellungen; im tiefsten geht es also um neue Formen religiöser Sinnsuche.

Für viele führt diese Suche in die übersinnliche Welt. Eine Untersuchung der Universität Chicago aus dem Jahre 1990 kam zum Schluß, daß 42 Prozent der Amerikaner glauben, mit einem Verstorbenen in Kontakt zu stehen. Überall tauchten die sogenannten Channels auf. Channel ist die moderne Bezeichnung für Medien, die behaupten, Energiekanäle für Verstorbene zu sein, aber auch für geisterhafte Wesen, die nie auf der Erde gelebt haben.

Channeling ist heute ein großes Geschäft geworden.

Vermittler beschaffen für jeden Bedarf das passende Medium. Kritische Stimmen der *New Age* Bewegung vermerken, daß die Medien nicht immer ganz uneigennützig vorgehen. Andererseits finden nicht wenige beim Channeling eine Möglichkeit, besser über den Verlust eines geliebten Menschen hinwegzukommen.

Unten: **Auf den Höhepunkt der spiritistischen Bewegung tauchten überall Menschen auf, die behaupteten, mit dem Jenseits Verbindung aufnehmen zu können. Doch nur wenige Medien stellten sich als wirklich begabt heraus. Zu jener Zeit wurde der Glaube an den Spiritismus von angesehenen Wissenschaftlern geteilt wie z. B. Sir William Crooke oder Sir Oliver Lodge.**

ASTROLOGIE

***Nächste Seite:* Die Tierkreiszeichen schmücken ein Gebäude auf dem Markus-Platz in Venedig.**

***Oben:* Eine Briefmarkenserie aus der Republik San Marino mit den Tierkreiszeichen. Von oben nach unten: Widder, Löwe und Stier.**

Die Astrologie beschäftigt sich mit dem Einfluß der Gestirne auf Natur und Mensch. Sie hatte schon in den ältesten Kulturen der Menschheit ihren Ehrenplatz inne. Es gibt kaum eine Region auf der Erde, wo man der „Schrift am Himmelsgewölbe", wie es James Gaffarel, der Astrologe Kardinal Richelieus, treffend formulierte, keine Beachtung schenkte. Wenn wir den Einfluß der Sterne auf die Natur zu ergründen suchen, dann meinen wir vor allem ihren Einfluß auf den menschlichen Körper, die Tierwelt, das Wetter und den Rhythmus der Jahreszeiten. Darüber hinaus wird den Geschehnissen im Kosmos auch eine direkte Einwirkung auf das Befinden der Menschen und deren persönliches Schicksal zugeschrieben.

Die ältesten Überlieferungen aus der Geschichte der Astrologie gehen bis in das alte Ägypten zuruck, wo verschiedene Könige und Priester die Botschaft der Sterne zu deuten wußten. Hinweise auf die ältesten bekannten Astrologen der Welt, darunter König Petosiris und der Priester Nechespo, finden sich in den Schriften verschiedener antiker Autoren wie Aristophanes, Juvenal, Plinius, Galen, Ptolemäus oder Suidas. Liest man deren Werke, so dürfte es kein Zweifel daran geben, daß das Altertum über ein erstaunliches astrologisches Wissen verfügte, wenngleich nur wenig davon überliefert ist. Albert Pike, ein Forscher, der der Freimauerei nahestand, weist der Astrologie in den religiösen Zeremonien der Ägypter eine zentrale Rolle zu.

Im alten China wurden Astrologen nicht nur in privaten Angelegenheiten, sondern auch in Staatsgeschäften um Rat gefragt. Nach der traditionellen Vorstellung bestimmen Bewegung und Position der Himmelskörper und andere kosmischer Phänomene das Verhältnis zwischen den weltlichen Herrschern und ihren Untertanen. Dieser Tatsache vor allem galt in früheren Jahrhunderten die Aufmerksamkeit der Astrologen.

Die Astrologie des alten China spielte für die Verehrung der Kaiser eine Rolle, denn bis zur Revolution Anfang dieses Jahrhunderts galten die Herrscher als „Söhne des Himmels". Das Volk hielt sie für direkte Nachfahren des blauen Himmelsgottes. Eine der wichtigsten Zeremonien des Staates war die jährliche Neujahrsfeier in der Nacht der Wintersonnenwende. Es ist die Nacht, in der Yang, das Prinzip des Lichts, wieder die Herrschaft übernimmt. Im Süden von Peking stand an einer imaginären Quelle ein Himmelsaltar. Er wird als ein Rundbau mit drei Stufen

***Oben:* Als eines der ältesten astrologischen Systeme geht der hinduistische Tierkreis auf 1500 v. Chr. zurück. Die indische Sterndeutung entwickelte sich gleichzeitig mit der griechischen und arabischen, ging aber ihre eigenen Wege.**

beschrieben, von denen jede mit einer Marmorbalustrade umgeben war. In der Nacht der Wintersonnenwende wurde die ganze Umgebung mit Fackeln erleuchtet. Wie eine Inschrift verkündete, war der Altar dem Himmel als oberstem Herrscher geweiht.

Weitere Tafeln waren den Herrschern von göttlicher Abstammung gewidmet. Auf der zweiten Stufe zeigten Tafeln verschiedene Himmelskörper: Sonne, Mond, die fünf Planeten, der große Bär, die 28 Sternbilder und andere wichtige Sterne. Bei den Zeremonien herrschte eine festgeschriebene Rangordnung. Die Prinzen des Reiches, die großen Mandarine, und andere Würdenträger nahmen alle ihren bestimmten Platz ein. Der Kaiser selbst bestieg die Stufen hinauf ins Feld des „Hohen Himmels“, verbeugte sich, kniete nieder, senkte seine Stirn auf den Marmorboden und erflehte den Schutz und die Gnade des Großen Herrschers für die irdischen Söhne des Himmels.

Nach China wenden wir uns dem indischen Subkontinent zu – die uralte Heimat okkulten Wissens. Es gibt in den Schriften der Antike und indischen Weden mehr als genügend Hinweise dafür, daß alle Kenntnisse, die wir später bei Chaldäern, Ägyptern, Griechen und Römern wieder finden, ursprünglich aus Indien stammten. So finden wir beim Ägypter Osiris wie beim Griechen Orpheus versteckte Hinweise auf „dunkelhäutige Männer“, die das erste Wissen über die verborgenen Lehren aus dem Osten brachten. Priester, die im Hochland des nördlichen Hindustan ein sagenumwobenes Leben führten, hatten es gesammelt und überliefert.

Eines der ältesten bekannten Horoskope galt einem Mann namens Rama, von dem man annimmt, daß er um 3102 v. Chr. geboren wurde. Es wurde von Valmiki im 18. Kapitel seines Buches *Bala Kanda* mit folgenden Worten beschrieben: „Rama wurde in Kataka geboren bei Chandra und Buru, Sani in Thula, Kuja in Makara, Sukra in Meena, Ravi in Mesha und Buda in Vrishabha.“ Das bedeutet in etwa: Rama wurde im Zeichen des aufsteigenden Krebses geboren. Im selben Zeichen stand der Mond in Verbindung mit Jupiter. Saturn war im Zeichen der Waage, Mars im Zeichen des Steinbocks, Venus im Zeichen der Fische, die Sonne im Widder und Merkur im Stier.

Die hinduistische Astrolgie unterscheidet sich in einem wesentlichen Punkt von der des antiken Gelehrten Ptolemäus. Die methodischen Berechnungen zur Bestimmung der Tierkreise stimmen nicht überein. Die Diskrepanz des orientalischen zum Ptolemäischen Tierkreis liegt bei 20 Grad. Wenn man die hinduistischen Begriffe auf die westlichen Berechnungen überträgt, muß man diese Differenz miteinkalkulieren.

Die astralen Lehren der Griechen gingen mit großer Wahrscheinlichkeit aus denen des Fernen Ostens hervor. Die erste Anspielung auf die Astrologie in der griechischen Literatur findet sich in einer Beschreibung der Persönlichkeit Platons. In seiner Schrift *De Nativitatibus* berechnet Julius Firmicus, besser bekannt unter dem Namen Maternus, das Horoskop des berühmten Philosophen. Er ermittelt, daß die Sonne bei seiner Geburt im Zeichen der Fische stand, errechnet als Aszendent den Wassermann und beschreibt den Einfluß verschiedener Planeten. Platon ist nach seinem astrologischen Befund ein „Deuter himmlischer und göttlicher Erscheinungen“, fähig zu „lehrreichen Reden” und mit „göttlicher Weisheit ausgestattet“.

Das Horoskop klingt überzeugend. Platons Geburtszeichen stimmt mit seiner physischen Erscheinung überein und der Aszendent mit seinen intellektuellen Fähigkeiten.

Jupiter, der die Fische regiert, verlieh Platon seine eindrucksvolle Erscheinung mit der breiten Stirn. Wie der Chronist Hesychius berichtete, wurde Platon aufgrund seiner Würde und seiner erhabenen Ausstrahlung nach dem griechischen Gott auch Serapis genannt. Wassermann ist das Zeichen der Wahrheitssucher, zu denen Platon an erster Stelle gehörte. Denn es gibt wohl keinen zweiten Philosophen, von dem man mit größerem Recht behaupten könnte, er habe sein ganzes Leben der Suche nach Wahrheit gewidmet. Das Zusammenspiel eines heiteren Geistes mit der Ernsthaftigkeit seines Denkens kennzeichnet einige Eigenschaften des Wassermanns.

Die Geschichte vom Einfluß der Astrologie auf das Römische Reich ist die Geschichte Roms selbst. Kaiser Numa praktizierte alle Arten von magischen Künsten. H. P. Hlavatsky erzählt in *The Secret Doctrine,* daß Marcus Antonius nie ohne einen von Kleopatra empfohlenen Astrologen unterwegs gewesen sei.

Augustus Cäsar suchte, bevor er den Thron bestieg, den Astrologen Theogenes auf. Der Sterndeuter fiel vor dem jungen Mann auf die Knie und kündigte ihm an, er werde zum Kaiser aufsteigen. Augustus war so beeindruckt, daß er nach Besteigen des Throns sein Horoskop öffentlich bekannt machen ließ. Außerdem prägte er eine staatliche Münze mit seinem Sternzeichen Steinbock.

Der Astrologe und Mathematiker Sulla las Culigas Horoskop und prophezeite dem Kaiser Zeitpunkt und Art seines Todes. Derselbe Kaiser wurde von Sortes Antiatinai gewarnt, „sich vor Cassius in acht zu nehmen", und tatsächlich starb er durch Verschwörung und Schwert eines Mannes namens Cassius. Otho umgab sich mit Sehern und Astrologen und suchte den Rat des Ptolemäus, welcher ihm versicherte, er werde Nero überleben und Kaiser der Römer werden. Auch von Nero weiß man, daß er selbst die Astrologie praktizierte. Es ist wohl kein dramatischeres Gespräch aus der Römischen Geschichte überliefert worden als der Dialog zwischen Agrippina, der Mutter Neros, und dem chaldäischen Astrologen. Die machthungrige Frau suchte den Rat der Sterndeuter, weil sie ihren Sohn auf den Kaiserthron bringen wollte. Der Astrologe kam zum Schluß: „Sollte er regieren, wird er seine eigene Mutter umbringen."

Ohne zu zögern antwortete sie: „So möge er mich umbringen, damit er regiere!" Wie wir wissen, gab die Geschichte den Sternen recht.

Als Kaiser scharte Nero selbst gerne Astrologen um sich. Bamilus, sein ständiger Berater, warnte ihn wiederholt, daß seine unbekümmerte Art zu regieren ein vorzeitiges Ende herbeiführen werde.

Hadrian, der das Römische Reich von 76 – 138 n. Chr. regierte, führte ein Sternen-Tagebuch. Es sagte sein Todesdatum voraus, lange bevor er sein irdisches Leben beendet hatte. Septimus Severus ließ sein Horoskop auf dem Dach seines Justizpalastes einzeichnen, mitsamt dem Hinweis, daß er nicht lebendigen Leibes von seinem Englandfeldzug zurückkehren werde. Er starb, wie es die Sterne angekündigt hatten, in York.

Das Alte Rom war Zentrum eines ganzen Weltreiches und daher eine Stadt von geistiger Vielfalt. Daher war es auch zum Austausch religiöser, philosophischer und politischer Ideen prädestiniert. Tempel, in denen die unterschiedlichsten Götter verehrt wurden, prägten das Forum. Es herrschte eine kosmopolitische Atmosphäre, in der auch die Astrologie ein hohes Ansehen genoß. Sie fand als Wissenschaft in der römischen Oberschicht viele Anhänger. Den Sterndeutern waren besondere Titel vorbehalten. Man nannte sie *astrologi, mathematici* oder *genethliaci*.

Da die Astrologie aus dem Osten stammte, wurden die Astrologen auch als Chaldäer oder Babylonier bezeichnet. Wie H. P. Blavatsky in seinem Werk *The Secret Doctrine* („Die geheime Doktrin") anhand alter Quellen berichtet, gab es in Rom eine Schule weiser Männer, die Lehren über den

Oben: **Ein Holzschnitt aus dem Mittelalter mit den zwölf Tierkreiszeichen, die sich mit Sonne und Mond um die Erde drehen.**

Unten: **Julius Cäsar wurde von den Wahrsagern gewarnt, in den „Iden des März" vorsichtig zu sein. Doch er schlug die Warnung in den Wind. Als er im Römischen Senat eintraf, erwarteten ihn seine Verschwörer mit gezücktem Schwert.**

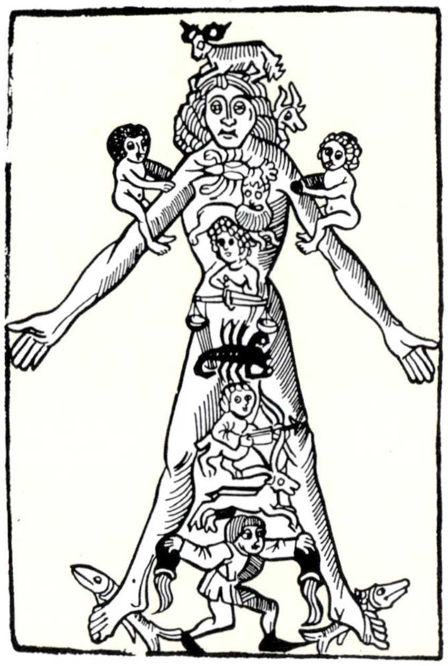

Oben: **Dieser Stich aus dem Mittelalter symbolisiert die tiefe Verbundenheit der Menschen mit den Sternen.**

Unten rechts: **Eine tibetanische Mandala. Die astrologischen Berechnungen der Tibetaner waren außerordentlich genau, ihre Methoden jedoch streng geheim.**

geheimen Einfluß von Sonne, Mond und Saturn vermittelten. Selbst als für die Astrologie schlechte Zeiten anbrachen, ging der Unterricht weiter.

Für die Araber galt die Astrologie als Eckpfeiler aller Gelehrsamkeit. Das gesamte kulturelle und soziale System des Staates beruhte auf dem Fundament astrologischen Wissens.

Mit dem Verfall des Römischen Reiches brachen finstere Zeiten über Europa herein. Die katholische Kirche, die zugleich die politische Macht an sich riß, versuchte nun, alle Spuren des antiken Wissens in den westlichen Ländern auszulöschen. Jahrhundertelang herrschten Unwissen und Aberglaube. Erst mit der Eroberung Spaniens durch die Mauren im 8. Jahrhundert gewannen Wissen, Kultur und Fortschritt wieder die Oberhand über die bigotten Kleriker und beschränkten Feudalherren.

Wissensdurstige aus allen Teilen Europas, strömten nun an die Universitäten der Mauren. Nach der Rückkehr in ihre Heimatländer gründeten die Studenten Schulen, um ihr neuerworbenes Wissen über Philosophie, Kunst und Naturwissenschaften zu verbreiten. Von einem maurischen Professor aus Toledo stammt auch der berühmte *Canon von Avicenna.* Es handelt sich um das erste astrologisch-medizinische Lehrbuch Europas, das Gerard of Cremona für die Nachwelt bewahrte. Die Astrologie, die tausend Jahre zuvor Italien erobert hatte, erlebte nun durch die maurischen Gelehrten eine Renaissance. Die Lehre über den Einfluß der Sterne durchdrang viele wissenschaftliche Bücher und nahm im akademischen Lehrplan eine herausragende Stellung ein. Von Spanien aus breitete sie sich auch in andere Länder aus, wo sie allgemein als Wissenschaft anerkannt wurde.

Auch der berühmte Kalif Al-Raschid aus Bagdad, der an Ruhm und Weisheit dem biblischen König Salomon glich, widmete sich den okkulten Künsten. In den Geschichten aus *Tausendundeine Nacht* findet man zahlreiche Hinweise auf Sternendeutung und Astromantie. Al-Raschid regte die Übersetzung des astrologischen und astronomischen Buches von Ptolemäus ins Arabische an. Es gilt als sicher, daß der Kalif – mit Literatur und Wissenschaft eng vertraut – viel auf die Astrologie gab und sie bei schwierigen Staatsproblemen zu Rate zog.

Die Araber verfeinerten die mathematische Genauigkeit der Horoskope. Dies

erreichten sie durch Anwendung der sphärischen Trigonometrie und anderer wissenschaftlicher Rechenmethoden. Sie hinterließen zahlreiche Tabellen zur Errechnung des Sonnenstandes bei der Geburt und brachten in den Lauf der Planeten eine naturwissenschaftliche Systematik. Von arabischen Gelehrten stammen viele Begriffe, die noch heute in der astrologischen Literatur verwendet werden. Ihnen verdanken wir jenes Vokabular, das die Sternendeutung von anderen Wissensgebieten abgrenzt.

Die arabischen Astrologen waren aber nicht nur in der Errechnung von Geburtshoroskopen kompetent, sie übten sich auch in Prognosen über die Zukunft und Voraussagen über das Schicksal von Städ-

Oben: Ein alter arabischer Tierkreis. Die astrologischen Errungenschaften der Araber waren im Westen jahrhundertelang unbekannt. Erst um das zehnte Jahrhundert fanden sie Zugang zu den europäischen Universitäten.

Links: Diese Illustration weist darauf hin, daß das Schicksal aller Gesellschaftsschichten von den Sternen geleitet wurde. Ob es um Probleme der Kriegsführung oder um den günstigsten Zeitpunkt für die Aussaat ging, stets wurde ein Sterndeuter zu Rate gezogen.

Oben: **Eine Tafel mit den chinesischen Tierkreiszeichen. Die chinesischen Astrologen richteten ihr Augenmerk vor allem auf den Einfluß der Himmelskörper auf die irdischen Herrscher.**

Unten: **Der Tierkreis der Azteken bestand aus 20 Zeichen.**

ten und Staatswesen. Ihre Weissagungen leiteten sie vom Stand der Sonne, dem Einfluß des Mondes, dem Auftreten von Kometen und anderen Himmelsphänomenen ab.

Die Astrologie hieß zu ihrer Zeit Ahkami oder Munadjdjim, wobei unter den letzten Begriff auch die Astronomie fiel. Die Gleichsetzung von Sternendeutung und Sternenkunde war in den vergangenenen Jahrhunderten nichts Außergewöhnliches. Erst seit dem 19. Jahrhundert entwickelten sich Rivalitäten zwischen den beiden Wissenszweigen, da die akademisch geschulten Astronomen nun den Astrologen das wissenschaftliche Rüstzeug absprachen.

Auch die Ureinwohner Zentralamerikas hatten schon vor der Ankunft von Kolumbus hochstehende astrologische Systeme entwickelt. Prescott schreibt in seiner *History of the Conquest of Mexico,* daß die Azteken bei Geburt eines Kindes immer einen Adivino (Astrologen) herbeiriefen, der dem Neugeborenen das Schicksal lesen sollte. Laut Lucien Biart war dabei nicht nur das Sternzeichen des Geburtstages von Bedeutung, sondern auch dasjenige, das während der letzten dreizehn Jahre regierte. Kam das Kind um Mitternacht zur Welt, wurden gleichzeitig der abgelaufene und folgende Tag bei den Berechnungen in Betracht gezogen.

Wie bei Griechen, Ägyptern und anderen alten Völkern sagten die mexikanischen Astrologen anhand der Planeten Ereignisse voraus. Außerdem interpretierten sie die Gebilde der Wolken, das Wetter, Sonnen- und Mondfinsternis, Kometen und Vogelflug. Wie in anderen alten Kulturen, war die Astrologie im alten Mexiko nicht eine Sache der Unwissenden und Abergläubischen, sondern eine Domäne der gebildeten Oberschicht. Drei große Namen der aztekischen Welt zeugen vom hohen Ansehen der Astrologie: Quetzalcoatl, Nazahualpilli und Montezuma.

Das astrologische Wissen der Azteken stammt hauptsächlich von den Lehrsätzen und Offenbarungen des Gottkönigs Quetzalcoatl, der zugleich Lehrer und erster Philosoph seines Reiches war. Er stammte nach den mythologischen Vorstellungen der Indios vom Großen Schöpfer ab, der gleichzeitig Vater und Mutter verkörperte. In der irdischen Welt kam er durch die Jungfrau Sochiquetzal, eine Erscheinung am Himmel hatte seine Ankunft angekündigt. Die Zeichen besagten, daß Quetzalcoatl als Botschafter vom Gott der Milchstraße gesandt worden war, um unter den Sterblichen eine heilige Jungfrau zu suchen, welche zur Mutter der göttlichen Inkarnation ausersehen war.

Nazahualpilli war König der Tezcuco. Torquemada schreibt im zweiten Buch von *The Indian Monarchy* über ihn: „Sie nannten ihn einen großen Astrologen und bewunderten sein Wissen über die Bewegung der Himmelskörper. Sie verehrten ihn; da er dieser Wissenschaft sehr zugetan war, ließ er in seinem ganzen Reich durch bewanderte Leute Forschungen anstellen, rief sie an seinen Hof und teilte ihnen sein ganzes Wissen mit. Nachts stieg er mit ihnen auf das Dach seines Palastes, betrachtete die Sterne und diskutierte mit ihnen alle Fragen, die mit den Sternen in Beziehung standen.“

Montezuma war das vielseitigste Genie der aztekischen Welt. Der letzte König seines Reichs war nicht nur ein großer Krieger, Staatsmann und Fürst, sondern auch ein Förderer der okkulten Künste, namentlich der Astrologie.

Stuart Chase beschreibt in *Mexico, A Study of Two Americas:* Der Geist des präkolumbianischen Amerika erreichte seinen Höhepunkt in der Sternenkunde. Die Maja waren ihre Hohepriester. Der Kalender der Maja, der vor 4000 Jahren eingeführt wurde, war so weit entwickelt, daß es möglich ist, jeden einzelnen Tag innerhalb von 370 000 Jahren festzulegen. Die Indios waren der europäischen Astronomie weit voraus. Ihre Berechnungen waren viel genauer als alles, was westliche Zivilisation bis vor kurzer Zeit vorzuweisen hatte.

Die Azteken übernahmen die Prinzipien der Maja, aber ohne deren mathematische Eleganz zu erreichen.Ihr astronomischer Kalender jedoch war genauer als der der Spanier. Sie entdeckten das Jahr der Venus, die Eklipsen und das Phänomen der Sonnenwende. Dieses und vielerlei anderes läßt darauf schließen, daß die Maja auf dem Höhepunkt ihrer Kultur (460 – 600 n. Chr.) allen anderen Völkern weit voraus waren.

Die astrologischen Systeme der Azteken und anderer Hochkulturen Zentralamerikas und Yucatans waren größtenteils identisch mit den Lehren der Maja. Der deutsche Forschungsreisende Alexander von Humboldt, eine Autorität auf diesem Gebiet, hat zahlreiche Entsprechungen zwischen den astrolgischen Systemen der Mexikaner und denen der Chaldäer, Griechen und Ägypter hervorgehoben. Auch die wenigen Fragmente, die vom metaphysischen Wissen der Azteken überliefert sind, zeugen von einem tiefgründigen Gedankengebäude.

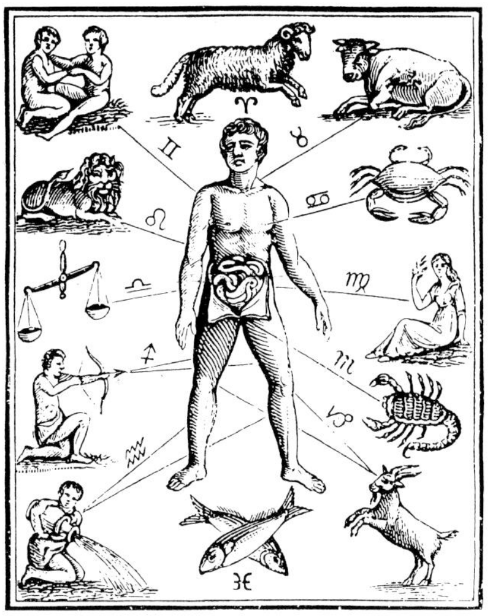

Oben: **Eine Tabelle über die Beziehung der einzelnen Körperteile mit den Tierkreiszeichen. Im Mittelalter pflegte man den Zeitpunkt einer Operation nach dem Stand der Sterne abzustimmen.**

Unten: **Der Mensch als Mittelpunkt des Universums: eine Zeichnung aus dem Mittelalter.**

WESTLICHE TRADITIONEN

In der Literatur und den Wissenschaften der westlichen Welt spielte die Astrologie von Anbeginn eine Rolle. Mit folgenden Worten faßt John Cook die Resultate einer umfassenden Studie über die Bedeutung der Astrologie im Werk Shakespeares zusammen: „Die zahlreichen Hinweise, schlüssigen Metaphern und Illustrationen verraten, daß Shakespeare über gute Kenntnisse verfügte und die Popularität der Astrologie hoch einschätzte. Die vielen Beispiele zeigen, wie sehr er erfüllt war von diesem Thema, das die englische Sprache und Literatur auch in vielerlei anderer Weise geprägt hat.“

Shakespeare legte König Lear die Worte in den Mund: „Die Sterne sind's, die Sterne über uns, die unser Schicksal leiten.“

Noch bemerkenswerter ist Shakespeares Sinn für astrologischen Humor: Eine mißgestimmte Bühnenfigur läßt er klagen: „Nie wird etwas so geschehen wie ich es wünsche; denn ich bin im Zeichen des aufsteigenden Krebses geboren, und alle meine Geschäfte gehen rückwärts.“

In getragener Versform trägt der italienische Renaissance-Dichter Dante seine Astrologie vor. Wir folgen ihm in die Weiten des Weltalls, genauer: ins Paradies. (Canto XXII)

Dein Finger, bis ich sah das Himmelszeichen,
Das nächst dem Stier, um drinnen schon zu sein.
Glorreich Gestirn! O Leuchte ohnegleichen,
An Macht so reich, der alle Kraft und Zier
Ich danke, die mein Geist nur mag erreichen:
Mit dir ging auf, zur Rüste ging mit dir
Sie, die da zeugt hienieden alles Leben,
da Tusciens ersten Hauch ich spürt'in mir;
Und da mir Gnade gönnt', emporzuschweben

Oben: Galileo Galilei (1564-1642) war der erste Astronom, der ein Teleskop benutzte. Was er sah, bestätigte für ihn die Wahrheit von Kopernikus' Erkenntnis, daß die Erde sich um ihre eigene Achse dreht. Zu Galileos Zeiten waren Astrologie und Astronomie noch keine geteilten Disziplinen, wie sie es heute sind.

Rechts: Diese bildhafte Darstellung der Sternenkonstellationen aus dem 16. Jahrhundert wurde von Papst Gregor XIII. in Auftrag gegeben.

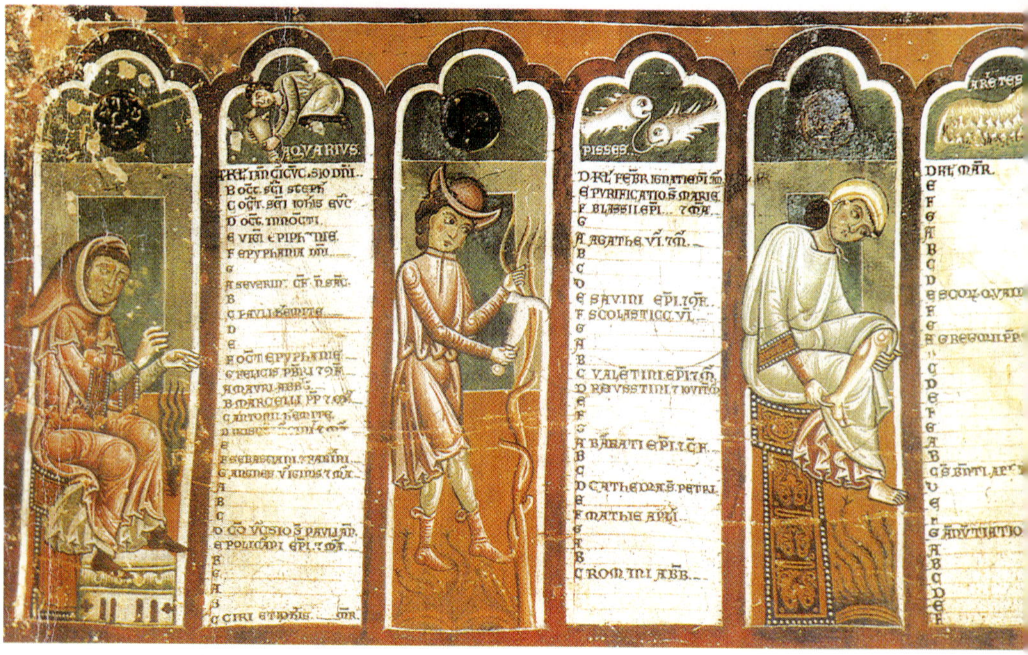

Oben: **Das Tierkreiszeichen Krebs in einem Fresko von Giovanni Maria Falconetto.**

Unten: **Die ersten sechs Tierkreiszeichen in einem italienischen Kalender.**

Oben: Nikolaus Kopernikus (1473-1543), der Vater der modernen Astronomie. Er hat herausgefunden, daß nicht die Erde im Mittelpunkt des Universums steht, sondern daß die Sonne in der Mitte der Planetenwelt ruht.

Unten: Das Horoskop von Agostino Chigi. Das Fresko zeigt die Stellung der Planeten an Chigis Geburtstag am 30. November 1466.

Zu jenen Höhn, wo deine Runde kreist,
Ward, wo dein Stand, die Stätte mir gegeben.

„Die Astrologie war für Dante die edelste aller Wissenschaften", schreibt H. Flanders Dunbar in *Symbolism in Medieval Thought*. „Für Dante liegt der Einfluß von Planeten und Sternen, oder genauer, der Intelligenz, von der sie geleitet werden, im Zentrum der Individuation. Das Ego, von Gott selbst geschaffen, gerät bei der Geburt, wenn es sich mit dem Körper verbindet, unter den stellaren Einfluß und wird geprägt wie der Wachs durch das Siegel. Jede Einwirkung des Kosmos ist gut, denn sie spiegelt die Güte Gottes wieder. Der Mensch ist vollkommen, wenn diese guten Eigenschaften in Harmonie und im richtigen Verhältnis zueinander stehen. Der moderne Leser mit seiner stark vereinfachenden Vorstellung von Astrologie wird wahrscheinlich Dantes astrologischem Konzept nicht folgen können. Die Astrologie war gleichzeitig komplizierter und wissenschaftlicher, als es die populären Horoskope nahelegen."

Goethe bekennt sich mit klaren Worten zu Theorie und Praxis der Astrologie. Seine Autobiographie Dichtung und Wahrheit beginnt mit den Worten:

„Am 28. August 1749, Mittags mit dem Glockenschlage Zwölf, kam ich in Frankfurt am Main auf die Welt. Die Konstellation war glücklich; die Sonne stand im Zeichen der Jungfau und kulminirte für den Tag, Jupiter und Venus blickten sie freundlich an, Merkur nicht widerwärtig; Saturn und Mars verhielten sich gleichgültig: nur der Mond, der so eben voll ward, übte die Kraft seines Gegenscheins um so mehr, als zugleich seine Planetenstunde eingetreten war. Er widersetzte sich daher meiner Geburt, die nicht eher erfolgen konnte, als bis diese Stunde vorübergegangen.

Diese guten Aspekte, welche mir die Astrologen in der Folgezeit sehr hoch anzurechnen wußten, mögen wohl Ursache an meiner Erhaltung gewesen sein."

Doch auch in der Wissenschaft ist die Astrologie durch nicht weniger klingende Namen präsent. Laut Thorndikes *History of Magic and Experimental Science* steht ein Trio großer Namen – Plinius, Galenos und Ptolemäus – an der Spitze der Wissenschaften des Römischen Reiches. Diese drei großen Denker haben einen beträchtlichen Teil zu den Forschungen beigetragen, die nach dem Einfluß der Gestirne auf das irdische Leben fragen.

Andere nicht weniger berühmte Namen von wissenschaftlichen Astrologen kommen dazu: Hippokrates, der Begründer der Medizin, Vitruvius, der Vater der Architektur, der Mathematiker Placidus, der Märtyrer Giordano Bruno, der Mathematiker Jerome Cardan und Niklaus Kopernikus. Emile Namer schreibt in seinem Buch über Galileo Galilei, daß der Vater der modernen Wissenschaft bei der Geburt seiner Kinder jeweils das Horoskop stellte.

An diese Stelle drängt sich ein Bericht über drei astrologische Voraussagen auf, die sich bewahrheiten sollten. Als der Erzbischof von St. Andrew im Jahre 1552 an einer rätselhaften Krankheit litt, schickte er nach dem Mathematiker und Astrologen Jerome Cardan. Dieser errechnete das Horoskop des Patienten, worauf der Bischof gesundete. Der Astrologe sagte dem Prälaten zum Abschied: „Ich konnte Eure Krankheit heilen, aber Euer Schicksal kann ich nicht abwenden, und ich kann nicht verhindern, das der Tod durch den Strick auf Euch wartet." 18 Jahre später wurde der Kirchenmann auf Befehl der Königin Maria von Schottland gehängt. Auf der Rückreise über London sagte Cardan im übrigen noch die Geburt von König Edward voraus.

Das zweite Beispiel betrifft die berühmte Weissagung des dänischen Astronomen Tycho Brahe. Als 1577 der große Komet am Himmel auftauchte, erklärte Brahe: „Im Norden Finnlands wird ein Prinz geboren werden; er wird das deutsche Reich verwüsten und 1632 wieder untergehen wird.“ Die Zeit hat die Warnung des Kometen auf das Genaueste bestätigt. Schwedenkönig Gustav Adolph, geboren in Finnland, brandschatzte Deutschland während des Dreißigjährigen Krieges und starb, wie es der Astronom vorausgesehen hatte, im Jahre 1632.

Der dritte Bericht stammt aus Lord Bacons *Essay on Prophecy.* Er schreibt: „Als ich in Frankreich war, hörte ich von einem gewissen Doktor Pena, daß die Königinmutter sich seltsamen Künsten widme und unter falschem Namen die Nativitätsberechnung des Königs, ihres Gemahls, in Auftrag gegeben habe. Der Astrologe sagte voraus, daß der Monarch in einem Duell getötet werde. Die Königin verlachte ihn, denn sie wußte, daß ihr Gemahl sich niemals auf Ehrenhändel einlassen würde. Doch er starb bei einem Turnier durch einen Splitter der Lanze des Ritters Montgomery.“

Im Vatikan zu Rom herrschten mehrere Astrologen-Päpste, darunter Sylvester, Johannes XX., Johannes XXI., Sixtus IV.,

Oben: Der große dänische Astrologe und Astronom Tycho Brahe (1546-1601). In einer Ansprache an der Universität von Kopenhagen erklärte er: „Man kann den Einfluß der Sterne nicht leugnen, ohne an der Weisheit Gottes zu zweifeln.“

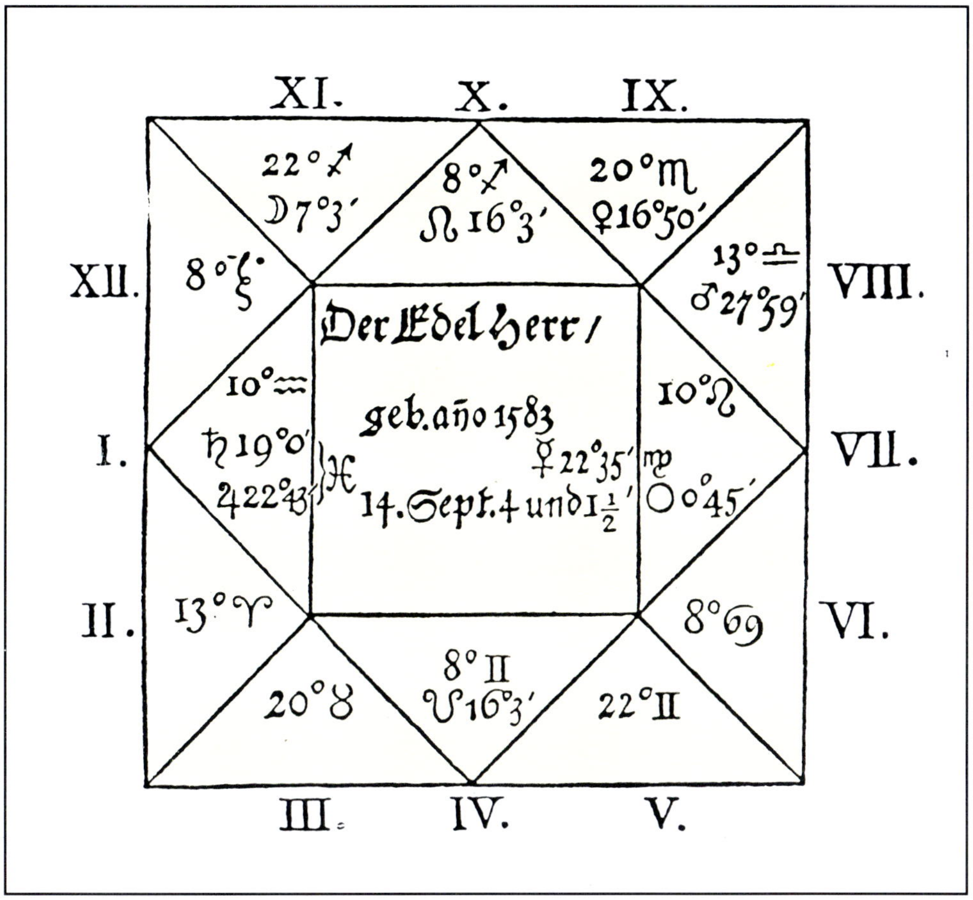

Links: Eine Geburtstabelle mit den folgenden Daten: Ort und Datum der Geburt; Längen- und Breitengrad des Geburtsortes; die Geburtszeit in Stunden, Minuten und Sekunden und die Geburtszeit in Greenwicher Zeit.

Oben: Michel de Nostre-Dame, besser bekannt unter dem Namen Nostradamus, der berühmteste Seher der Geschichte. Im Jahre 1566 gestorben, machte er Vorhersagen bis ins Jahr 3797.

Für das zwanzigste Jahrhundert hat er die Abdankung von König Edward VIII. im Jahre 1936, Aufstieg und Fall des Dritten Reiches, die Ermordung John F. Kennedys und die Machtergreifung Saddam Husseins vorausgesagt.

Unten: Jahrhunderte nach dem Fall des Römischen Reiches erinnern Ruinen an die Blütezeit der ewigen Stadt. Mit der Schrift *Astronomicon* hinterließen die Römer eines der ältesten astrologischen Lehrbücher.

Nächste Seite: Ein Holzschnitt aus dem 16. Jahrundert, der die ptolomäische Weltsicht illustriert. Bis Kopernikus seine Lehre als falsch entlarvte, glaubte man, daß sich das ganze Universum um die Erde drehe.

Julius II., Alexander IV., Leo X., Paul III., Klemens VII. und Calixtus III. Einen besonderen Förderer fand die Astrologie in Papst Leo X.

Papst Julius II. setzte den Tag seiner Amtsübernahme erst nach der Befragung seines Horoskops fest. Sixtus IV. ließ sich bei der Festsetzung seiner Audienzen vom jeweiligen Stand der Planeten leiten. Auch von Paul III. wird berichtet, daß er nur dann seine Ratgeber zusammenrief, wenn die Sterne günstig standen.

Auch die vier großen Eroberer der Weltgeschichte – Alexander der Große, Julius Cäsar, Tschingis Khan und Napoleon – glaubten an die „himmlische" Herrschaft über die Welt.

Brahmanische Weise sagten nicht nur Alexanders Todesdatum voraus, sondern auch die Todesart – er werde durch den Kelch zugrundegehen. Als Alexander die Mauern von Babylon erreichte, wurde er von den Astrologen gewarnt: „Flieh aus dieser Stadt, wo verhängnisvolle Sterne regieren!" Alexander hörte auf sie und kehrte um. Doch später kehrte er zurück und fand dort seinen Tod.

Laut Lukian leiteten die Sterne Cäsar bei der Planung seiner Schlachten. Der Mathematiker Spurina warnte den Feldherrn, daß ihm während der Iden des März Gefahr drohe. Die Geschichte hat, wie man weiß, die Voraussage bestätigt.

Am Hofe von Tschingis Khan gehörten die Astrologen zu den höchsten Würdenträgern. Ye Liu Chutsai begleitete ihn als sein ständiger Berater bei den Eroberungszügen um die halbe Welt.

Napoleon I. zeigte seinem Onkel, Kardinal Fesch, seinen Leitstern, doch der ehrwürdige Kirchenfürst konnte ihn nicht am Himmelszelt erkennen. Napoleon glaubte so fest an die „Aussagen der Sonnen", daß er regelmäßig den Rat der Seherin Mademoiselle Lenormand suchte. Um dieser bemerkenswerten Frau gerecht zu werden, sei daran erinnert, daß sie ihn vor dem verhängnisvollen Feldzug nach Rußland gewarnt hatte.

Katharina von Medici war sehr vertraut mit der Himmelskunde und wurde die Gönnerin von Nostradamus, der zugleich Leibarzt von König Henry II. und Charles IX. gewesen ist. Nostradamus' Prophezeiungen, die er Anfang des 16. Jahrhunderts in Vierzeilern verfaßt hatte, gingen rund um die Welt, allerdings fanden sie erst 200 Jahre nach seinem Tod 1566 breiteres Interesse. Ein päpstliches Edikt hatte zu Lebzeiten des Verfassers die Verbreitung seiner Schriften untersagt; Nostradamus hatte unter anderem den baldigen

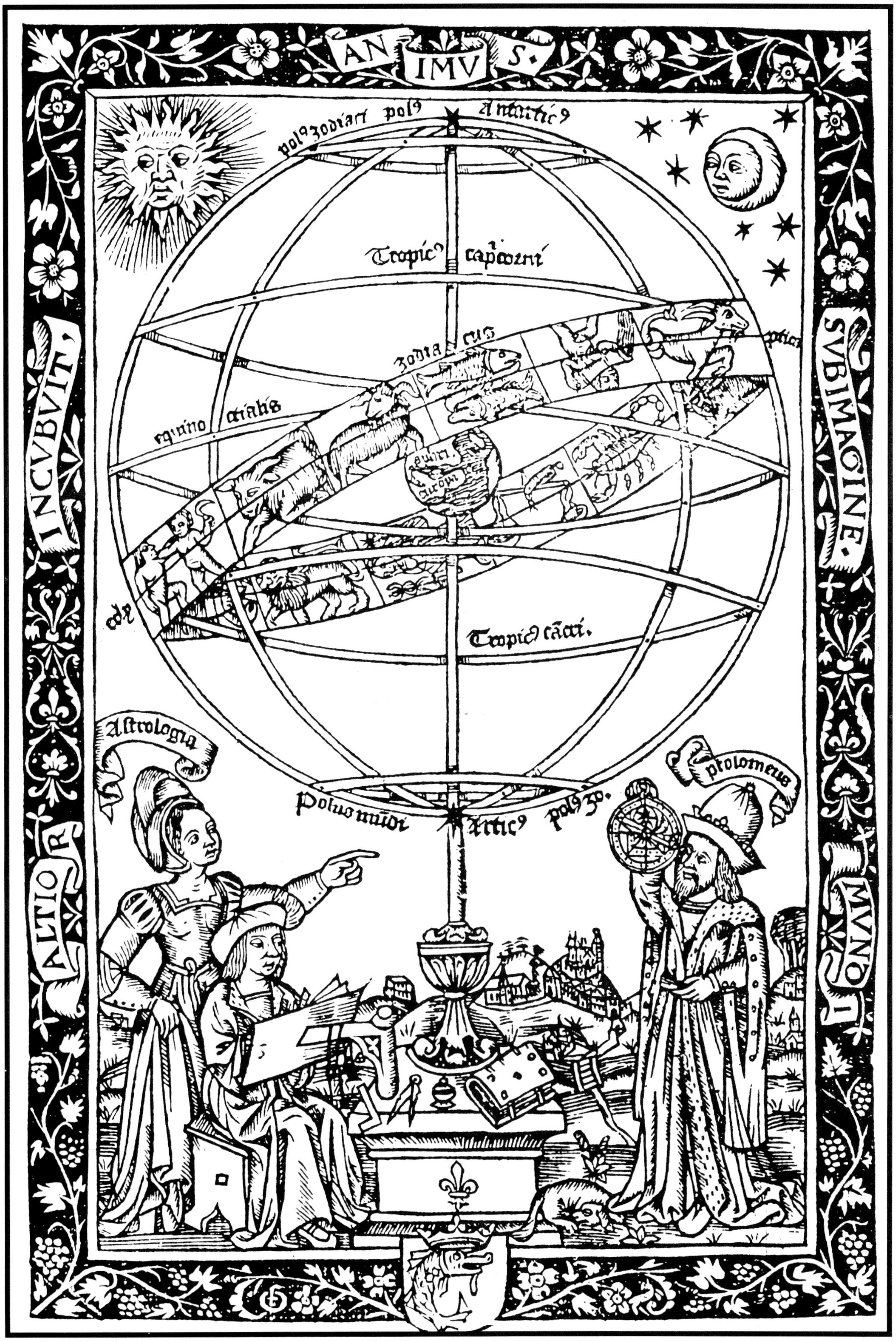
AN IMVS.
INCVBVIT,
ALTIOR
SVBIMAGINE.
MVNDI
Astrologia
ptolomeus

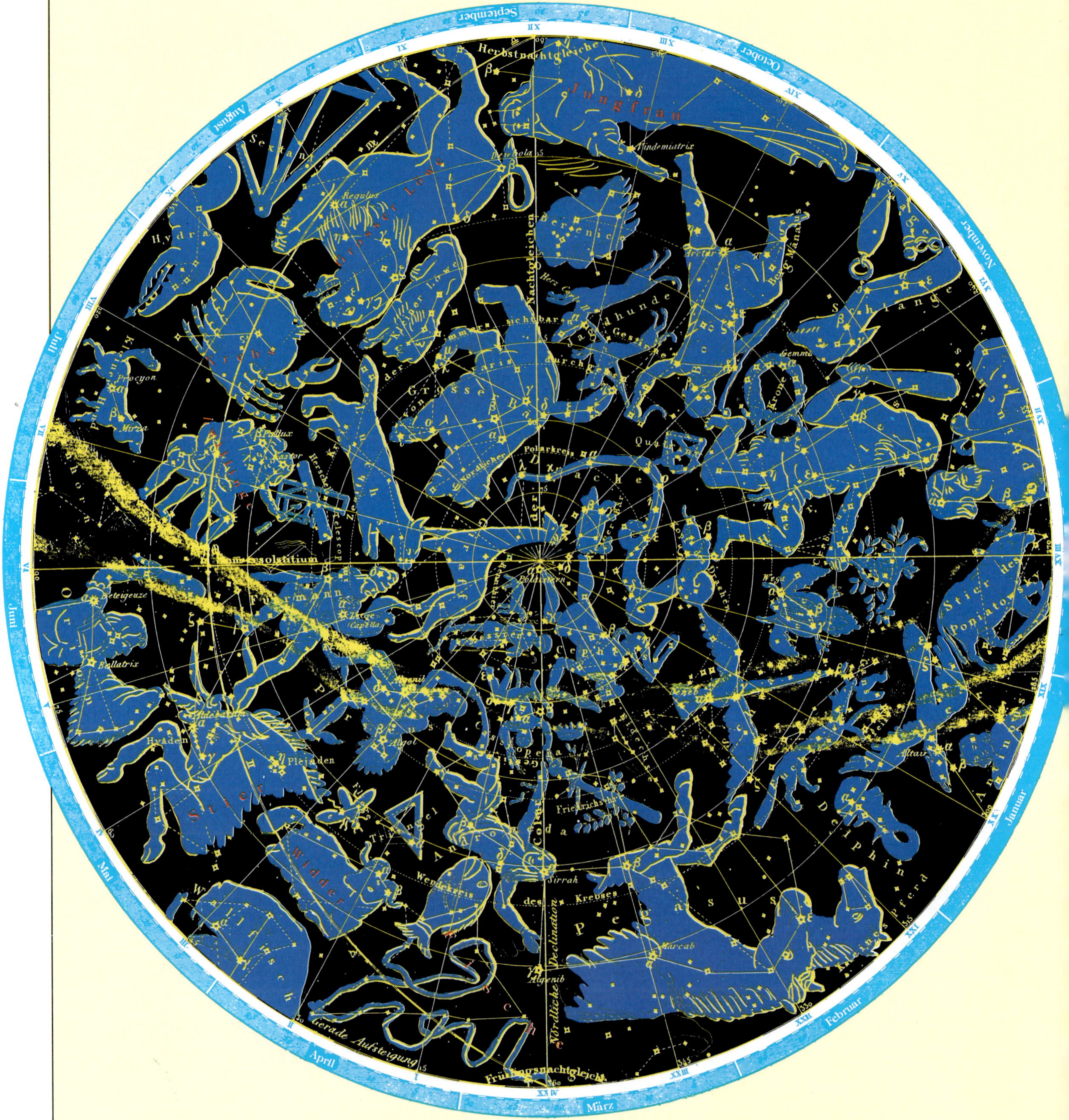

Oben: **Die nördliche Himmelsphäre mit den Sternenkonstellationen auf einer Karte aus Deutschland (gegen den Uhrzeigersinn von oben): Jungfrau, Großer Löwe, Krebs, Zwillinge, Stier und Widder.**

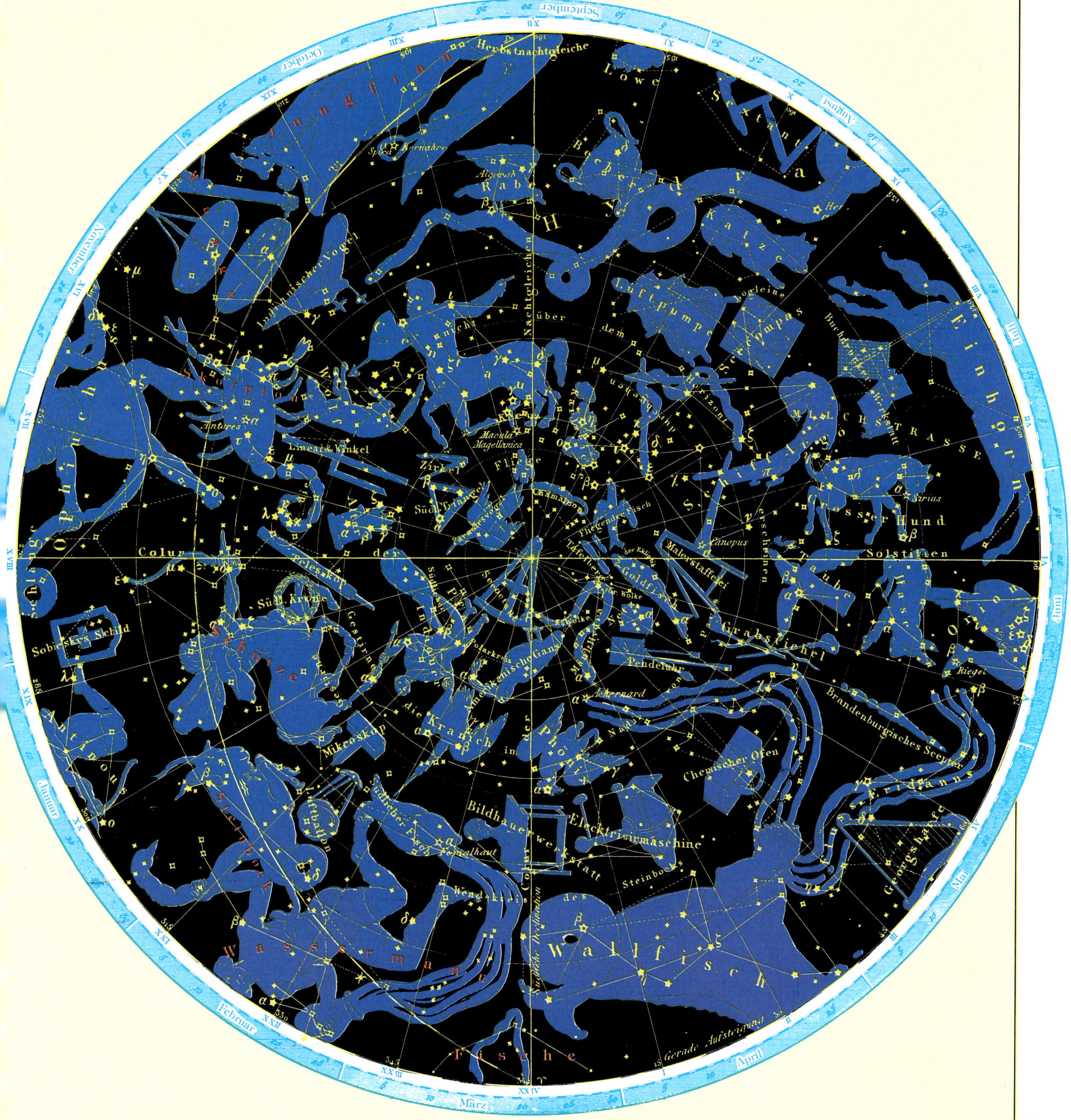

Oben: **Die südliche Himmelsphäre auf der Rückseite der Karte. Im Gegenuhrzeigersinn von oben nach unten: Jungfrau, Waage, Skorpion, Schütze, Steinbock, Wassermann und Fische.**

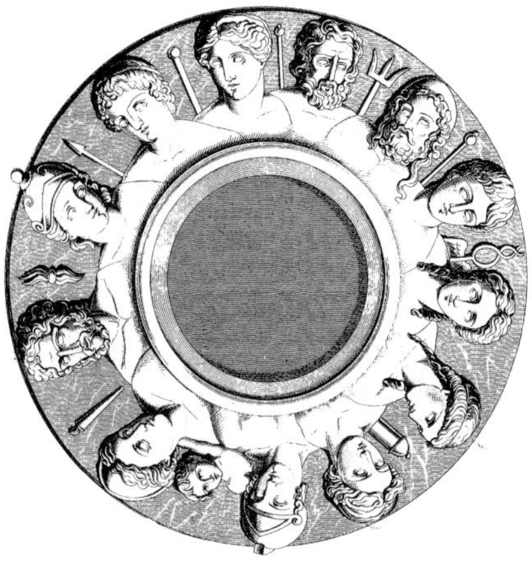

Oben: **Eine Tafel mit den griechischen Göttern. Im Uhrzeigersinn von oben: Ares, Eros, Aphrodite, Zeus, Pallas Athene, Apollo, Demeter, Poseidon, Hephaistos, Selene, Hermes, Hera und Artemis. Auch sie waren der Macht der Sterne unterworfen.**

Unten rechts: **Ein Holzschnitt aus dem 19. Jahrhundert von Camille Flammarion, der sich um die Popularisierung der Astronomie verdient gemacht hat.**

Niedergang des Papsttums prophezeit. Er sagte auch die große Feuersbrunst von London im Jahre 1666 voraus, die Französische Revolution und in ihrem Gefolge den Aufstieg Napoleons, das alles Jahrhunderte, bevor diese Ereignisse auch wirklich eintraten. Zu Napoleon lieferte er sogar eine ziemlich genaue Beschreibung von Person und Temperament. Die Prophezeiungen des Nostradamus bewahrheiteten sich auch im Aufstieg und Fall des Dritten Reiches 1933-1945. Er sah die Ermordung der Brüder Kennedy (1963 und 1968) voraus und erwähnte für das letzte Jahrzehnt dieses Jahrhunderts die Gefahr eines kriegerischen Konfliktes am Golf, wie er dann 1991 ausbrach.

Eine herausragende Vertreterin der Astrologie des 20. Jahrhunderts ist Evangeline Adams, eine Nachfahrin von John Quincy Adams, des sechsten Präsidenten der Vereinigten Staaten. Ms. Adams verteidigte die Astrologie 1932 erfolgreich vor Gericht, und am Ende des Prozesses erklärte der Richter: „Der Verteidiger erhebt die Astrologie zur Würde einer exakten Wissenschaft. Jeder Wahrsager ist ein Gesetzesübertreter, aber nicht jeder Astrologe ist ein Wahrsager."

In Scharen strömten die Ratsuchenden zu Ms. Adams, wenn sie in der New Yorker Carnegie Hall Sprechstunde hielt. Zu ihren Klienten gehörten König Edward VII., Enrico Caruso, John Burroughs, Geraldine Farrar und die Hollywood-Diva Mary Pickford. Die *New York World* berichtete am 11. November 1932 über den Zulauf prominenter Bankiers: „Auch Geschäftsleute kamen, sogar J. Perpont Morgan Senior und zwei ehemalige Prädidenten des New Yorker Börsenmarkts, Seymour Cromwell und Jacob Stout."

„Ich las Mr. Morgans Horoskop mehrere Male", sagte Ms. Adams. „Er war zuerst skeptisch. Aber ich überzeugte ihn. Während seiner letzten Lebensjahre habe ich ihn regelmäßig beraten. Ich erklärte ihm die allgemeinen Auswirkungen der Planeten auf Politik, den Markt und das Börsengeschehen."

Adolf Hitler, am 20. April 1889 im Zeichen des Widder geboren, glaubte an die Astrologie wie viele andere ranghohe Personen des Dritten Reiches. Auch der britische Außenminister Lord Halifax war vom Einfluß der Sterne überzeugt und konsultierte im Jahre 1940 Hitlers ehemaligen Astrologen Ludwig von Hohl, um etwas über Hitlers Horoskop zu erfahren.

Wie v. Hohl ihm berichtete, hatte der Astrologe Baron Rudolf Freiherr von Sebottendorf, der mit bürgerlichem Namen Adam Glandeck hieß, Hitler davor gewarnt, im November 1923 die Machtübernahme zu riskieren. Dies war der Monat, als Hitlers Putsch im Münchner Bürgerbräu-Keller und der Marsch auf die Feldherrnhalle scheiterten. Hitler wurde wegen Hochverrats zu Festungshaft verurteilt. Das bestärkte ihn wiederum in seiner Überzeugung, daß an der Astrologie etwas dran sein müsse.

In den ersten Jahren des Zweiten Weltkrieges war Karl Ernst Krafft, der psychologische Berater von SS-Führer Heinrich Himmler, einer der wichtigsten Astrologen im Dienste des Dritten Reiches. Einer seiner Voraussagen wird die Rettung Hitlers vor dem Münchner Bombenattentat im November 1939 zugeschrieben. Das ersparte Krafft keineswegs die Verhaftung im Juni 1941 im Zuge einer offiziellen Kampagne, als nach dem Flug von Hitlers Stellvertreter Rudolf Hess nach England viele Astrologen und Wahrsager von der Gestapo festgesetzt wurden.

Im April 1945, als das Nazi-Reich kurz vor dem Zusammenbruch stand, ließ Hitler zwei Horoskope erstellen – sein eigenes und das des Dritten Reiches. Man sagte ihm, daß der Krieg in allerletzter Minute eine günstige Wendung nehmen würde, genau wie es Friedrich der Große am Ende des Siebenjährigen Krieges erlebte. Der Tod des US-Präsidenten Franklin D. Roosevelts einige Tage darauf wurde im Hitler-Bunker als ein gutes Omen angesehen, doch die Götterdämmerung war nicht mehr aufzuhalten. Offenbar hatten die Astrologen Hitler beschwindelt, um die eigene Haut zu retten.

Mehr Staatsmänner, als man gemeinhin glaubt, sind und waren den Sternen hörig. Im Mai 1988 kam durch Indiskretionen in Washington heraus, daß der letzte US-Präsident Ronald Reagan und dessen Ehefrau Nancy große Stücke auf astrologische Voraussagen gaben. Beide ließen sich durch die bekannte Astrologin Joan Quigley aus San Francisco beraten. Sie sagte ungünstige Konstellationen für Ende März 1981 voraus. Dem Präsidenten drohe Gefahr, tatsächlich kam es am 30. März zu dem Attentat am Weißen Haus, bei dem Reagan verwundet wurde.

1987 wurde Ms. Quigley zu Rate gezogen, um den günstigsten Zeitpunkt für die Unterzeichnung des historischen Vertrags mit der Sowjet Union über die Begrenzung der nuklearen Mittelstreckenwaffen in Europa zu errechnen. Sie zog dabei außer dem Horoskop von Präsident Reagan (Sonnenzeichen Wassermann) auch das des Sowjetischen Staatschefs Michail Gorbatschov (Sonnenzeichen Fisch) in Betracht.

So hat die Astrologie mit ihren Vertretern und Vertreterinnen auch jene Zeiten überlebt, in denen sie als Aberglaube verdammt oder der Lächerlichkeit preisgegeben wurde.

Oben: **Die römischen Götter Merkur, Jupiter, Cupid und Minerva, umgeben von den Tierkreiszeichen.**

Unten: **Peter Breughels Vision der Apokalypse. Auch der Tierkreis spielt eine Rolle bei den katastrophalen Ereignissen, die über die Menschheit hereinbrechen.**

Oben: Ein Tierkreis mit den zwölf Zeichen und ihren Symbolen.

Unten: Eine Darstellung der zwölf Tierkreiszeichen auf einem Dekkenfresko.

DAS WESEN DER ASTROLOGIE

Ein Horoskop ist ein Diagramm der Gestirnskonstellationen zu einem bestimmten Zeitpunkt, das nach festen Regeln aufgestellt wird. Es wird durch ein mathematisches Verfahren, also und ohne jedes zufällige oder hellseherische Element berechnet. Voraussagen werden auf beweisbare und streng mathematische Weise vom Horoskop abgeleitet: „...gemäß einer Kette von Ursachen, die vor Urzeiten eine zusammenhängende Reihe von Wirkungen hervorbrachte", wie Raphaels *Handbuch der Astrologie* betont. Die jährliche Drehung der Erde um die Sonne ist in 360 Grad eines Kreises eingeteilt. Dies beruht auf einer mathematisch wie astronomisch heute unbestrittenen Tatsache. Die Unterteilung des Kreises in 12 gleiche Bögen kennen wir als die zwölf Tierkreiszeichen. Zu den Sternbildern mit diesem Namen gibt es nur rudimentäre Beziehungen.

Leute, die auf der Grenze zwischen zwei Tierkreiszeichen geboren sind, nehmen die Eigenschaften beider Zeichen an. Der Eintritt eines neuen Zeichens betrifft jeweils die erste Woche. Während das neue Zeichen seine Vormachtstellung erreicht, dauert der Einfluß des alten noch an, schwächt sich aber Tag für Tag ab, bis am siebten Tag das neue Zeichen die ganze Macht übernommen hat.

Um die Interpretation zu vervollständigen, hat man die Zeichen in Perioden von ungefähr zehn Tagen unterteilt, auch Dekaden genannt. Diese Unterteilung betrifft den Einfluß des Sonnenzeichens auf die individuellen Eigenschaften all jener, die unter dem bestimmten Tierkreis geboren wurden. Es geht hierbei auch um die Einflüße von Nebenplaneten, die sich mit denen des Hauptplaneten vermischen und sie eventuell abschwächen. Die Ein-

beziehung der Nebenplaneten kann hilfreich sein, sie muß jedoch stets dem regierenden Planeten untergeordnet bleiben.

Seit den allerersten Anfängen der Astrologie hat man den Planeten oder Wandelsternen, die inmitten der Fixsterne ihre eigene Bahn verfolgen, eine besondere Bedeutung zugemessen. Diese Planeten, sieben an der Zahl, sind jene Botschafter des Sonnensystems, die ständig von der Erde aus zu sehen sind. Ihre Namen: Sonne, Mond, Merkur, Venus, Mars, Jupiter und Saturn. Für die Astronomen und diejenigen, die sich an ein heliozentrisches, also auf die Sonne zentriertes Universum halten, sind die Sonne und der Mond keine Planeten im eigentlichen Sinne.

Jeder dieser Planeten beherrscht einen der zwölf Tierkreise. Die Sonne übt zum Beispiel ihren Einfluß auf das Zeichen des Löwen aus, der Mond regiert das Zeichen des Krebses. Den anderen Planeten werden jeweils zwei Zeichen zugeschrieben: Zwilling und Jungfrau dem Merkur, Venus Stier und Waage, Mars Widder und Skorpion. Jupiter beherrscht Schütze und Fische, Saturn Steinbock und Wassermann. In den letzten Jahrhunderten haben einige Astrologen das Zeichen des Wassermanns mit Uranus und Fische mit Neptun in Verbindung gebracht. Pluto wird gewöhnlich keine astrologische Bedeutung zugesprochen.

Die Lehre von den Tierkreiszeichen macht nur einen Teil des astrologischen Spektrums aus. Doch das Interesse an der individuellen Ausprägung vom Menschen eines bestimmten Geburtszeichens macht sie besonders populär.

Oben: **Der Tierkreis für Aries und (*unten*) sein Symbol, der Widder.**

ARIES: Widder

Das erste Zeichen des Tierkreises wird durch Kopf und Hörner des Widders repräsentiert. Es ist Symbol für kämpferische Tatkraft. Die Babylonier pflegten in der Zeit vom 21. März bis zum 20. April, wenn die Sonne in diesem Zeichen steht, Schafböcke zu opfern.

Das Feuerzeichen wird vom Mars regiert und von der Sonne angeregt. Leicht aufbrausend, läßt sich der Widder aber auch schnell wieder beruhigen. Er ist von Natur aus humorvoll und schlagfertig, liebt Geselligkeit und Musik. Widdergeborne sind voller Lerneifer und wissen ihre Kenntnis geschickt einzusetzen. Sie sind sehr begabte Geschäftsleute, ihr Elan kann sich auf dem Immoblien- und Finanzmarkt auszahlen. Sie sind gute Schauspieler, fähige Anwälte und Politiker, doch auch literarisch und künstlerisch begabt.

Widder finden Harmonie und Verständnis bei Partnern, die im Zeichen des Löwen, des Schützen oder im selben Zeichen geboren sind. Auch eine Verbindung mit Zwillingen oder Waagegeborenen käme dem Temperament des Widders entgegen.

TAURUS: Stier

Das zweite Sternzeichen wird durch Kopf und Hörner des Stiers repräsentiert. Die Sonne steht jährlich vom 21. April bis zum 20. Mai in diesem Zeichen. Paradoxerweise wird dieses maskulin anmutende Bild von der Venus regiert und steht zudem unter dem Einfluß des Mondes. Das dominierende Merkmal des Stiers ist Willensstärke. Damit einher geht allerdings oft eine gewiße Eigensinnigkeit, eine Eigenschaft, die von der Venus eher noch unterstützt wird.

Oben: **Der Tierkreis für Taurus und (*rechts*) sein Symbol, der Stier. Der Tierkreis für Gemini (*unten*) und sein Symbol, die Zwillinge.**

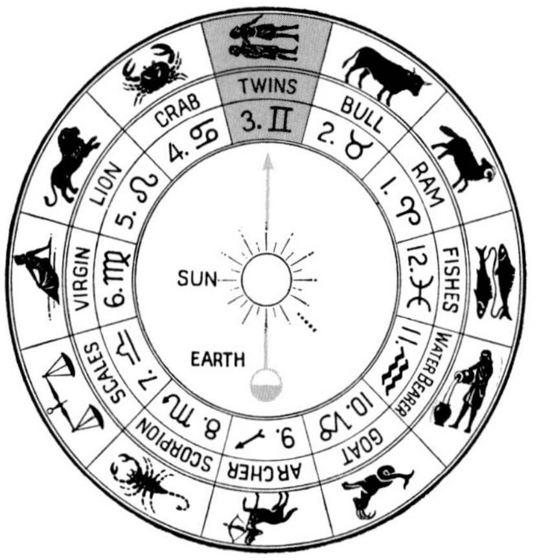

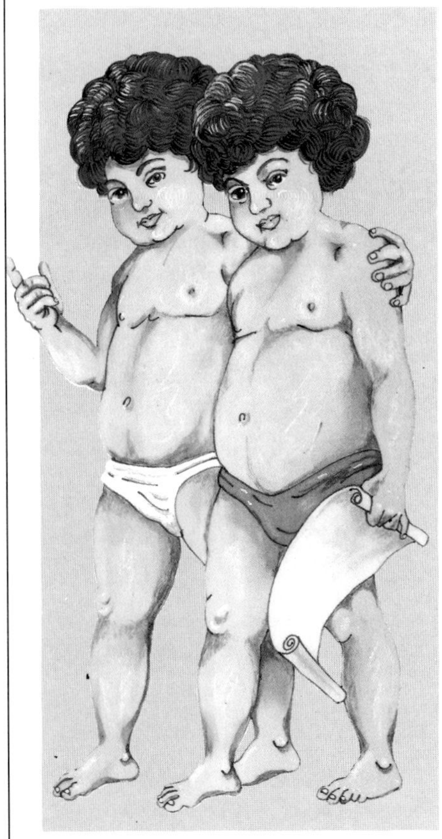

Beruflich wirkt sich die praktische Begabung des Stiers positiv aus. Er ist in allen technischen Bereichen erfolgreich, sei es als Ingenieur, Bauunternehmer oder Elektriker. Mathematisch begabt, sind Stier-Menschen auch gute Bankbeamte oder Buchhalter. Aufgrund ihres vertrauenswürdigen Wesens können sie Führungspositionen im Finanzwesen erreichen. Dank ihrer natürlichen Offenheit geben sie auch gute Lehrer ab. Ihre künstlerische Begabung verbindet sich mit der praktischen Veranlagung. Photograph oder Landschaftsarchitekt etwa sind typische Stier-Berufe.

Stier und Skorpion können sich in einer Partnerschaft gegenseitig stark unterstützen. Auch die analytischen Fähigkeiten der Jungfrau und das gute Urteilsvermögen der Waage bilden eine gute Ergänzung zum Stier. Viel Erfolg verspricht die Kombination Stier – Steinbock.

GEMINI: Zwillinge

Das dritte Tierkreiszeichen wird durch zwei zusammengebundene Holzstücke dargestellt; ein Symbol für den unaufhörlichen Konflikt widersprüchlicher Gefühle. Die Sonne steht vom 21. Mai bis zum 20. Juni im Zeichen des Zwillings. Gemini ist ein Luftzeichen, von Merkur geprägt.

Eine gewisse Dualität wird die Zwillinge während ihres ganzen Lebens begleiten, sie sind sprunghaft und voller Widersprüche.

Mit Problemen konfrontiert, kann sich ihr freundliches Wesen gelegentlich in Mißtrauen kehren. Zwillinge haben eine unkonventionelle Einstellung zum Leben und stehen dem Überkommenen skeptisch gegenüber. Ihre Begeisterung ist in die Zukunft gerichtet. Sie lassen öfter mal eine gute Gelegenheit verstreichen, während sie etwas anderem hinterherjagen. Zwillinge betrachten jeden Erfolg als Schritt zu etwas noch Größerem. Dabei laufen sie aber Gefahr, Hindernisse zu übersehen. Diese können ihre schönsten Hoffnungen zunichte machen.

Zwillinge eignen sich fast für jeden Beruf. Es sind hervorragende Geschäftsleute, Promoter und oft auch erfolgreiche Spekulanten. Sie eignen sich gut für die Werbebranche, für das Verlags- und Verkehrswesen oder Fernsehen, kurzum für alle Bereiche, wo Weitblick gefordert ist.

Eine Partnerschaft zwischen Zwilling und Wassermann steht unter einem guten Stern, doch ist aufgrund der unbeständigen Natur beider Zeichen ein ausgleichendes Element vonnöten. Der Zwilling läßt sich auch vom Elan des Widder und der Vitalität des Löwen anregen. Eine besonders gute Kombination sind Zwilling und Steinbock.

CANCER: Krebs

Das vierte Tierkreiszeichen wird von den zwei gefalteten Scheren eines Krebses repräsentiert. Nicholas Devor sieht es als Symbol für die Harmonie zwischen dem männlichen und dem weiblichen Wesen.

Die Sonne steht vom 21. Juni bis zum 22. Juli im Zeichen des Krebses. Als Wasserzeichen ist es vom Mond geprägt, und tatsächlich werden Krebsmenschen in der Literatur gerne als „Kinder des Mondes" bezeichnet.

Krebs-Menschen sind sehr traditionsverbunden, obwohl ihre Launen und ihre Absichten genauso wechselhaft sind wie der Mond. Sie hängen sehr an der Familie und am häuslichen Frieden, doch genauso schätzen sie Reisen und Abenteuer. Der Krebs ist willensstark und ausdauernd. Trotz dieser scheinbaren Widersprüche können Krebsmenschen durchaus erfolgreich sein, wenn sie es verstehen, ihre morbiden Seiten und die Tendenz, in der Vergangenheit zu leben, zu meistern.

Menschen dieses Zeichens sind erfolgreich in bereits etablierten Branchen. Es sind gute Handwerker und Händler, denn sie geben viel auf Qualität, und ihr Produkt erfüllt sie mit Stolz. Sie müssen jedoch lernen, entschlossener zu sein. Sonst laufen sie Gefahr, wegen ihrer Unschlüssigkeit, ins Hintertreffen zu geraten.

Sie sind gute Lehrer, Bibliothekare, Historiker und Wissenschafter, auch fähige Anwälte und Politiker. Krebsgeborene schaffen oft Großes in Kunst, Musik und Literatur.

Ihre häusliche Veranlagung spielt eine große Rolle in bezug auf Liebe und Partnerschaft. Doch es sollte auch daran erinnert werden, daß Krebsmenschen nicht gerne vernachlässigt werden. Krebs und Steinbock passen sehr gut zusammen, auch Krebs und Fisch ergibt eine günstige Kombination. Vielversprechend sind auch Partnerschaften mit Menschen, die im Zeichen des Skorpions oder der Waage geboren sind.

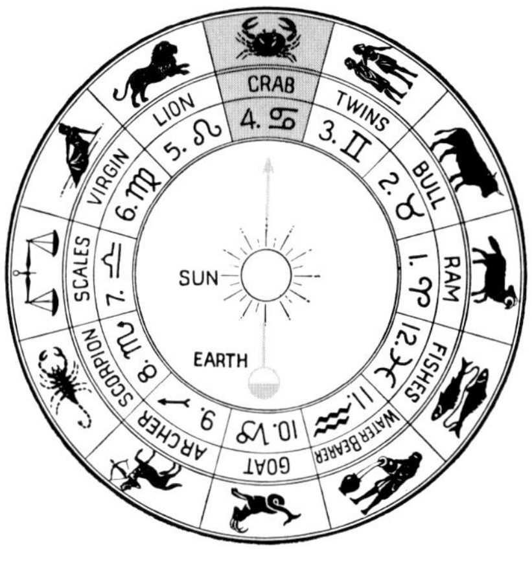

***Oben:* Der Tierkreis für Cancer und (*ganz oben*) sein Symbol, der Krebs. *Unten:* Der Tierkreis für Leo.**

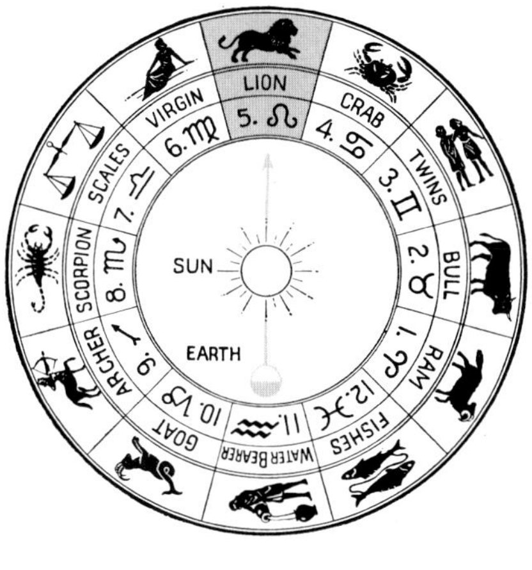

LEO: Löwe

Das Symbol des fünften Sternkreiszeichens stellt nach den dionysischen Mysterien wahrscheinlich einen Phallus dar. Es ist auch ein Sinnbild für Sonnenkraft, Wärme und Kreativität. Die Sonne steht vom 23. Juli bis 22. August im Zeichen des Löwen.

Als Feuerzeichen wird der Löwe von der Sonne selbst regiert.

Ambition und Idealismus gehören zum Zeichen des Löwen, denn diese Eigenschaften spiegeln die Größe der Sonne, des regierenden Planeten. Das kann bis zu Überheblichkeit führen. Werden solche Leute Opfer ihren eigenen Fehler, kann es verheerende Folgen haben.

Löwegeborene stehen gern im Rampenlicht, vielleicht weil es eine Sonne im Kleinformat ist. Sie gehen unbeirrbar ihren Weg mit der ihnen eigenen Energie. Über ihre eigenen Fehler setzen sie sich manchmal hinweg, ohne sie überhaupt wahrzunehmen.

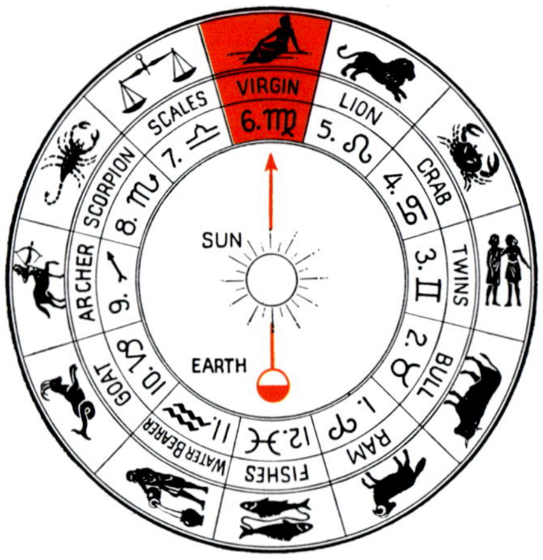

***Oben:* Der Tierkreis für Virgo und (*unten*) sein Symbol, die Jungfrau. *Unten rechts:* Der Löwe, das Symbol für den Tierkreis Leo.**

Löwemenschen lieben ein abwechlungsreiches Leben, vor allem im Freien, denn ihre Sehnsucht nach Sonne ist sprichwörtlich. Trägheit ist die größte Schwäche, die mit diesem Temperament verbunden ist.

Für luxuriöse Feste sind sie immer zu haben. Bald aber lassen sie sich wieder durch ihre selbstauferlegten Pflichten rufen.

Beruflich bieten sich den Löwegeborenen unbegrenzte Möglichkeiten. Sie glänzen nicht nur im Handel, sondern überall, wo Führungsqualitäten und Begeisterungsfähigkeit gefordert sind. Sie sind gute Hotelmanager, Gastronomen, Immobilienhändler, Verleger und Führungskräfte, denn ihr Elan wirkt ansteckend.

Durch ihr Schauspielertalent überzeugen sie Kunden wie Publikum. Berühmte Schauspieler sind unter diesem Zeichen geboren. Seine Stärke auf literarischem Gebiet liegt in der Dramatik.

Die für Löwemenschen typische Energie kann sehr hilfreich sein in Liebesangelegenheiten, wenn sie auch nicht unbedingt Harmonie verspricht. Widder, Schütze und Wassermann passen vielleicht am besten zum Löwen, doch eine Verbindung mit Krebs, Jungfrau oder mit dem eigenen Zeichen hat ebenfalls gute Erfolgsaussichten.

VIRGO: Jungfrau

Das sechste Tierkreiszeichen ist wahrscheinlich eine Anspielung an die unbefleckte Empfängnis eines Messias. Virgo wird gewöhnlich als Jungfrau mit einem grünen Zweig, einem Maiskolben oder einer Getreideähre in der Hand dargestellt. Gelegentlich wird sie auch als Symbol der ägyptischen Lebensgöttin Isis angesehen.

Die Sonne steht vom 23. August bis zum 22. September im Zeichen der Jungfrau. Von Merkur geprägt, ist Virgo ein Erdzeichen. Menschen dieses Sternzeichens sind Forschernaturen. Sie lassen nicht locker, bis sie am Ziel ihrer Suche stehen. Sie verstehen es vorzüglich, sich Informationen zu beschaffen und das Wissen ihrer Freunde anzuzapfen.

Ordnung und Harmonie gehören wesentlich zum Charakter der Jungfrau. Damit ist die Gefahr verbunden, sich in der Fülle der Details zu verzetteln, die sie mit ihrer gewissenhaften Veranlagung nicht übersehen. Läßt sie sich nicht durch Kleinigkeiten aufhalten, kann sie große Ziele in Angriff nehmen.

Jungfraugeborene sind im allgemeinen tolerant, doch wenn sie ihre eigenen Feh-

ler übersehen, können sie unter Umständen eigensinnig werden. Aufgrund ihrer ausgeprägten Einbildungskraft sehen sie überall Gefahren lauern, seien es Unfälle, Krankheiten oder Finanzprobleme. Sensibel für Sorgen und Leid, werden sie für die Probleme anderer immer ein offenes Ohr haben.

Beruflich eignen sich Jungfraugeborene für Branchen, in denen sie gute Chancen oder lukrative Geschäfte wittern. Sie haben einen guten Riecher für Markttrends. Aufgrund ihres schnellen Auffassungsvermögens geben sie gute Schriftsteller, Verleger, Anwälte und Professoren, Architekten oder Designer ab. Um im Showbusiness erfolgreich zu sein, müssen sie allerdings erst ihre Zurückhaltung und Schüchternheit überwinden.

Die Liebe stellt für Jungfraumenschen oft ein großes Problem dar. Ihre Wesensart ist sehr akkurat, oft schulmeisterlich, was es für ihre Partner nicht immer leicht macht. Die passendesten Partner findet die Jungfrau im eigenen Tierkreis, doch auch mit einem Partner, der im Zeichen der Fische geboren ist, kann sie glücklich werden. Ferner passen Widder, Stier und Steinbock zur Jungfrau. Bei einer an sich günstigen Verbindung von Jungfrau und Waage sind Konflikte nicht auszuschließen.

Oben: **Der Tierkreis für Libra und (*unten*) sein Symbol, die Waage.**

LIBRA: Waage

Das siebte Tierkreiszeichen repräsentiert die Waage und symbolisiert Gleichgewicht und Gerechtigkeit. Die Sonne steht vom 23. September bis zum 23. Oktober im Zeichen der Waage. Als Luftzeichen wird die Waage von der Venus regiert und zusätzlich vom Saturn beeinflußt.

Ausgewogenheit ist das Hauptcharakteristikum der Waagegeborenen. So wird beispielsweise ihre starke Empfindsamkeit ausbalanciert durch eine unbeirrbare Willenskraft. Das Symbol der Waage steht für Menschen, die alles bis ins Detail abwägen. Ihr Harmonie- und Schönheitsbedürfnis – der Widerschein der Venus – führt sie dazu, alles im Einvernehmen und in Freundschaft regeln zu wollen.

Waagemenschen verlassen sich ganz auf ihre Intuition. Sie haben ein untrügliches Gespür für Ungerechtigkeiten und werden jede noch so verborgene Unaufrichtigkeit bemerken. Haben sie jedoch einmal ein Vorurteil gefaßt oder hören sie auf eine Person, der sie Vertrauen schenken, können sie auch leicht auf den Holzweg geraten.

Sind sie von jemandem beeindruckt, lassen sie sich manchmal so stark beeinflußen, daß sie ihn imitieren und seine Züge annehmen.

Mitgefühl und Verständnis für andere ist elementar ausgeprägt. Immer haben Waagemenschen ein offenes Ohr für die Probleme ihrer Freunde, stets stehen sie auf der Seite der Schwächeren. Wenn es um eine gute Sache geht, können sie aus ihrem Harmoniebedürfnis heraus sogar den eigenen Standpunkt zurückstellen.

Beruflich erreichen die im Zeichen der Waage geborenen Menschen oft hohe Positionen. Ihr gesundes Urteilsvermögen bildet eine gute Voraussetzung für Führungspositionen. Gleichzeitig kann ihr Verständnis für die Untergebenen von großem Gewinn sein. Ihre intuitive Veranlagung macht aus ihnen die geborenen Geschäftsleute; sie ist aber auch in theoretischen Bereichen von Vorteil.

Waagemenschen werden oft Erfinder, Forscher oder Historiker. Sie haben Talent zum Schauspieler, Musiker oder Sänger. Zudem sind sie mathematisch begabt und für viele Handwerksberufe geeignet. Da

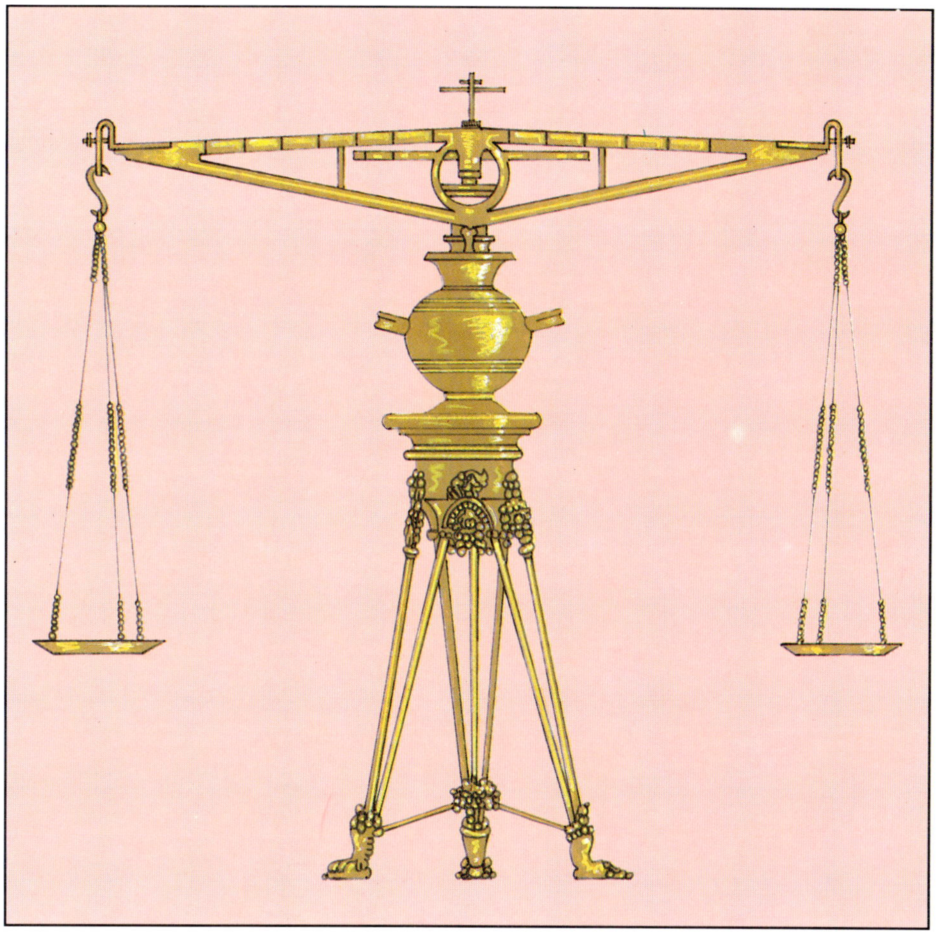

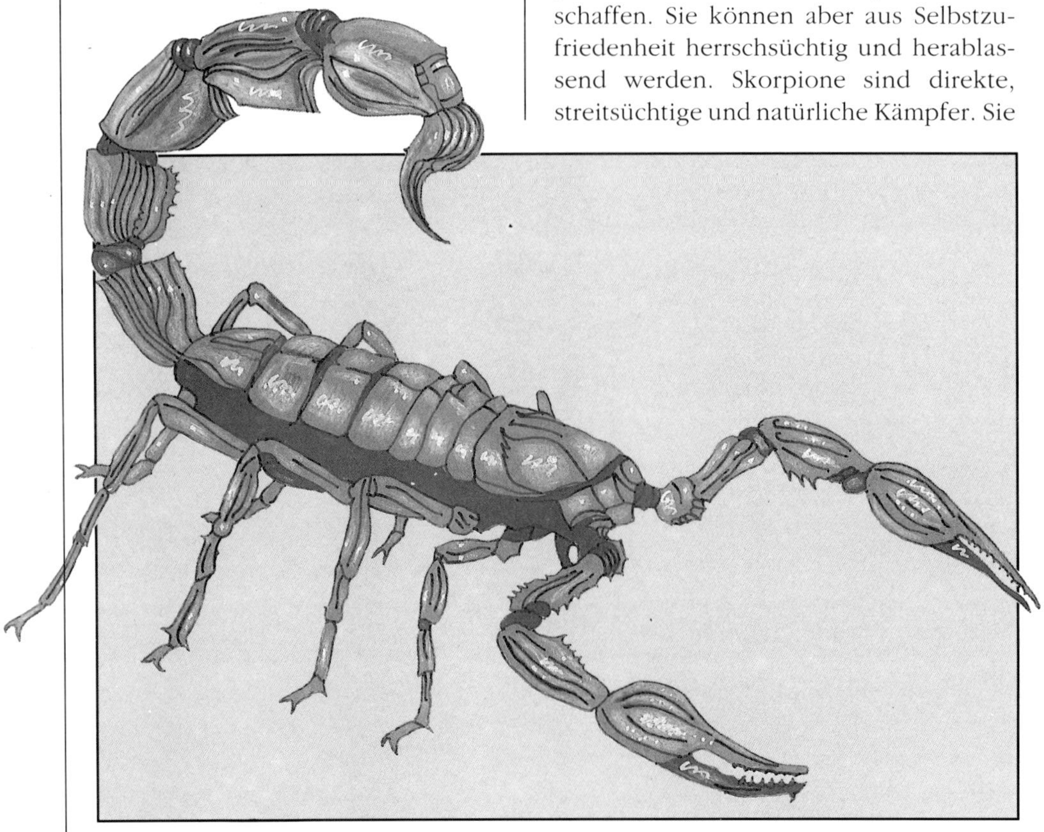

***Oben:* Der Tierkreis für Scorpio und (*unten*) sein Symbol, der Skorpion.**

sie sich gerne auf ihr eigenes Urteil verlassen, ist Vorsicht angesagt im Umgang mit Geschäftspartnern.

In der Liebe kann die Waage vom Elan des Widders oder des Löwen profitieren. Am besten paßt die sensible Waage vielleicht zum jovialen Schützen, doch sie harmoniert auch mit Wassermann, Zwilling oder Skorpion. Waage und Jungfrau fühlen sich gegenseitig voneinander angezogen, doch Interessenkonflikte stehen bei einer solchen Verbindung auf der Tagesordnung. Waage und Fisch hingegen bilden selten eine glückliche Kombination.

SCORPIO: Skorpion

Das Symbol des achten Tierkreiszeichens ist dem der Jungfrau ähnlich, hat aber zusätzlich einen Pfeil, der den Stachel repräsentiert. Er wird durch eine Schlange dargestellt und geht mit Wahrscheinlichkeit auf die Schlange im Garten Eden zurück. Manchmal wird er auch als Drache gedeutet.

Die Sonne steht vom 23. Oktober bis zum 21. November in diesem Zeichen. Scorpio, ein Wasserzeichen, wird vom Mars regiert und vom Uranus inspiriert.

Einer der berühmtesten Vertreter dieses Zeichens, Theodore Roosevelt, liebte den Spruch „Sprich leise und trage einen dicken Knüppel“, ein Satz, der das Wesen dieses Zeichens trefflich wiedergibt.

Skorpionmenschen sind ruhig, gar verschwiegen, doch sehr wachsam. Hat man sie einmal zum Handeln bewegen können, gehen sie sehr entschlossen vor. Sie sind dominierend und bereit, sich für eine Sache zu engagieren. Auch wenn sie sich für andere einsetzen, können sie sehr weit gehen. Sie wissen, sich Respekt zu verschaffen. Sie können aber aus Selbstzufriedenheit herrschsüchtig und herablassend werden. Skorpione sind direkte, streitsüchtige und natürliche Kämpfer. Sie bewahren im Ernstfall einen kühlen Kopf; bei einer Kraftprobe behalten sie meist die Oberhand. Sie sollten jedoch darauf achten, ihr Temperament zu zügeln.

Beruflich können starke Skorpionpersönlichkeiten fast auf jedem Gebiet glänzen. Es sind Menschen mit ausgeprägten Führungsqualitäten. In der expandierenden Welt von heute stehen ihnen zahlreiche Möglichkeiten offen. Als Leiter von Büros, beruflicher Gremien oder Forschungsgruppen nimmt es so leicht kein anderes Zeichen mit ihnen auf. Auch viele große Ärzte sind unter diesem Zeichen geboren.

In der Liebe stehen vor allem drei Verbindungen unter einem guten Stern: Stier, Krebs und Fisch. Der Missionseifer des Skorpions findet im Stier Unterstützung, seine Courage verträgt sich gut mit dem unschlüssigen Krebs und bringt die starken Seiten der Fischegeborenen voran. Die Partnerschaft mit einer Jungfrau verspricht Harmonie, und auch der Elan des Löwen verträgt sich gut mit der Energie des Skorpions.

SAGITTARIUS: Schütze

Das neunte Tierkreiszeichen stellt Pfeil und Teil eines Bogens dar; ein Symbol für männliche Zeugungskraft. Es wird gewöhnlich durch einen Zentaur dargestellt. Diese Figur – halb Pferd, halb Mensch – repräsentiert gleichzeitig den philosophischen Geist und den sinnlichen Eroberungstrieb. Sagittarius soll auch der Name des Babylonischen Kriegsgottes gewesen sein.

Die Sonne steht vom 23. November bis 21. Dezember in diesem Zeichen. Von Jupiter, dem König aller Planeten geprägt, ist Schütze ein Feuerzeichen.

Menschen dieses Zeichens arbeiten viel. Sie bringen oft in der selben Zeit zweimal soviel zustande wie andere.

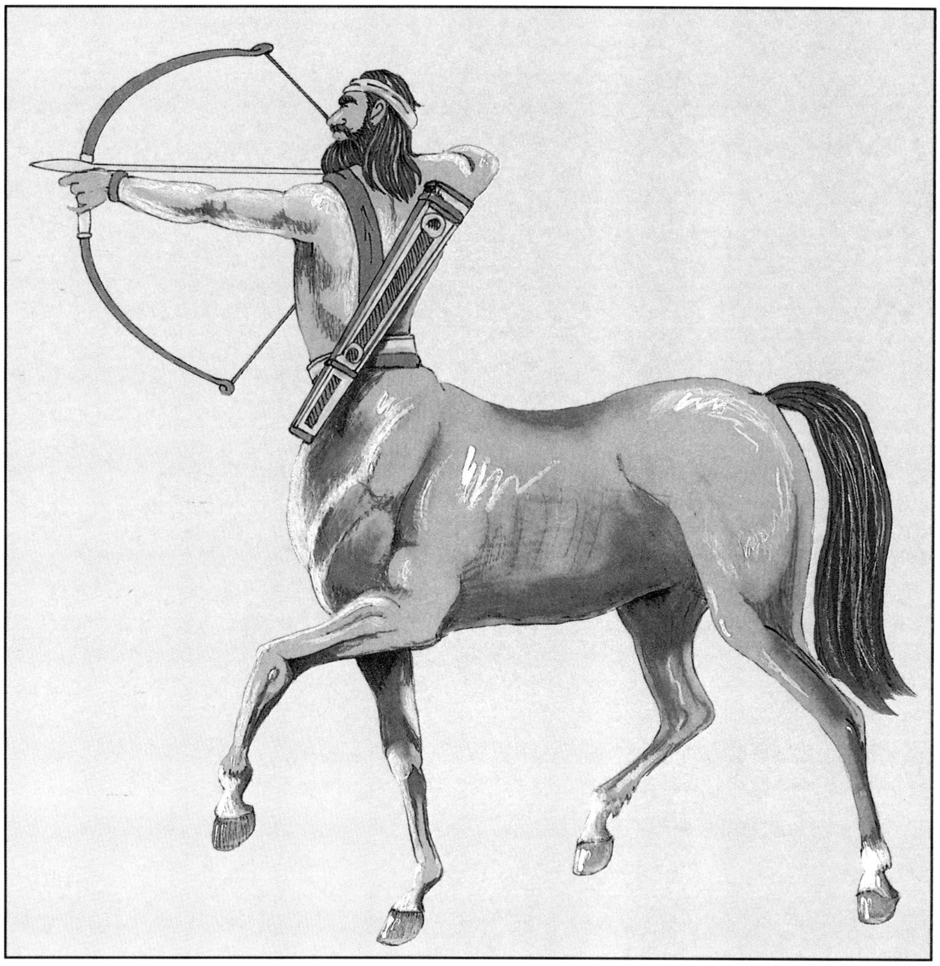

Wohltätigen Zwecken widmen sie sich mit derselben Energie, mit der sie für sich selbst arbeiten. Mißerfolge sind meist erstaunlich schnell wieder wettgemacht.

Schützemenschen sind intuitiv veranlagt und zeichnen sich durch einen kühnen Weitblick aus. Sind sie sicher, daß nichts schief gehen kann, bringen sie eine Sache zielstrebig voran.

Sie neigen aber in ihrem Enthusiasmus dazu, neu entstehende Probleme zu übersehen. Manchmal fordert der Raubbau an sich selbst seinen Tribut. Ist das für Schützegeborene typische Stehvermögen einmal aufgebraucht, flattern sie von einer Sache zur anderen, ohne je ans Ziel zu gelangen. Doch gewöhnlich wollen sie eine Sache unbedingt zu Ende führen. Ihre Impulsivität ist ansteckend und beschert ihnen viele Anhänger. Wer mit diesem Sternzeichen erfolgreich sein will, muß Ordnung und Systematik in seine Vorhaben bringen.

Ungestümes Handeln kann einem Schützen mittleren Alters einige Probleme verursachen; er kann sehr reizbar und ruhelos werden und und läßt sich nur durch eine Person seines Vertrauens besänftigen.

Beruflich reüssieren Schützemenschen überall dort, wo sie ein Feld für ihr aktives und vielseitiges Wesen finden. Sie reisen gerne und eignen sich als Bergbauingenieure, Piloten und Schiffskapitäne. Auch Import und Export bieten ein gutes Betätigungsfeld für ihren fortschrittlichen, systematischen Geist. Sie sind auch gute Banker und Finanziers. Bei all ihrem Enthusiasmus sollten sie jedoch nicht zu vielen Nebeninteressen nachgehen und lernen, mit ihrer Zeit ökonomisch umzugehen.

Aus dem Zeichen des Schützen sind viele Erfinder und Schriftsteller hervorgegangen. Auch auf technischem und wissenschaftlichen Gebiet können sie es, vor allem in Partnerschaft mit einem Widder oder Zwilling, sehr weit bringen. Auch der Elan des Löwen ist eine gute Ergänzung zur Spontanität des Schützen und verspricht eine erfolgreiche Zusammenarbeit, wenn sie auch vielleicht nicht von Dauer ist.

Was die Liebe betrifft, wird das Zeichen des Schützen bezeichnenderweise auch das „Junggesellenzeichen" genannt, denn diese freiheitsliebenden Menschen kommen gut mit sich alleine zurecht. Trotzdem sind sie freundlich, rücksichtsvoll und stets bereit, eine Last zu teilen. Sie können also auch gute Ehepartner abgeben. Schützen passen gut zu Menschen, die unter dem gleichen Zeichen oder unter dem Zeichen der Zwillinge geboren sind. Auch eine Verbindung mit Widder oder Löwe ist vielversprechend. Schütze und Waage bilden ein gutes Team, weil sie gegenseitig ihre intuitiven Qualitäten anregen können.

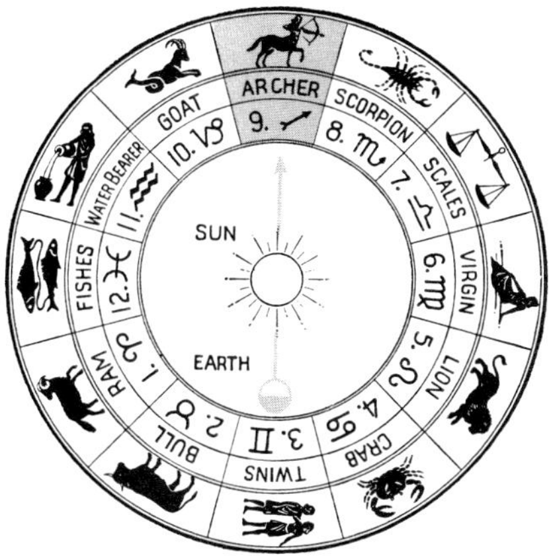

Ganz Oben: **Der Tierkreis für Sagittarius und (*unten*) sein Symbol, der Schütze.**

CAPRICORN: Steinbock

Das zehnte Tierkreiszeichen wurde in der Antike als das wichtigste aller Zeichen betrachtet. In der hinduistischen Astrologie ist es unter dem Namen Makarar bekannt. Sein Bild repräsentiert den Oberkörper eines Steinbocks. Er läuft in einen Fischschwanz aus, der eine Meerjungfrau andeutet. Manchmal wird der Steinbock auch als Delphin oder als „Seeziege" dargestellt.

Die Sonne steht vom 22. Dezember bis zum 20. Januar im Zeichen des Steinbocks. Dieses Erdzeichen wird vom Saturn geprägt. Steinbockmenschen brauchen

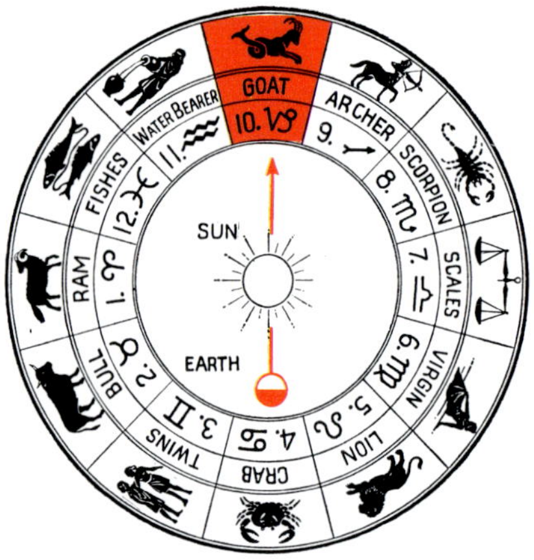

Oben: Der Tierkreis für Capricorn und (_ganz unten_) sein Symbol, der Steinbock.
Unten: Der Tierkreis für Aquarius.

viel Ermutigung, bis sie Vertrauen fassen und ihre angenehmen und geistreichen Eigenschaften entfalten. Je stärker sie ihre Geselligkeit pflegen, um so vielfältiger und realistischer werden ihre Interessen. Um so besser können sie auch dem Gespenst des Pessimismus, das stets bei ihnen herumspukt, Herr werden.

Steinbockmenschen sind stark auf sich selbst bezogen. Sie sind es gewohnt, ihren eigenen Weg zu suchen, was nicht unbedingt Egoismus bedeuten muß. Zukunftsangst macht sie oft haushälterisch, doch teilen sie ihr Eigentum gerne mit anderen und sind oft ausgesprochen freizügig. Ihr Erfolgswille ist so groß, daß er oft zu kleinlichem Neid auf andere führt. Lassen sich Steinbockgeborene nicht von ihrem Hang zu Verzweiflung unterkriegen, sind sie imstande, Probleme anzugehen und werden dann zu regelrechten Optimisten.

Menschen dieses Sternzeichens sind dank ihrer pragmatischen Veranlagung gute Manager, Buchhalter und Finanziers. Auch als Dozenten, Lehrer, oder Anwälte können sie sehr erfolgreich werden. Nicht wenige sind literarisch begabt.

In der Liebe paßt ein Steinbock wohl am besten zu einer Jungfrau, doch auch eine Verbindung mit Stier oder Widder ist erfolgversprechend. Diese drei Zeichen sind am besten geeignet, die wechselhaften Launen des Steinbockes aufzufangen.

AQUARIUS: Wassermann

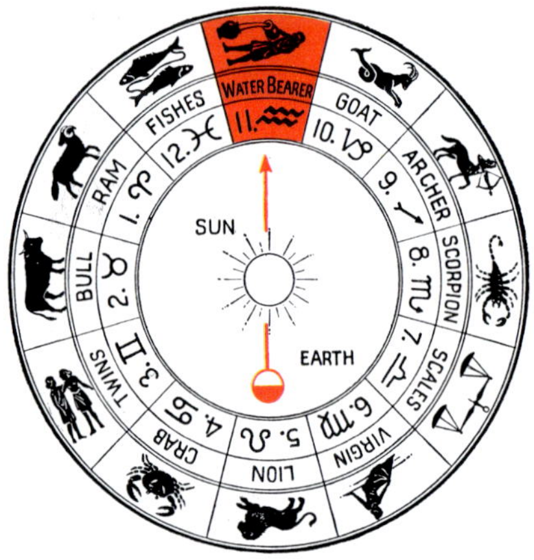

Das Symbol des elften Tierkreiszeichens stellt einen Wasserstrom dar und repräsentiert den Diener der Menschheit, der das Wasser des Wissens einschenkt. Aquarius wird auch als Darstellung von Ganymed betrachtet; er soll nach der griechischen Mythologie der Schönste unter den Sterblichen gewesen sein. Auf einem Adler wurde er in den Himmel getragen, um Jupiter als Mundschenk zu dienen.

Die Sonne steht jährlich vom 21. Januar bis zum 20. Februar im Zeichen des Wassermann. Bevor der Planet Uranus im Jahre 1781 entdeckt wurde, hat man dieses Luftzeichen dem Saturn zugeschrieben. Seit die Existenz des Uranus bekannt ist, wird dieser von den Astrologen als Gebieter über das Zeichen des Wassermannes angesehen. Andere wiederum weisen auf Neptun – 1846 entdeckt – weil sein Namensvetter (Neptun, der Gott der Meere und Gewässer) dem Wassermann ähnlich ist. Unter keinem anderen Zeichen sind soviele berühmte Leute geboren worden. Meist tauchten sie aus dem Nichts auf oder haben sich aus eigenem Antrieb emporgearbeitet. Selbstvertrauen und Zuversicht heißt das Rezept, das dem Erfolg des Wassermannes zugrundeliegt.

Wassermanngeborene können durch Aufrichtigkeit und Freundlichkeit, die dieses Zeichen ausmachen, sehr viel erreichen. Obwohl sie bisweilen überaktiv und sprunghaft sind, kann ihre Ambition sie zu großartigen Leistungen beflügeln. Ihr größter Feind jedoch ist die Bequemlichkeit; ihre Tendenz, alles aufzuschieben und das Leben leicht zu nehmen, steht ihrem Erfolg manchmal im Wege. Wenn sie ihr Naturell nicht zügeln, könnten sie leicht prahlerisch oder mürrisch werden.

Beruflich geben sie gute Kaufleute und Einkäufer sowie hervorragende Promoter ab. Sie verstehen es, Interesse zu wecken. Sie eignen sich auch für den juristischen oder politischen Bereich. Von den technischen Fähigkeiten der Wassermanngeborenen zeugen die vielen bekannten Wissenschafter und Erfinder, die in diesem Zeichen geboren sind. In der Liebe paßt der Wassermann aufgrund seiner verständnisvollen Art fast mit allen Zeichen zusammen. Besonders gut sprechen Zwilling, Löwe und Waage auf das sympathische Wesen des Wassermannes an.

PISCES: Fische

Das Symbol des zwölften und letzten Zeichens im traditionellen Tierkreis stellt ein Paar Seepferde oder Seelöwen dar. Es ist aber auch ein Symbol für das Leben nach dem Tode, für den Kampf der Seele mit dem Körper.

Die Sonne steht jährlich vom 21. Februar bis zum 20. März im Zeichen der Fische. Lange Zeit hat man angenommen, daß dieses Wasserzeichen vom Jupiter regiert werde; sehr wahrscheinlicher ist es jedoch mit Neptun verbunden, den man erst im Jahre 1846 entdeckte.

Aufgrund ihrer selbstlosen Veranlagung neigen die unter dem Tierkreis Fische Geborenen dazu, ihre eigenen Fähigkeiten nicht voll zu entwickeln. Sie stecken voller Selbstzweifel und haben daher oft mit Zukunftsangst zu kämpfen. Fischegeborene sind vielleicht die vorsichtigsten Menschen, wenn es um ihre eigenen Angelegenheiten geht. Um so mehr verlassen sie sich hingegen auf andere, bittere Enttäuschung ist oft die Folge. Menschen dieses gutmütigen Sternzeichens lassen sich oft die Schuld an den Fehlern anderer in die Schuhe schieben. Nichtsahnend werden sie häufiger als andere Opfer von Intrigen. Doch durch ihren Optimismus, der von Jupiter angeregt wird, machen sie vielerlei Gefahren wett. Dank ihrer jovialen Veranlagung finden den Fischegeborenen ihren Weg. Trotz mancher Enttäuschungen raffen sie sich immer wieder auf. Ihnen kommt zugute, daß Freunde ihren wahren Wert erkennen. Sie helfen ihnen, die starken Seiten zu entfalten und schützen sie vor allzu skrupellosen Menschen.

Beruflich fühlen sich Fische von großen Organisationen angezogen, wo ihre Ehrlichkeit und ihre Führungsqualitäten geschätzt werden. Sie eignen sich vorzüglich für Betätigungen in Wissenschaft und Politik, auch haben sie meist ein ausgeprägtes Interesse an Geschichte und der Natur. Unter diesem Zeichen sind viele Ingenieure geboren.

Eine Partnerschaft zwischen zwei Fischen kann zwar harmonisch sein, doch nicht sehr anregend. Günstiger wäre eine Verbindung mit Krebs, Jungfrau oder Skorpion. Andere Zeichen kämen ebenfalls in Frage mit Ausnahme der Waage. Sie würde die schwachen Seiten des Fisches eher noch verstärken.

Oben: **Der Tierkreis für Pisces und (*unten links*) sein Symbol, die Fische.**
Unten: **Der Wassermann, das Symbol für Aquarius.**

HANDLESEN UND PHRENOLOGIE

Oben: **Schon die alten Griechen wußten die Botschaften zu deuten, die in den Handlinien verborgen sind.**

Nächste Seite: **Eine Illustration aus einem Handlesebuch aus dem siebzehnten Jahrhundert. Jedem Fingerglied ist ein Tierkreiszeichen zugeordnet.**

Handlesen oder Chirologie ist eine sehr alte Kunst. Mit großer Wahrscheinlichkeit geht sie auf das alte Ägypten zurück. Das älteste schriftliche Dokument darüber stammt jedoch aus der altindischen Literatur der Wedischen Epoche (ca. 2000 v. Chr.). Der früheste Hinweis in der abendländischen Kultur ist im Werk des Aristoteles (384-322 v. Chr.) zu finden. Doch man hat Felsenmalereien gefunden, die darauf schließen lassen, das bereits die Steinzeitmenschen von der Botschaft fasziniert waren, die in der menschlichen Hand verborgen liegt.

Zum Handlesen gehören immer beide Hände. Während die linke Hand über die angeborenen Charaktereigenschaften Aufschluß gibt, verweist die rechte auf die erworbenen Persönlichkeitsmerkmale und auf die Möglichkeiten, die bis zum aktuellen Zeitpunkt realisiert wurden. Bei einem Linkshänder ist es genau umgekehrt. Für die Interpretation wird nicht nur die Handfläche mit ihren Linien in Betracht gezogen. Auch die Form der ganzen Hand, jeder einzelne Finger, die Hügel und Kuppen der Handfläche sind von Bedeutung. Ferner wird untersucht, wie eine Hand sich beim Händedruck anfühlt. Alles in allem ist die Handlesekunst dazu angelegt, Wahrscheinlichkeiten und Tendenzen zu erkennen. Letzte Gewißheiten vermittelt sie nicht. Deshalb kann sie auch niemandem plötzlichen Reichtum versprechen. Allenfalls läßt sich aus den Ergebnissen ein bestimmtes Lebensmuster aufzeigen.

DIE FORMEN DER HAND

Die Handformen werden gewöhnlich in sieben Kategorien eingeteilt:

Die **primitive** Hand ist dick und breit mit kurzen Fingern. Diese äußerst seltene Hand ist steif und ungelenk. Sie weist auf eine Person von niederer Intelligenz, die sich eher auf Gewalt als auf die Vernunft verläßt.

Die **eckige** Hand weist auf eine praktische Veranlagung. Die Handfläche bildet ein Rechteck, die Fingerkupppen sind quadratisch. Personen mit dieser Art Hand sind ordentlich und konventionell.

Die **Spatelhand** ist spachtelförmig und weist gerade Finger auf. Die Spachtelform kann unterschiedlich angedeutet sein. Enweder hat die Hand einen breiten Fingeransatz und verjüngt sich gegen das Gelenk oder umgekehrt. Es ist die Hand einer aktiven, energischen Persönlichkeit.

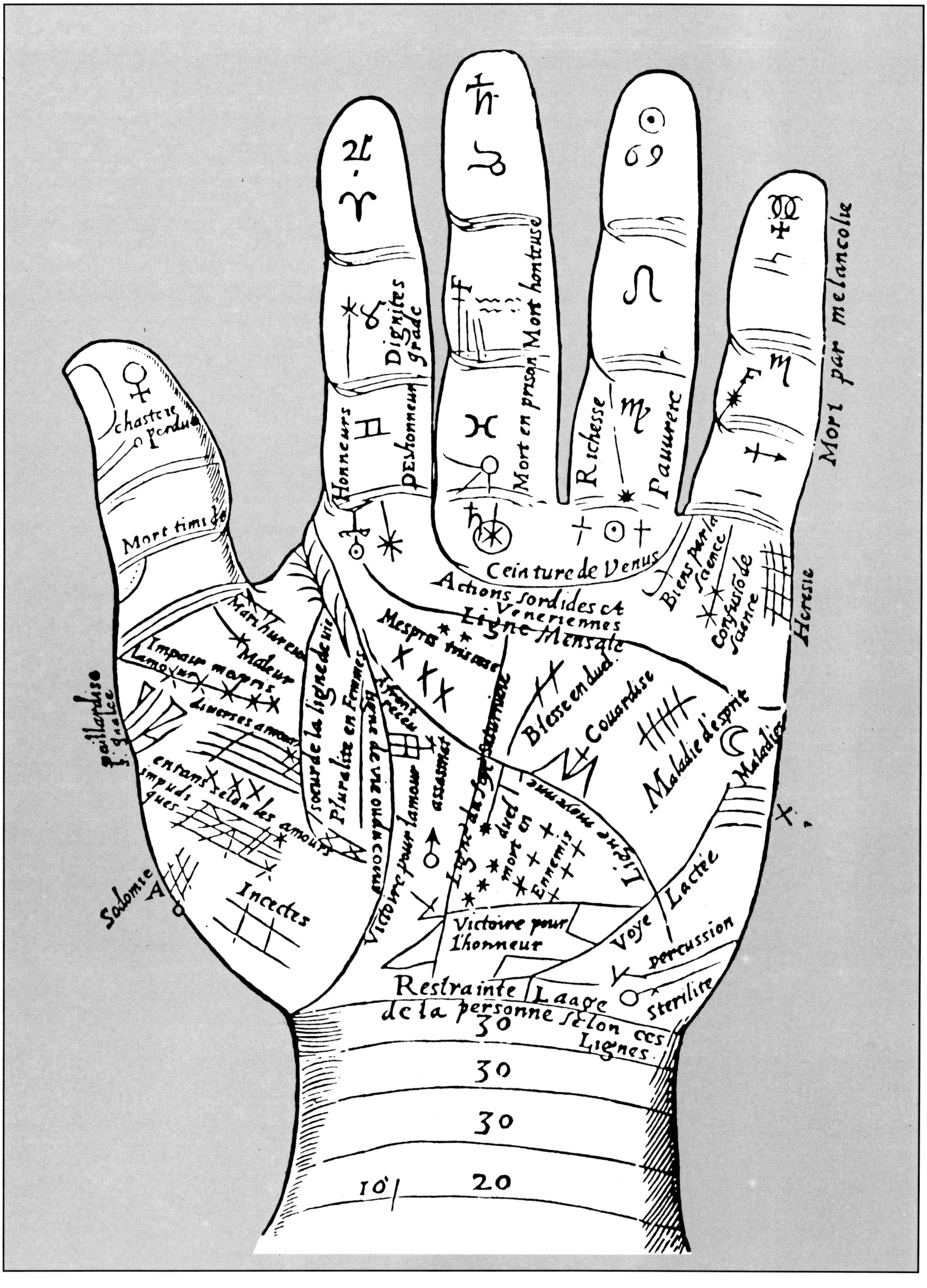

Dignites grade
Honneurs
Deshonneur
Mort en prison
Mort honteuse
Richesse
Pauurete
Mort par melancolie
chastete perdue
Ceinture de Venus
Actions sordides et Veneriennes
Ligne Mensale
Biens par la science
Confusio de science
Heresie
Blesse en duel
Couardise
Maladie d'esprit
Maladies
Ligne moyenne
Voye Lactee
percussion
sterilite
Victoire pour l'honneur
Incestes
Sodomie
diverses amours
Pluralite en Femmes
Ennemis
Restrainte
Laage de la personne selon ces Lignes
30
30
30
10
20

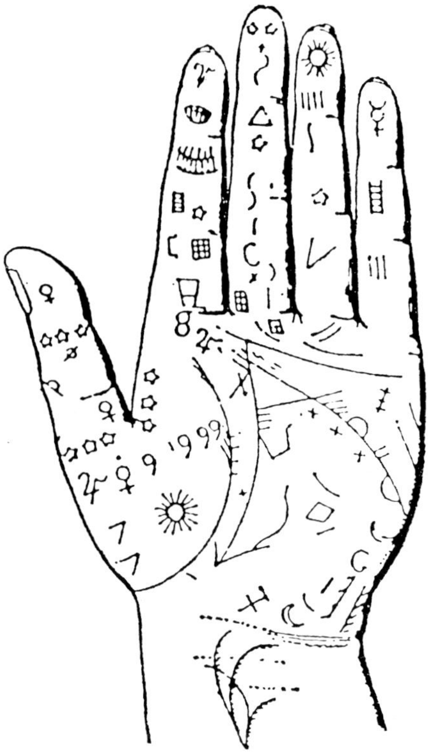

Menschen mit Spatelhänden trifft man in allen Berufssparten. Was sie miteinander verbindet, ist das Bedürfnis nach Originalität und ein lebhaftes Temperament.

Die **philosophische** Hand hat einen breiten Rücken und grobe Fingergelenke. Die Finger können dabei konisch oder eckig sein. Diese lange und magere Hand charakterisiert die Denkernatur. Leute mit diesem Handtyp neigen zu Introvertiertheit und analytischem Denken. Er ist bei wissensdurstigen Menschen, daher nicht selten bei Lehrern und Professoren, anzutreffen.

Die **konische** Hand ist lang und flexibel; sie hat spitz zulaufende Finger. Sie ist typisch für künstlerisch veranlagte Naturen. Diese Handform findet man selten bei methodisch denkenden Menschen. Ihre Stärke liegt vielmehr in der Kreativität und Sensibilität. Auch sind sie meist gesellig und kontaktfreudig.

Die **spitze** Hand (auch als übersinnliche bezeichnet) ist noch länger und schlanker als die konische. Sie verrät eine idealistische Natur und intuitiven Verstand. Leute mit solchen Händen neigen zu Träumereien, oft mangelt es ihnen an Realitätssinn, was im Extremfall bis zum Fanatismus führen kann.

Am häufigsten ist der **Mischtyp**. Hier läßt sich die Handform nicht in eine eindeutige Kategorie einordnen. Die Finger einer Spatelhand zum Beispiel können zu zwei oder drei verschiedenen Kategorien gehören. Darum muß der Handleser jeden einzelnen Finger analysieren und die Resultate kombinieren. Der Daumen neigt zum Ausgleich. So kann zum Beispiel ein quadratischer Daumen die idealistische

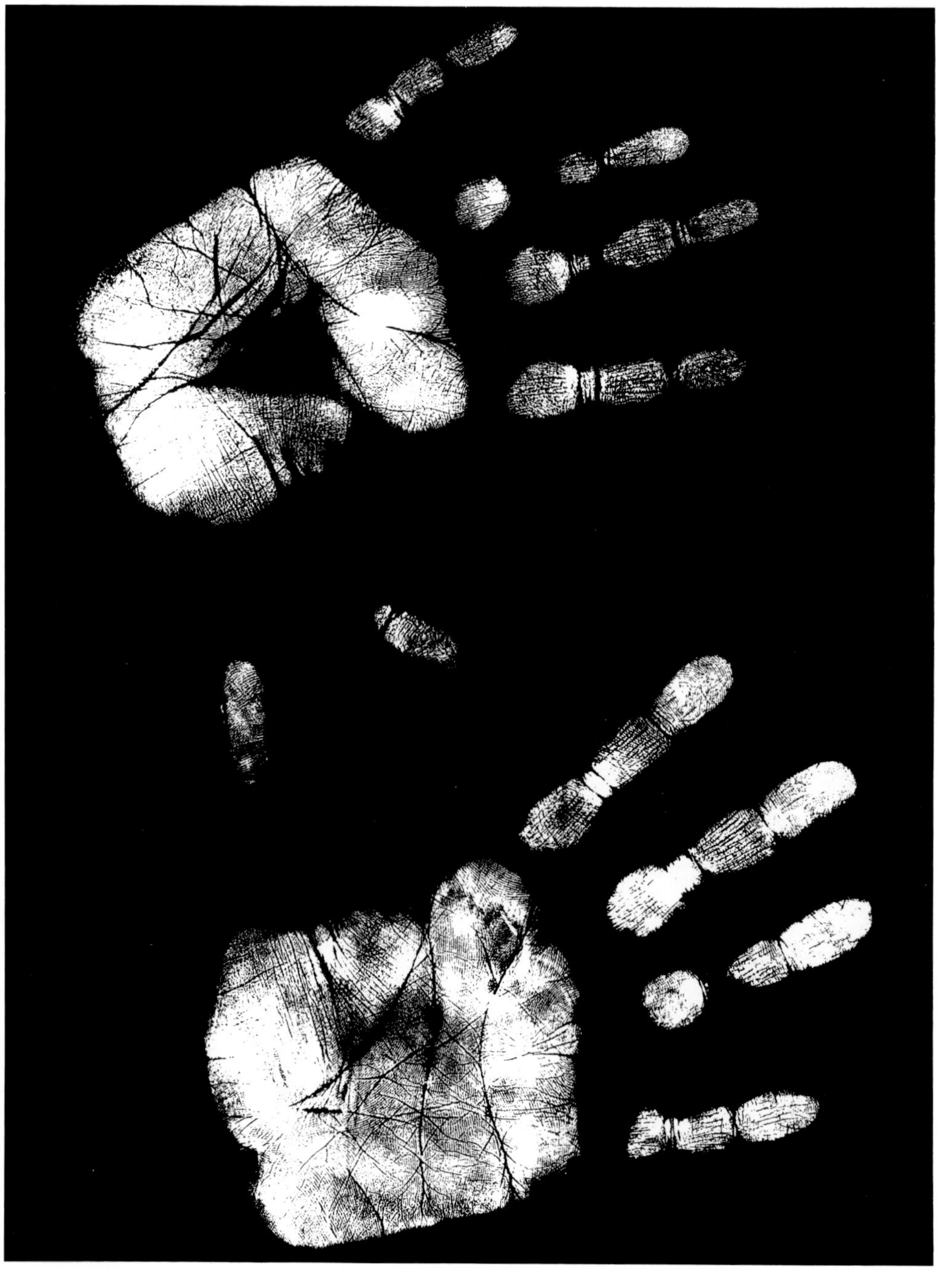

Unten: **Ein Diagramm von Napoleons Hand. Napoleon und seine Frau Josephine waren beide von der Handlesekunst überzeugt.**

Rechts: **Einige Handliniendeuter ziehen es vor, mit einem Abdruck der Hand zu arbeiten.**

Nächste Seite: **Die Handformen: (1) primitiv, (2) eckig, (3) spatenförmig, (4) philosophisch, (5) konisch, (6) spitz, (7) gemischt, (8) praktisch, (9) intuitiv, (10) sensibel, (11) intellektuell. Die Beispiele 8-10 gehören der modernen Klassifikation an.**

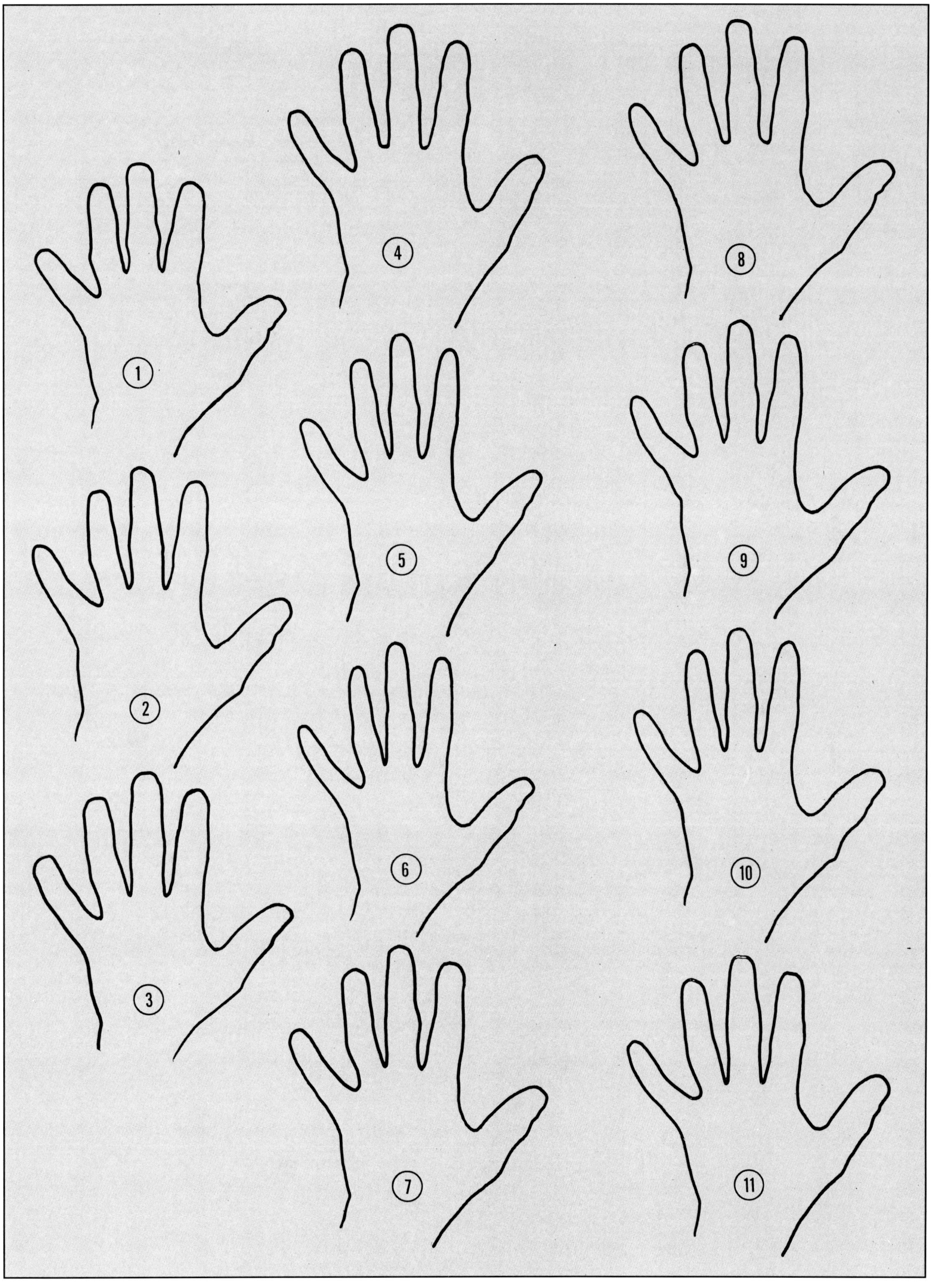
1
2
3
4
5
6
7
8
9
10
11

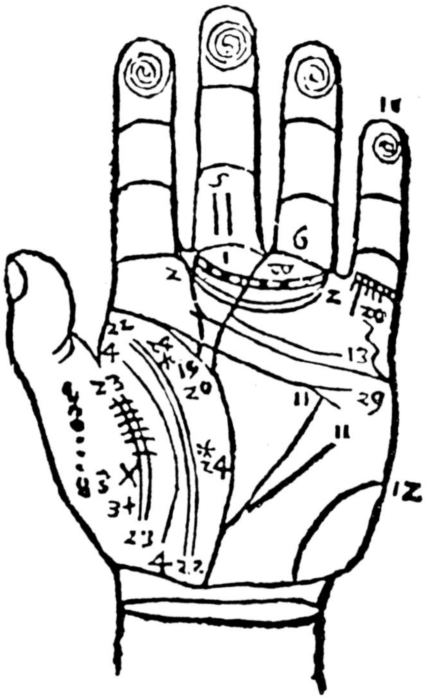

Oben: **Eine Illustration aus einem Handlesebuch aus dem 17. Jahrhundert.**

Rechts unten: **Die verschiedenen Daumentypen, von links nach rechts: steif, klobig, geschmeidig, tailliert, knotig und dick.**

Veranlagung, die ein spitzer Zeigefinger anzeigt, abschwächen.

Eine aktuelle Einordnung beschränkt sich auf vier Typen aus: praktisch, intuitiv, sensibel und intellektuell. Sie nimmt Bezug auf die vier Elemente, wie sie uns aus der Antike bekannt sind: Erde, Feuer, Wasser und Luft.

Die **praktische** Hand hat eine eckige Fläche und kurze Finger.

Ihr aufrichtiger, arbeitsamer und sensibler Eigner ist mit dem Element Erde verbunden.

Die **intuitive** Hand hat eine lange Fläche und kurze Finger. Eine Person mit dieser Hand ist energisch, ruhelos und individualistisch veranlagt. Ihr wird das Element Feuer zugeordnet.

Zur **sensiblen** Hand gehören eine lange Handfläche und lange Finger. Mit dem Wasserelement verbunden, ist ihr Eigner sehr phantasievoll, neigt aber gelegentlich zu Launenhaftigkeit.

Die **intellektuelle** Hand hat eine eckige Handfläche und lange Finger; sie ist mit dem Luftelement verbunden. Dieser Handtyp läßt auf eine kluge, rationale und ordentliche Persönlichkeit schließen.

DIE FLEXIBILITÄT DER HÄNDE

Bei sehr flexiblen Händen lassen sich die Finger fast bis zum rechten Winkel zur Handfläche nach hinten biegen. Hohe Flexibilität weist auf extreme Neigungen. Leute mit dieser Art Hände bevorzugen einen unkonventionellen Lebensstil und sind oft Einzelgänger.

Finger von mittlerer Flexibilität lassen sich leicht biegen. Leute mit solchen Händen gelten als vernünftig und kompromißbereit.

Steife Finger sind unbeugsam und weisen auf eine eher unflexible bis starre Persönlichkeit. Die positive Seite liegt darin, daß man sich auf ein Wort solcher Menschen immer verlassen kann.

DIE FESTIGKEIT DER HÄNDE

Weiche Hände haben meist lose Haut und fühlen sich wie geschwollen an. Sie gehören oft trägen Menschen, die nicht immer sehr einfach im Umgang sind, denn sie erweisen sich bisweilen als ziemlich unberechenbar.

Eigner von schlaffen Händen sollte man nicht unterschätzen; dieser Handtyp ist auch unter aktiven und erfolgreichen Leuten vertreten.

Eine feste Hand weist auf eine bestimmte Persönlichkeit. Menschen mit festen Händen sind rational und akzeptieren das Gute wie das Schlechte. Feste Hände deuten auf arbeitsame Menschen.

Leute mit harten Händen können sehr eigensinnig werden und lassen sich nicht so leicht von einer Meinung abbringen. Geht eine harte Hand aber mit einem wohlgeformten Daumen einher, wird die Vernunft stets über die Starrheit die Oberhand gewinnen.

DER DAUMEN

Der **Daumen** ist ein wichtiger Indikator für das Temperament eines Menschen. Viele Handleser schreiben ihm so viel Bedeutung zu wie allen anderen Fingern zusammen. Einige hinduistische Handwahrsager stützen ihre Analysen auf den Daumen.

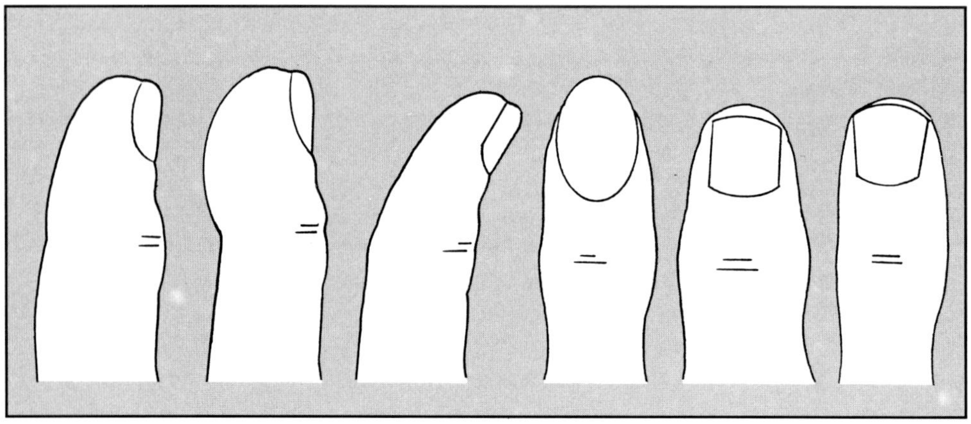

Der Daumen ist in drei Teile oder Glieder eingeteilt. Das oberste Glied bis zum Gelenk stellt die Willenskraft dar. Das zweite Glied bis zur Handfläche wird mit dem Verstand in Beziehung gebracht. Ist das erste Glied länger als das zweite, ist die Willenskraft stark ausgeprägt. Ein kurzes zweites Glied weist auf eine taktlose Person mit wenig logischer Veranlagung. Das dritte Glied gehört eigentlich schon zur Handfläche und ist auch als Venusberg bekannt. Er symbolisiert Liebe und Gefühlsleben.

Ein Daumen von durchschnittlicher Größe reicht bis in die Mitte des untersten Zeigefingergliedes. Ein langer Daumen weist auf eine energische Person mit Führungsqualitäten, die bei extrem langem Daumen auch tyrannische Formen annehmen kann. Leute mit kurzem Daumen hingegen lassen sich leicht beeinflussen und von Emotionen leiten.

Mit einem Daumen, der gleich dick wie breit ist, wird ein unausgeglichener, unter Umständen gewalttätiger Charakter verbunden. Ein schlanker Daumen dagegen ist ein Zeichen für Geduld. Ein „taillierter" Daumen (das zweite Glied ist enger als das erste) weist auf eine verständnisvolle und mitfühlende Veranlagung. Auch die Form des Gelenks kann etwas aussagen. Während ein knotiges Gelenk eher auf einen analytischen Verstand deutet, steht ein glattes Gelenk für eine impulsive Natur.

DIE FINGER

Jeder Finger wird als Ausdehnung des Berges betrachtet, von dem er ausgeht und bestimmt die Qualität des Berges näher. Kurze Finger schwächen dessen Wirkung ab, lange Finger verstärken sie. Auch das Gesamtbild der Finger ist von Bedeutung.

Der **erste Finger** oder Zeigefinger ist der wichtigste. Der Finger des Jupiter bedeutet Ehrgeiz. Reicht er bis zum Nagelansatz des zweiten, sind Führungsqualitäten angedeutet. Ist dieser Finger gleich lang oder gar länger als der zweite, könnte dies eine selbstbezogene Persönlichkeit verraten, die zu diktatorischen Allüren neigt.

Reicht er hingegen nicht bis zum Nagel des zweiten Fingers, weist das auf Schüchternheit und Scheu vor Verantwortung. Ein Zeigefinger, der sich gegen den zweiten krümmt, weist auf Profitsucht. Das kann vom einfachen Sammeln von Gegenständen bis zum krankhaften Horten von Besitz gehen. Neigt sich nur das oberste Glied gegen den zweiten Finger, wird das als Neigung zur Eigensinnigkeit definiert.

Ist der erste Finger von normaler Länge und kürzer als der dritte, könnte die Person organisatorisches Geschick besitzen. Ein erster Finger, der gleich lang ist wie der dritte, weist auf Ausgeglichenheit, ein längerer Finger auf Stolz und Ehrgeiz.

Ein langer und glatter erster Finger deutet auf gute berufliche und soziale Aus-

Unten: **Die verschiedenen Fingertypen, von links nach rechts: lang, kurz, breit, eckig, spatenförmig, spitz, schlank, kurz und dick.**

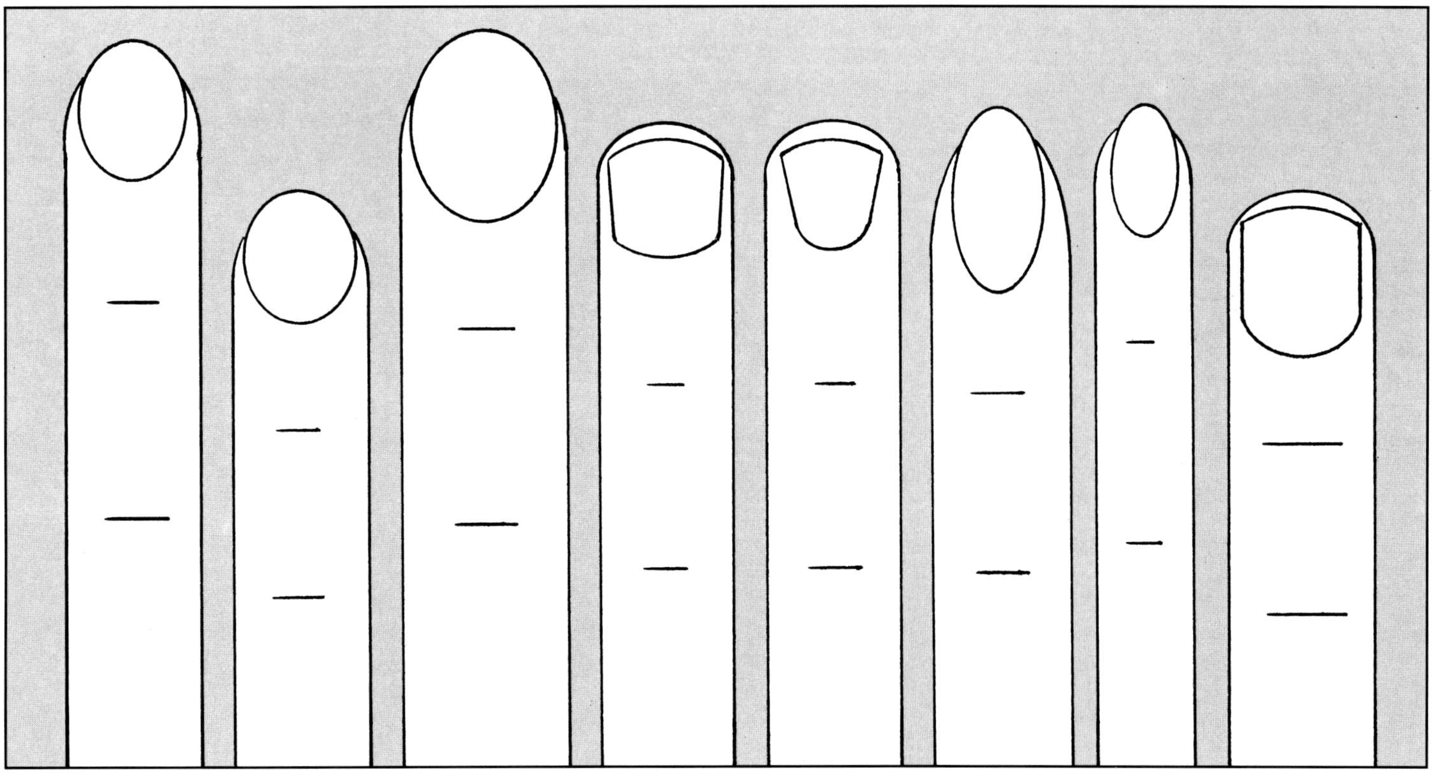

Oben: **Gegen eine Gebühr liest „Jean der Übersinnliche" Ihr Schicksal aus Händen und Tarotkarten.**

Unten: **Beim Handlesen sind nicht nur die Linien von Bedeutung, sondern es wird immer die ganze Hand in Betracht gezogen. Die langen, dünnen Finger der Hand links beispielsweise lassen ganz andere Rückschlüsse zu als die kurzen, dicken Finger der Hand rechts.**

Nächste Seite: **W. Ewart Gladstone und sein Handabdruck. Gladstone war Ende des neunzehnten Jahrhunderts britischer Premierminister. Die lange Marslinie (die gekrümmte Linie beim Daumen) weist auf einen festen Charakter und ein aktives Leben. Gladstone war 60 Jahre lang Mitglied des britischen Parlaments.**

sichten. Ein kurzer Finger läßt auf Mangel an Vertrauen und Vitalität schließen, der bei extrem kurzem Finger bis zu Schüchternheit führen kann.

Ein dicker Finger deutet auf eine beharrliche und entschlossene, ein dünner Finger auf eine phantasievolle aber unrealistische, ein krummer Finger auf eine „krumme" Persönlichkeit. Bei überarbeiteten und erschöpften Menschen sind die einzelnen Glieder des Zeigefingers oft mit tiefen vertikalen Linien durchzogen.

Der **zweite oder mittlere Finger** repräsentiert Saturn. Ein kräftiger Mittelfinger steht für Melancholie und Ernst. Ein gerader Mittelfinger, der in gutem Verhältnis zu den anderen Fingern steht, deutet auf Sensibilität, Konzentrationsfähigkeit und Zielstrebigkeit. Ein langer, kräftiger und schwerer Mittelfinger läßt auf eine ernste und nachdenkliche Person schließen, die es wahrscheinlich nicht immer leicht haben wird.

Ist der Finger gleich lang oder nur geringfügig größer als der erste und der dritte, kann dies eine gewisse Verantwortungslosigkeit andeuten. Ein sehr langer Finger jedoch könnte Zeichen für eine krankhaft melancholische Veranlagung sein. Ein kurzer Mittelfinger gehört meist zu einem intuitiv veranlagten Individuum. Ein sehr langes Mittelglied wird als Naturliebe interpretiert und weist auf einen „grünen Finger", der geschickt mit Pflanzen umgeht.

Krümmt sich der Mittelfinger, nimmt er die Eigenschaften der Finger an, gegen die er sich richtet. Ein stark gekrümmter Mittelfinger weist auf Neigung zu Selbstmitleid.

Der **dritte Finger oder Ringfinger** repräsentiert Apollo und steht für das Innenleben des Menschen. Ein kräftiger und glatter Ringfinger verrät eine emotional ausgeglichene Persönlichkeit, während ein glatter Finger mit glatten Gelenken Kreativität nahelegt.

Ein langer dritter Finger weist auf stark ausgebildeten Ehrgeiz. Menschen mit langem Mittelfinger sind häufig im Showbusiness oder in der Werbebranche anzutreffen. Ein sehr langer Finger jedoch könnte auf mangelhafte Gefühlskontrolle weisen. Bei Menschen mit langem Mittelglied spielen Geld und Luxus vermutlich eine große Rolle.

Ein Zeigefinger, der sich nach dem Mittelfinger richtet, könnte ein Indiz für Sorgen und Kummer sein. Wenn sich der zweite und der dritte Finger gegeneinander neigen, ist Verschlossenheit angedeutet. Ein krummer oder verdrehter Finger könnte ein Zeichen für Probleme mit dem Gefühlsleben sein.

Der **vierte oder kleine Finger** repräsentiert Merkur und damit das soziale Verhalten. Reicht der vierte Finger bis zum obersten Glied des dritten, ist die Person sehr intelligent und klar; erreicht er allerdings den Nagel des dritten Fingers, ist sie unzuverläßig. Ein kurzer vierter Finger

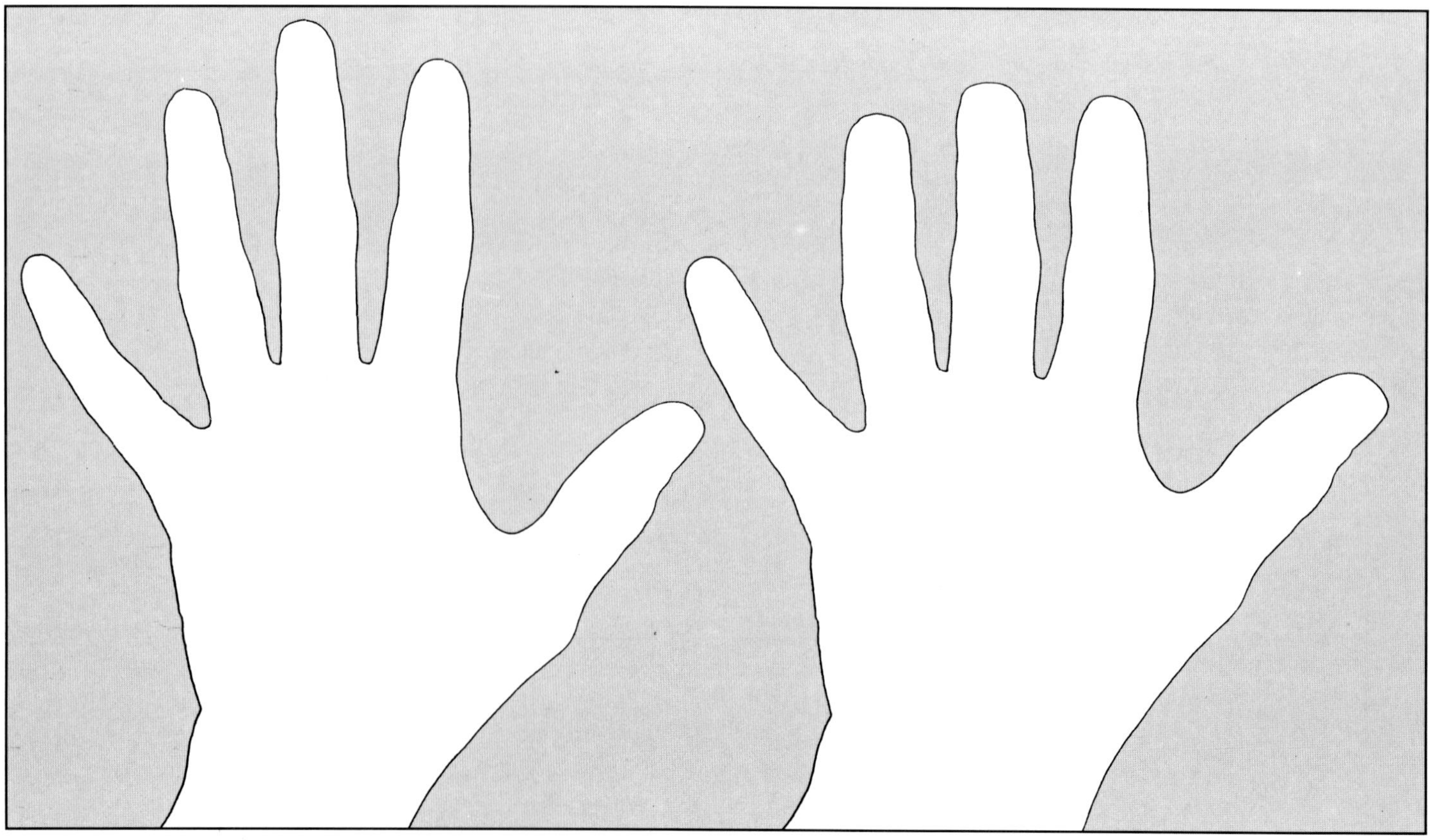

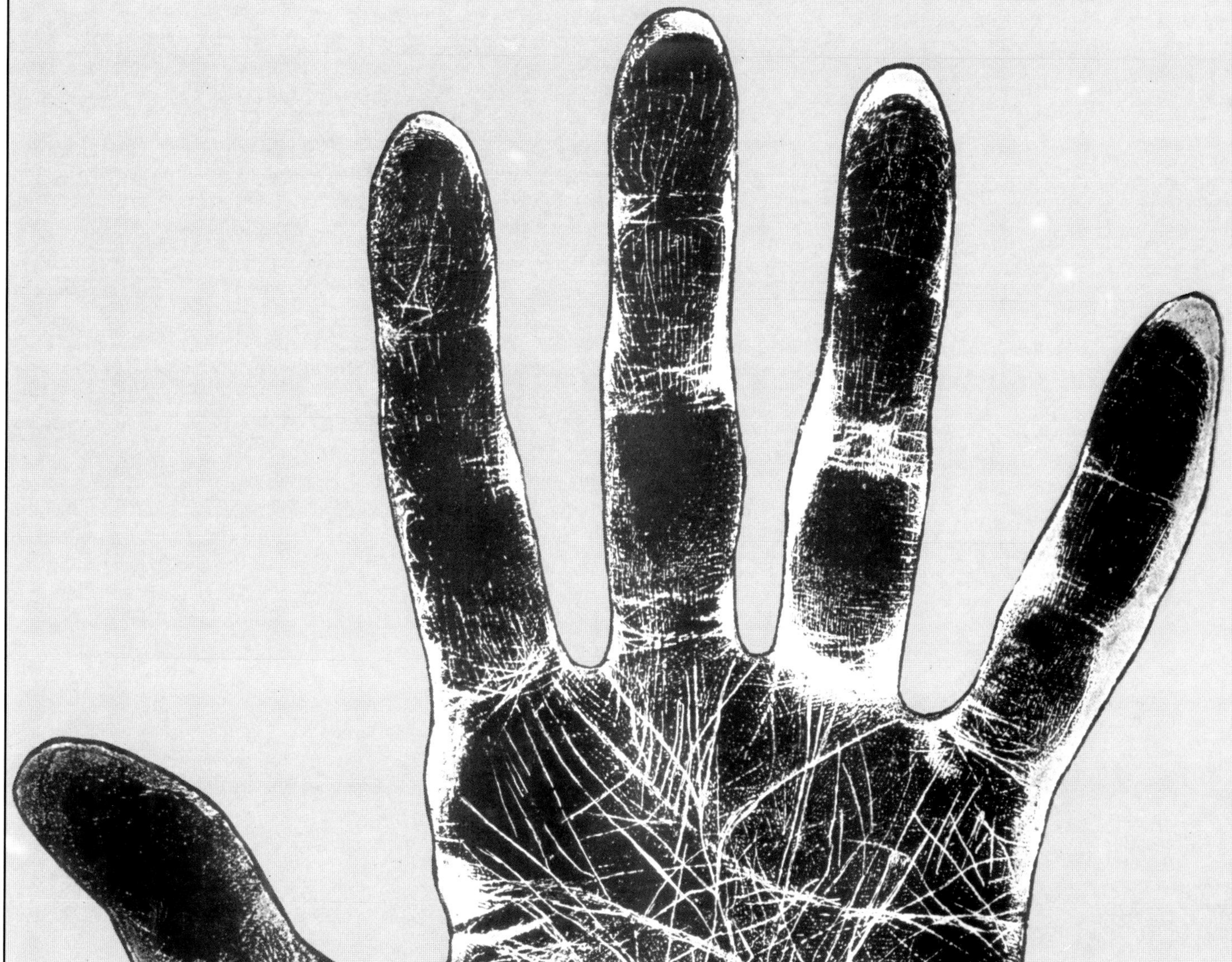

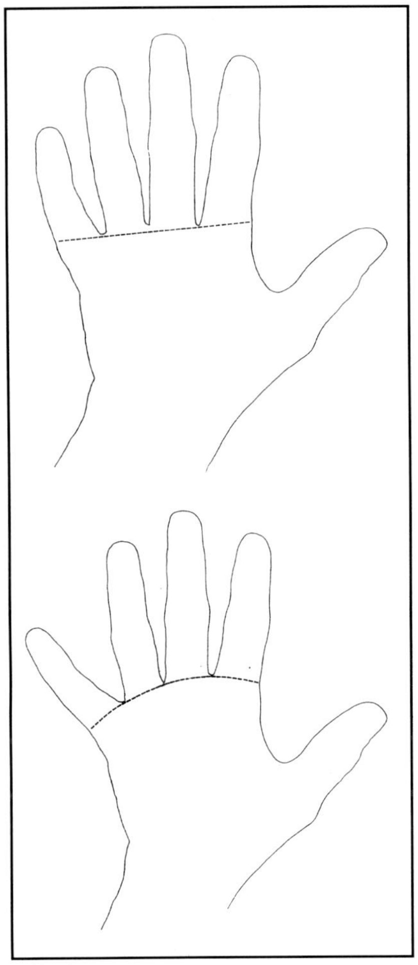

***Oben:* Auch der Fingeransatz wird in die Interpretation miteinbezogen. Ein gerader Ansatz (*ganz oben*) weist auf praktische Veranlagung und positive Lebenseinstellung. Normalerweise verläuft er in einer Kurve und ist damit Zeichen für ein eher unausgeglichenes Leben.**

zeigt, daß das Individuum Schwierigkeiten hat, das Beste aus sich zu machen.

Ein langes erstes Glied zeigt einen gebildeten Menschen mit Interesse an Erziehungsfragen. Ist jedoch das erste Glied beträchtlich länger als die anderen, hat er die Tendenz, zu übertreiben und die Wahrheit zu beschönigen. Ein kurzes oder kaum vorhandenes drittes Glied bedeutet eine verdorbene Person. Biegt sich der vierte Finger gegen den dritten, ist die Person gewitzt und geschäftstüchtig. Neigt er sich bei entspannter Hand gegen die Handfläche, hat die Person Sexualprobleme.

Ein gewundener oder gekrümmter Finger weist auf einen Lügner oder unglaubwürdigen Menschen.

Die Handlesekunst beschäftigt sich auch mit den Fingeransätzen. Bei einer eckigen Hand verlaufen sie in einer geraden Linie, bei allen anderen Handtypen beschreiben sie einen leichten Bogen, wobei der erste Finger ein wenig tiefer liegt als der zweite und dritte; der vierte liegt noch tiefer. Je tiefer der Finger in die Hand reicht, desto mehr vermindert er die Wirkung seines jeweiligen Berges.

Zu einer sorgfältigen Analyse gehören auch die Spannweite der Hand sowie die Distanz zwischen den Fingern. Liegen die Finger eng nebeneinander, ist die Person mit Wahrscheinlichkeit vorsichtig, mißtrauisch und einzelgängerisch. Sind die Finger regelmäßig gesetzt, ist die Person ausgeglichen und erfolgreich auf jedem Gebiet. Stark auseinanderliegende Finger weisen auf eine unabhängige und freiheitsliebende Natur. Großer Zwischenraum verrät ein offenes und zuversichtliches, fast kindliches Gemüt.

Liegt der größte Zwischenraum zwischen Daumen und Zeigefinger, ist die Person kontaktfreudig. Liegt er zwischen dem ersten und zweiten Finger, läßt sie sich nur schwer beeinflussen. Liegt er zwischen drittem und viertem Finger, ist die Person unabhängig und originell im Denken. Ist der vierte Finger weit weg von den anderen, hat die Person womöglich Beziehungsprobleme. Sie fühlt sich oft fremd und isoliert.

Die Gelenke ergänzen die Bedeutung der Finger. Glatte Gelenke lassen auf eine impulsive Natur schließen, während knotige Gelenke von gedanklichem Tiefgang zeugen. Breite Gelenke sind typisch für einen methodischen, rationalen Charakter.

Eine spitze Fingerkuppe weist auf Idealismus, der eckige Typ auf praktische Veranlagung und der spatenförmige auf Aktivität.

Ihre abschließende Analyse stützen Handleser stets auf das Gesamtbild der Hand. So weist ein eckiger Finger mit glatten Gelenken einerseits auf praktische Veranlagung, andererseits auf Impulsivität.

DIE NÄGEL

Kurze Nägel zeigen eine neugierige und energische Persönlichkeit, sehr kurze und breite eine empfindliche. Breite, lange Nägel weisen auf gesunde Urteilskraft, lange, mandelförmige auf Kreativität. Breite, eckige Nägel gehören eher zu kalten, egoistischen Menschen. Keilförmige Nägel sind Zeichen einer allzu sensiblen Person. Weiße Nägel weisen auf Egoismus, während rosa Nägel auf eine warme, kontaktfreudige Persönlichkeit schließen lassen. Rot ist Zeichen eines lebhaften Temperaments und blau ein Anzeichen für schlechte Gesundheit.

DAS RELIEF DER HANDFLÄCHE

Die Handfläche ist in die sogenannten Berge aufgeteilt, das sind analog zum Venusberg am Daumen kleine Wülste am jeweiligen Fingeransatz. Sie sind nach Planeten benannt: Jupiter (1. Finger) Saturn (2.), Apollo (3.) Merkur (4.). Unter dem Merkur liegt der obere Mars; neben dem oberen Mars der Mond; an der Basis des Daumens Venus (eigentlich das dritte Daumenglied); über dem Venusberg der untere Mars. Das Gebiet in der Mitte wird Marsfeld genannt.

Die Berge bieten den Schlüssel zum Verständnis individueller Eigenschaften und Fähigkeiten. Je höher der Berg ist oder je mehr Raum er einnimmt, um so bedeutender ist dieses Gebiet.

Der **Jupiterberg** symbolisiert Ehrgeiz und soziales Prestige. Ist der Berg auf der Seite der Handfläche stärker entwickelt, treibt der Familienstolz das Individuum an, ist er näher bei der Herzlinie entwickelt, herrscht der Wunsch, andere zu führen, vor, doch das Individuum sollte sich vor Arroganz hüten. Ist der Berg größer in der Nähe des Saturns, ist das Individuum wißbegierig.

Der **Saturnberg** ist selten stark entwickelt und wird normalerweise entweder von Jupiter oder Apollo oder von beiden beeinflußt. Saturns Charakteristika sind Vorsicht und Zurückhaltung. Ist der Berg eher bei der Herzlinie entwickelt, werden deren Qualitäten intensiviert. Ist er gegen Jupiter gerichtet, tendiert die Person zu ernster Lebenseinstellung. Ist er gegen Apollo gerichtet, übt das Interesse an Kunst einen großen Einfluß aus.

Der **Apolloberg** wird mit den Künsten in Verbindung gebracht und bedeutet Brillanz auf jedem erstrebten Tätigkeitsfeld. Ist er gegen Saturn gerichtet, kommt zu den künstlerischen Fähigkeiten noch Ernsthaftigkeit, ist er gegen Merkur gerichtet, praktischer Geschäftssinn. Ein überentwickelter Berg zeigt die Tendenz zu Selbstüberschätzung.

Der **Merkurberg** repräsentiert Hoffnung und kombiniert Heiterkeit und praktische Veranlagung. Der Einfluß des Merkur wird bei vielen Menschen angetroffen, genauso bei Geschäftsleuten in der Chefetage wie bei Hausfrauen, denn seine Eigenschaften sind notwendig für den Erfolg. Ist der Berg gegen Apollo gerichtet, ist die Person kunstliebend, ist er gegen die Perkussion (die Handfläche) gerichtet, überwiegt der Sinn für Humor. Ist er gegen den oberen Mars gerichtet, wird der Eigner eine Ansicht fest verteidigen. Solche Menschen sind äußerst zuverlässig. Ein überentwickelter Berg kann sich positiv und negativ auf die Antriebsenergien auswirken.

Der **Mondberg** repräsentiert Intuition, Kreativität und Motivation. Er kann an vielen Orten stark hervortreten oder nur vereinzelt und schwach vorkommen. Ist er gegen den oberen Mars ausgerichtet, ist die Person fähig, ihre Träume zu verwirklichen. Wenn die Perkussion hervortritt, deutet das auf Bewegungsdrang und Kreativität. Ist der Mondberg beim Handgelenk stärker entwickelt, so kann man von einer sinnlichen und phantasievollen Person ausgehen; ist er in der Nähe des Venusberges größer, käme eher eine romantische, gefühlvolle Person in Betracht. In der Nähe des Marsfeldes weist der Mondberg auf eine aggressive Natur.

Diese Eigenschaften sind bei rötlicher Farbe besonders markant ausgebildet. Ein bläuliches Aussehen deutet auf eine melancholische Natur, eine bleiche Hautfarbe schwächt die Wirkung ab.

Der **Venusberg** repräsentiert Liebe, Sympathie, Leidenschaft und Vitalität. Alle diese Eigenschaften kommen zum Tragen, wenn das Feld regelmäßig und zentriert ist. Ist das Feld gegen den unteren Mars gerichtet, ist die Person widersprüchlich, ist es an der Daumenwurzel stärker, ist sie sehr emotional. Eine Entwicklung beim Handgelenk weist auf eine emotionale, sensible Natur, während die Entwicklung beim Mondberg Nachsicht mit sich selbst aufzeigt.

Ein niedriger, flacher Berg weist auf eine kühle, leidenschaftslose Natur, während ein gut gepolsterter Berg Engagement für Liebe und Freundschaft verrät. Ist das Feld hart und muskulös, ist die Person nachtragend.

Der **Obere Marsberg** repräsentiert den Willen, für eine Sache zu kämpfen. Ein überentwickelter Berg weist auf ein übermäßiges Temperament, während ein unterentwickeltes Feld ein ängstliches, zurückhaltendes Wesen verrät.

Der **Untere Marsberg** repräsentiert Ausdauer, Mut und innere Kraft. Diese Eigenschaften vervollständigen die Energien des unteren Marsberges. Wenn der Berg in der Nähe des Merkur höher und stärker ist, wird die Person nicht zu bremsen sein. Ist er beim Marsfeld entwickelt, besteht die Tendenz zu unbegrenzter Aggressivität. Eine Entwicklung in Richtung des Mondes verrät das Potential, andere anzuregen, während die Entwicklung gegen die Perkussion ein zurückhaltendes Verhalten anzeigt. Ein überentwickelter Berg bedeutet Brutalität, ein unterentwickelter Berg eine morbide Persönlichkeit.

Das **Marsfeld**, das Gebiet im Zentrum der Handfläche, wird von den Bergen des oberen und unteren Mars beeinflußt. Ein Berg weist auf ein gute Selbstbeherrschung, während eine flache Stelle ein beherrschtes Individuum mit einer negativen Grundhaltung verrät.

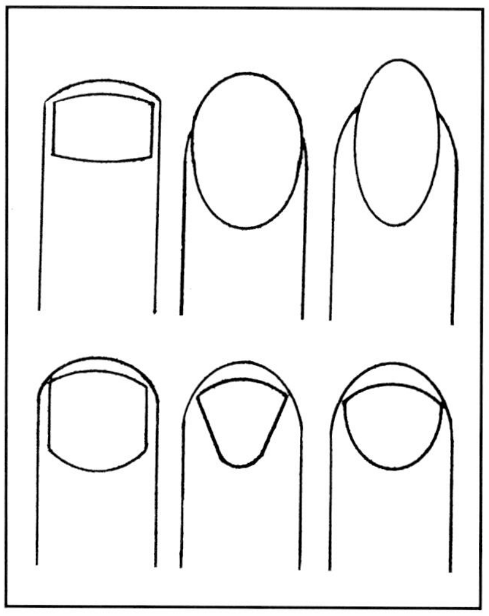

***Oben:* Die verschiedenen Fingernagelformen, von links nach rechts: kurz und breit, breit und lang, lang, breit und eckig, keilförmig, kurz.**

DIE HAUPTLINIEN

Drei Hauptlinien – Kopf, Herz und Leben – prägen fast jede Hand.

Die Lebenslinie repräsentiert Energie und Vitalität. Sie beginnt in der Mitte zwischen Daumen und Zeigefinger, verläuft um den Daumen herum und endet am Handgelenk oder kurz davor. Nach den alten Sagen verrät die Lebenslinie die Länge des Lebens. Diese Ansicht ist heute umstritten. Wenn die Linie weit oben beginnt, nah beim Zeigefinger, ist die Person von Ehrgeiz getrieben. Beginnt sie bei

Unten: **Der Handabdruck von Mark Twain. Seine Schicksalslinie krümmt sich gegen den Jupiterberg – ein Zeichen dafür, daß viel Fleiß schließlich zum Erfolg führen wird.**

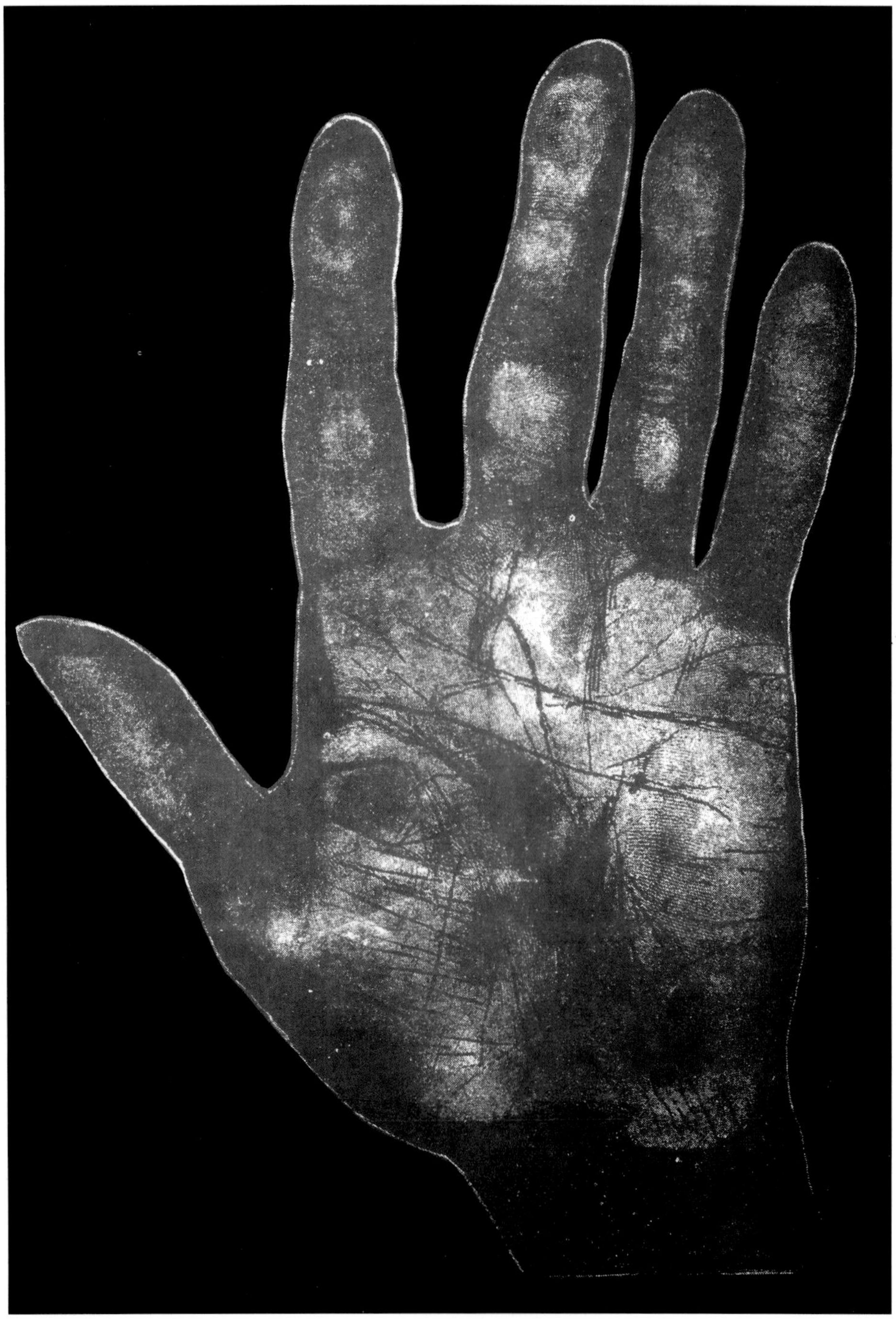

der Kopflinie, signalisiert das Organisationstalent, wenn es auch mit einem gewissen Grad an Zurückhaltung verbunden ist.

Ein geringer Abstand zwischen Lebens- und Kopflinie zeigt eine energische Person, die fähig ist, auf allen Gebieten erfolgreich zu sein. Eine breite Trennung dagegen deutet auf ein impulsives Temperament. Die Lücke zwischen Lebens- und Kopflinie ist ein guter Indikator für Unabhängigkeit. Je weiter die Lücke und je früher sie einsetzt, um so größer die Tendenz zur Eigenständigkeit.

Linien, die sich nach oben verzweigen und unter dem Zeigefinger enden, zeigen Sehnsucht nach Reichtum und Macht. Linien, die nach unten fallen gegen den Daumen, weisen auf ein starkes Liebesbedürfnis.

Wenn die Linie sich gegen den Mondberg richtet und nicht gegen den Daumen, dann verlangt die Person nach Abwechslung, sei es durch Reisen, veränderte Umgebung oder abwechlungsreiche Tätigkeiten.

Eine Verzweigung zum Jupiterberg deutet auf geschäftlichen oder privaten Erfolg.

Eine Linie zum Saturn bedeutet eine tief religiöse Person, manchmal mit einem Hang zur Einsamkeit.

Eine Linie zu Apollo verrät Reichtum oder Ruhm. Ist die Linie gerade, wird der Reichtum mit Hilfe von Familie oder Freunden erreicht. Ist sie gewellt oder gebrochen, ist der Weg zu Ruhm oder Wohlstand mit Hindernissen gespickt.

Eine starke Verbindungslinie zum Merkur zeigt ein blühendes Geschäft an, das vielleicht auf die Unterstützung von Freunden angewiesen ist.

Eine Linie zum oberen Mars zeigt ungewöhnlichen Mut oder körperliche Kraft, die oft in den Dienst des Heimatlandes gestellt werden. Schmale Linien, welche die Lebenslinie unterbrechen, werden als Hindernisse oder Unzufriedenheit interpretiert. Die Linien, die vom Daumen ausgehen und in die Lebenslinie münden, zeigen die Tendenz, sich leicht beeinflussen zu lassen.

Die **Kopflinie** wird mit geistigen Aspekten in Verbindung gebracht: Intelligenz, Auffassungsvermögen und Umgang mit dem intellektuellen Potential. Je länger die Linie ist, um so stärker ist der Einfluß des Intellekts.

Diese Linie beginnt in oder neben der Lebenslinie und durchquert die Handfläche.

Trifft die Kopflinie mit der Lebenslinie zusammen, ist eine vorsichtige Natur angedeutet. Eine lange, gemeinsame Linie heißt, daß man während langer Zeit mit seiner Familie verbunden war oder von ihr abhängig bleibt.

Eine Trennung der beiden Linien verweist auf ein vorwärtsdrängendes Temperament, das sich bei sehr breitem Abstand in einen ruhelosen und überstürzten Charakter steigern kann.

Normalerweise sinkt die Kopflinie in den Raum zwischen dem oberen Mars und dem Mond und weist dadurch auf gesunden Intellekt und praktische Veranlagung.

Eine lange, gerade Linie verrät eine clevere Person mit gutem Gedächtnis.

Eine Linie, die sich gegen den Mondberg neigt, gehört einer sensiblen und phantasievollen Person. Führt sie noch weiter zum Mondberg, weist sie auf eine

Person, die sich gerne selbst darstellt. Endet sie jedoch im unteren Gebiet des Mondes, ist die Phantasie überaktiv und kann sogar in den Wahnsinn führen.

Eine Linie, die bis zum Handgelenk verläuft, zeugt von mangelhaftem Wirklichkeitssinn.

Eine Linie, die sich gegen die Herzlinie neigt, verrät Geschäftssinn und die Fähigkeit, Geld zu machen. Verläuft sie nahe der Herzlinie, weist sie auf einen beschränkten Horizont.

Eine klare, geschlossene Linie läßt auf gesunden Menschenverstand schließen, während eine dünne, schwache Linie Unentschlossenheit andeutet. Eine rote Linie offenbart eine aggressive Natur. Eine kurze Linie heißt, daß die Person nur mit Unterstützung zu Erfolg kommt, während eine sehr kurze Linie auf schwachen Ehrgeiz und mangelnde Energie bei der Verwirklichung der eigenen Ziele weist.

Eine Kopflinie, die unter dem Saturn endet, deutet auf schwache Intelligenz, schlechte Gesundheit oder – wenn es noch andere Hinweise dafür gibt – auf frühen Tod.

Endet die Linie unter Apollo, ist ihr Eigner leichtherzig und heiter, oft künstlerisch begabt und wählt meist den einfachsten Weg zum Glück.

Endet die Linie unter dem Merkur, wird die Person auf jedem Gebiet ein ausgezeichneter Manager sein.

Eine Gabelung, die gegen den Mond zeigt, weist auf Einbildungskraft, die aber durch den gesunden Menschenverstand in Zügel gehalten wird. Wenn eine Gabelung in der Herzlinie endet, wird die Person keine Mühe für das Glück anderer scheuen.

Eine starke Linie von der Kopflinie zum Jupiter weist auf großen Ehrgeiz, der zum Erfolg führt.

Eine starke Verzweigung zum Saturn drückt religiöse Leidenschaft aus.

Ein Zweig zu Apollo markiert die Fähigkeit, seine Talente zu entfalten.

Ein Zweig zum Merkur ist ein Zeichen für Geschäftserfolg.

Eine Nebenlinie zum Mond wird mit ausgeprägter Einbildungskraft in Zusammenhang gebracht.

Die **Herzlinie** symbolisiert die emotionalen Anlagen und diejenigen körperlichen Eigenschaften, die mit dem Herz zusammenhängen. Sie ist die oberste horizontale Linie, beginnt gewöhnlich im Jupiterberg und verläuft über die Handfläche.

Eine Herzlinie, die sehr hoch beginnt, fast unter dem Zeigefinger, kennzeichnet eine eifersüchtige Person, während eine Linie, die tiefer beginnt und gerade verläuft, auf starken Familiensinn hinweist.

Eine zwischen erstem und zweitem Finger beginnende Linie verrät sinnliche Liebe, Toleranz und Großzügigkeit.

Eine zwischen zweitem und dritten Finger einsetzende Linie gehört einer Person, die Schwierigkeiten mit der Liebe hat. Sie braucht einen verständnisvollen Partner.

Fällt die Herzlinie nach unten zur Kopflinie, bestimmt der Kopf das Herz.

Beginnen Herz- Kopf- und Lebenslinie am selben Punkt, neigt die Person zu Extremen und wird sich nur widerwillig einem vernünftigen Urteil anschließen.

Beginnt die Herzlinie mit einer Gabelung im Jupiterberg, ist die Person liebenswürdig und ein guter Ehepartner.

Eine Linie zum Saturn verrät unglückliche Liebe.

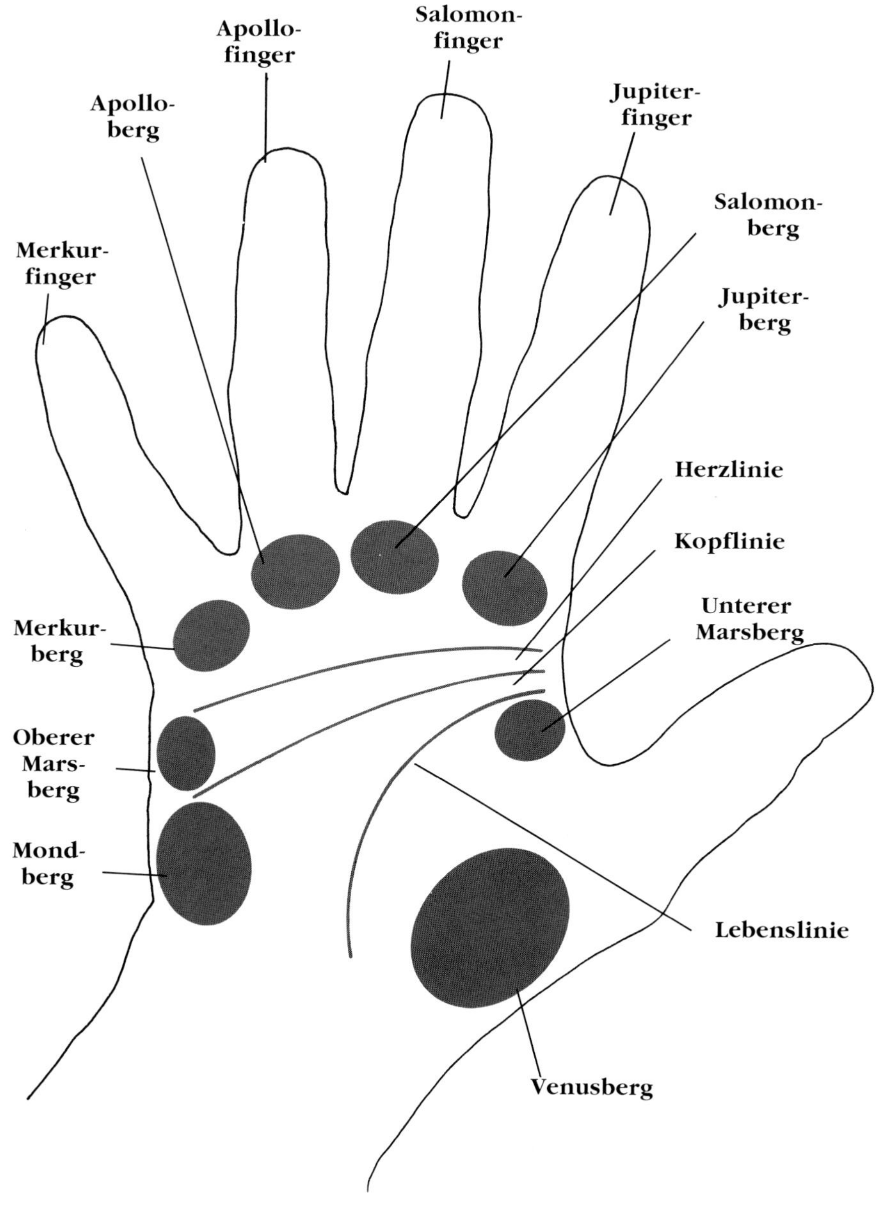

DIE HAUPTLINIEN

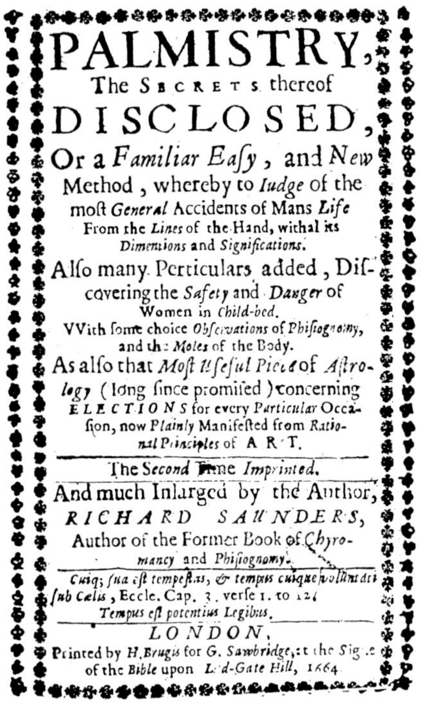
PALMISTRY,
The SECRETS thereof
DISCLOSED,
Or a Familiar Easy, and New
Method, whereby to Iudge of the
most General Accidents of Mans Life
From the Lines of the Hand, withal its
Dimensions and Significations.
Also many Perticulars added, Dis-
covering the Safety and Danger of
Women in Child-bed.
With some choice Observations of Phisiognomy,
and the Moles of the Body.
As also that Most Useful Piece of Astro-
logy (long since promised) concerning
ELECTIONS for every Particular Occa-
sion, now Plainly Manifested from Ratio-
nal Principles of ART.
The Second Time Imprinted,
And much Inlarged by the Author,
RICHARD SAUNDERS,
Author of the Former Book of Chyro-
mancy and Phisiognomy.
Cuiq; sua est tempestas, & tempus cuique voluntati
sub Cœlis, Eccle. Cap. 3. verse 1. to 12.
Tempus est potentius Legibus.
LONDON,
Printed by H. Brugis for G. Sawbridge, at the Sign
of the Bible upon Lud-Gate Hill, 1664.

Oben: **Die Titelseite aus einem Handlesebuch aus dem 17. Jahrhundert.**

DIE NEBENLINIEN

Die sekundären oder Neben-Linien kommen nicht von vornherein auf jeder Hand vor, die Saturn- oder Schicksalslinie beispielsweise kann sich auch erst zu einem späteren Zeitpunkt ausprägen.

Die **Saturnlinie** beginnt, wie man der Zeichnung entnehmen kann, in der Nähe des Handgelenks zwischen der Lebenslinie und dem Mondberg und steigt gerade auf bis zum Saturnberg. Eine solche Linie ist Zeichen eines erfolgreichen, unbeschwerten Lebens.

Beginnt die Linie bei der Lebenslinie, wird der Erfolg sich aus eigener Kraft einstellen, wenn auch mit kurzfristiger Unterstützung durch andere. Beginnt sie innerhalb der Lebenslinie im Venusberg, wird man am Anfang von der Familie unterstützt. Dies kann in Form einer Erbschaft oder finanziellen Beistandes für ein Studium oder Geschäft geschehen. Schließlich verweist sie auch auf die Führung durch die Eltern.

Eine Linie, die bei den Linien am Handgelenk (Raszetten) beginnt, bedeutet, daß der Erfolg sich erst nach zahlreichen Schwierigkeiten einstellt.

Beginnt die Saturnlinie im Mondberg, kommt man ohne Hilfe von Familienangehörigen zum Erfolg. Die schöpferischen Kräfte des Mondes spornen das Individuum zu einer ungewöhnlichen und erfolgreichen Karriere an. Reisen können eine Rolle spielen.

Beginnt die Linie in der Mitte der Handfläche oder bei der Herz- oder Kopflinie, wird sich der Erfolg erst später einstellen oder von relativ kurzer Dauer sein.

Endet die Saturnlinie beim Saturnberg, wird man früh Verantwortung übernehmen. Ist das Ende in der Nähe der Kopflinie, ist das Leben von Veränderungen geprägt.

Endet sie in oder bei der Herzlinie, wird die Person Opfer bringen müssen. Ein gegabeltes Ende zum Jupiter und zum Apollo ist vielversprechend, denn Jupiter liefert Ehrgeiz, Apollo Brillanz und Saturn die nötige Vorsicht.

Die **Apollolinie** ist auch als Sonnenlinie oder Schicksalslinie bekannt. Sie verstärkt die Wirkung der Saturnlinie und kann sie sogar ersetzen.

Normalerweise beginnt sie in der Nähe der Raszetten und verläuft gerade bis zum Apolloberg unter dem dritten Finger. Eine solche Linie bedeutet Schlagfertigkeit, Beliebt- und unter Umständen sogar Berühmtheit. Je klarer die Linie, um so größer die Aussicht auf finanziellen Gewinn.

Beginnt sie bei der Lebenslinie oder trifft mit ihr zusammen, werden die Talente gefördert oder von der Familie finanziell unterstützt.

Beginnt sie bei der Kopflinie, ist die Person gut organisiert und geschickt, und der Erfolg wird nicht auf sich warten lassen.

Beginnt sie in der Herzlinie, wird sich der Erfolg erst spät einstellen.

Kommt die Linie vom Mondberg, spielen bei der Berufswahl Kreativität und Vorstellungskraft eine große Rolle. Schriftsteller, Künstler, Komponisten und Musiker haben oft eine solche Linie. In einigen Fällen werden sich diese Leute stark vom anderen Geschlecht angezogen fühlen, und oft werden sie von den Massen verehrt.

Bei einer Linie, die im Apolloberg endet, sich aber gegen Merkur richtet, paart sich Geschäftssinn mit künstlerischer Begabung. Wenn sich die Linie gegen Saturn neigt, tendiert die Person dazu, jede Entscheidung vorsichtig abzuwägen.

Eine Linie mit einem dreifach gegabelten Ende – in Apollo, Saturn und Merkur – ist ungewöhnlich, verweist aber auf Glück und Erfolg.

Die **Merkurlinie** ist auch als Gesundheits- oder Leberlinie bekannt. Sie beginnt bei der Wurzel und führt zum Merkurberg. Eine solide Linie bezeichnet eine gute Gesundheit und eine erfolgreiche Karriere. Nach Zigeunerlegenden soll auch eine fehlende Linie gute Gesundheit bedeuten.

Eine gebrochene, kurze Linie bedeutet jedoch schlechte Gesundheit, und eine gewellte Linie zeigt Unsicherheit und Launenhaftigkeit an.

Bildet sie ein Dreieck mit der Saturn- und der Kopflinie, verfügt die Person über übersinnliche Fähigkeiten.

DIE KLEINEN LINIEN

Raszetten sind die Linien am Handgelenk. Parallele und klare Linien signalisieren Gesundheit und Erfolg.

Eine kettenartige oberste Handwurzellinie bedeutet Glück nach einem möglicherweise erst harten und schwierigen Leben. Bei einer Frau kann eine oberste Wurzellinie, die in die Handfläche verläuft, Zeichen für schwierige Geburten sein.

Der **Venusgürtel** ist bogenförmig und beginnt zwischen dem ersten und zweiten Finger, neigt sich gegen die Herzlinie und endet schließlich zwischen dem dritten und vierten Finger. Diese Linie vervollständigt die Herzlinie. Gebrochene Linien zeigen Liebesenttäuschungen an, während doppelte Linien Nervosität und dreifache Linien Hysterie erkennen lassen.

Der **Salomonring** liegt unter dem ersten Finger; eine dünne Linie, die nicht mit der Falte des Fingeransatzes verwechselt werden sollte. Eine solide, gekrümmte Linie zeigt Begabung für übersinnliche Kräfte; eine gerade Linie deutet auf Interesse an Okkultismus. Kurze, überlappende Linien weisen auf einen teilnahmsvollen Menschen.

Der **Saturnring** ist ein Halbkreis unter dem zweiten Finger. Eine solide Linie weist auf eine depressive Persönlichkeit, während eine gebrochene Linie Suizidgefährdung andeutet.

Die **Marslinie** verläuft parallel zur Lebenslinie oder mit ihr und verstärkt deren Eigenschaften. Eine kurze Marslinie fügt Mut und Ernsthaftigkeit hinzu. Eine sehr lange Marslinie weist auf ein äußerst aktives Leben, das oft weit weg von seinem Geburtsort endet. Erscheint die Linie nur auf der linken Hand, verfügt die Person über übernatürliche Kräfte.

Die **Intuitionslinie** ist eine gekrümmte Linie, die vom untersten Teil des Mondberges zum Merkur verläuft. Sie ist ein Indiz für übernatürliche Kräfte.

Die **Gefühlslinie** wird auch Verbindungslinie genannt. Sie besteht aus einer, zwei oder drei Linien, die auf der Handfläche, auf der Seite des Merkurberges, liegen. Sie repräsentiert Liebe und Liebesprobleme. Eine lange, gerade Linie bedeutet eine lange und glückliche Ehe.

DIE NEBEN- UND KLEINEN LINIEN

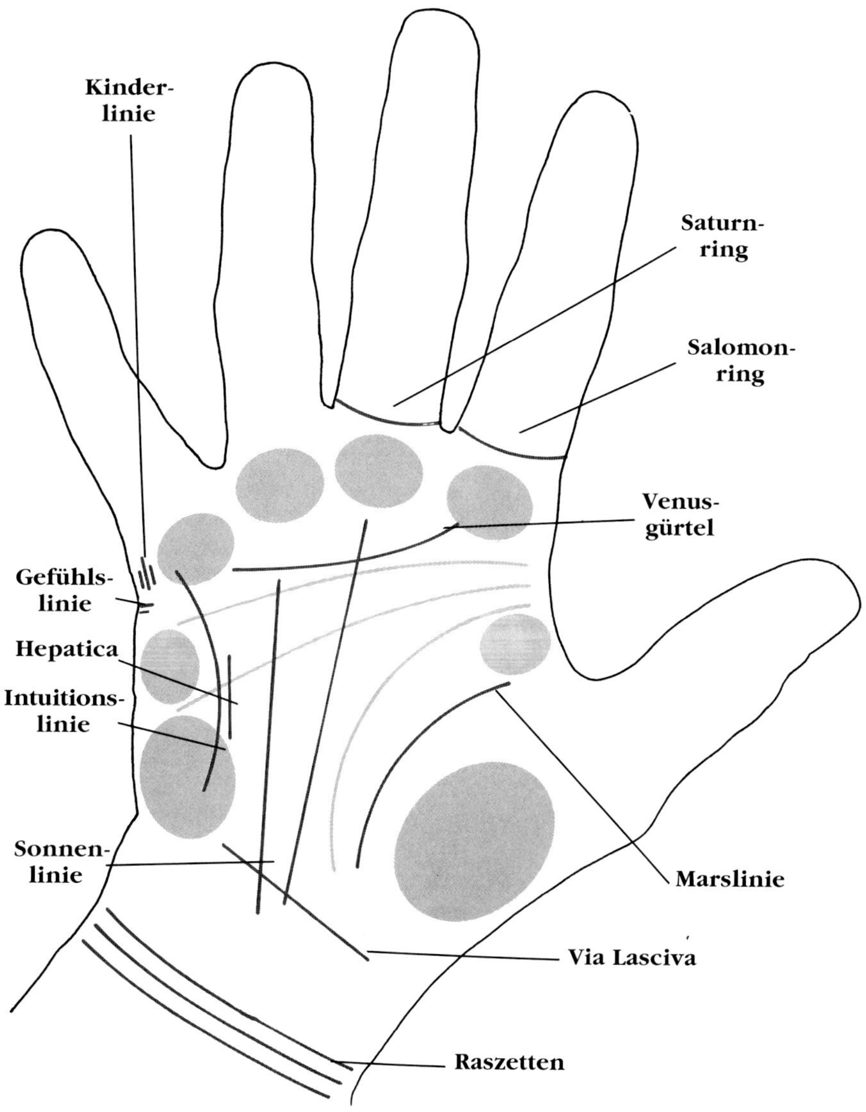

ZEICHEN UND KLEINE SPUREN

Die kleinen Markierungen liefern zusätzlich Anhaltspunkte für den Handleser. Gewöhnlich sind diese Zeichnungen nur unvollkommen geformt. Ein Dreieck kann beispielsweise auch nur zwei Seiten haben. Die Bedeutung der Zeichen hängt von ihrer Lage ab.

Ein Viereck bedeutet Schutz, doch die genaue Interpretation sieht je nach Position anders aus. Ein Viereck auf dem Merkurberg schützt vor geistigem Stress, während eines auf der Herzlinie Schutz vor unglücklicher Liebe bedeutet.

Eine Kettenlinie weist auf Schwäche oder Instabilität.

Eine gegabelte Linie zeigt, daß die Fähigkeiten gut verteilt sind. Eine Doppellinie wirkt verstärkend.

Eine Insel zeigt Verlust, Schwäche oder Krankheit an.

Ein Dreieck bedeutet Reichtum. Ein Dreieck auf dem Apolloberg ist ein Zeichen für Erfolg. Es kommt sehr selten vor.

Ein Stern weist auf eine Überraschung.

Ein Balken bedeutet ein Hindernis.

Ein Kreuz ist ein schlechtes Zeichen, es kann Schock, Aufregung oder ein Hindernis bedeuten.

Ein Punkt repräsentiert einen Schock oder eine vorübergehende Krankheit.

PHRENOLOGIE

Unten: **Eine phrenologische Karte aus dem 19. Jahrhundert.**

Früher war die Phrenologie, die Wissenschaft von den Kopfformen und Schädelverwerfungen, eine der populärsten Forschungsrichtungen der paranormalen Wissenschaft. Der österreichische Mediziner Franz J. Gall schuf 1796 nach intensiven Forschungen die Theorie der Schädellehre. Gall ging davon aus, daß die Art und Weise, wie ein Mensch denkt, auch die Gestalt des Schädels und des Gehirns bestimmt.

Der Wissenschaftler klassifizierte 26 verschiedene Arten von Schädelverwerfungen, die er Fakultäten nannte. Als gegen Mitte des vorigen Jahrhunderts das Interesse an der Schädellehre einen Höhepunkt erreicht hatte, waren bereits über 40 Fakultäten bekannt.

Ein Phrenologe untersucht zunächst die Gestalt des Kopfes. Ein runder Kopf deutet beispielsweise auf eine starke, selbstsichere Persönlichkeit hin, wohingegen eine eckige Form einen verläßlichen, nachdenklichen und vorsichtigen Menschen zeigt. Je größer der Kopf ist, desto energischer und stärker ist ein Mensch, je schmaler der Kopf, desto introvertierter ist auch sein Charakter.

Eine schlecht entwickelte Fakultät deutet immer darauf hin, daß eine bestimmte Fähigkeit fehlt oder nur gering ausgeprägt ist. Eine gut ausgebildete Fakultät zeigt dagegen, daß dieser Charakterzug die Persönlichkeit dieses Menschen stark beeinflußt.

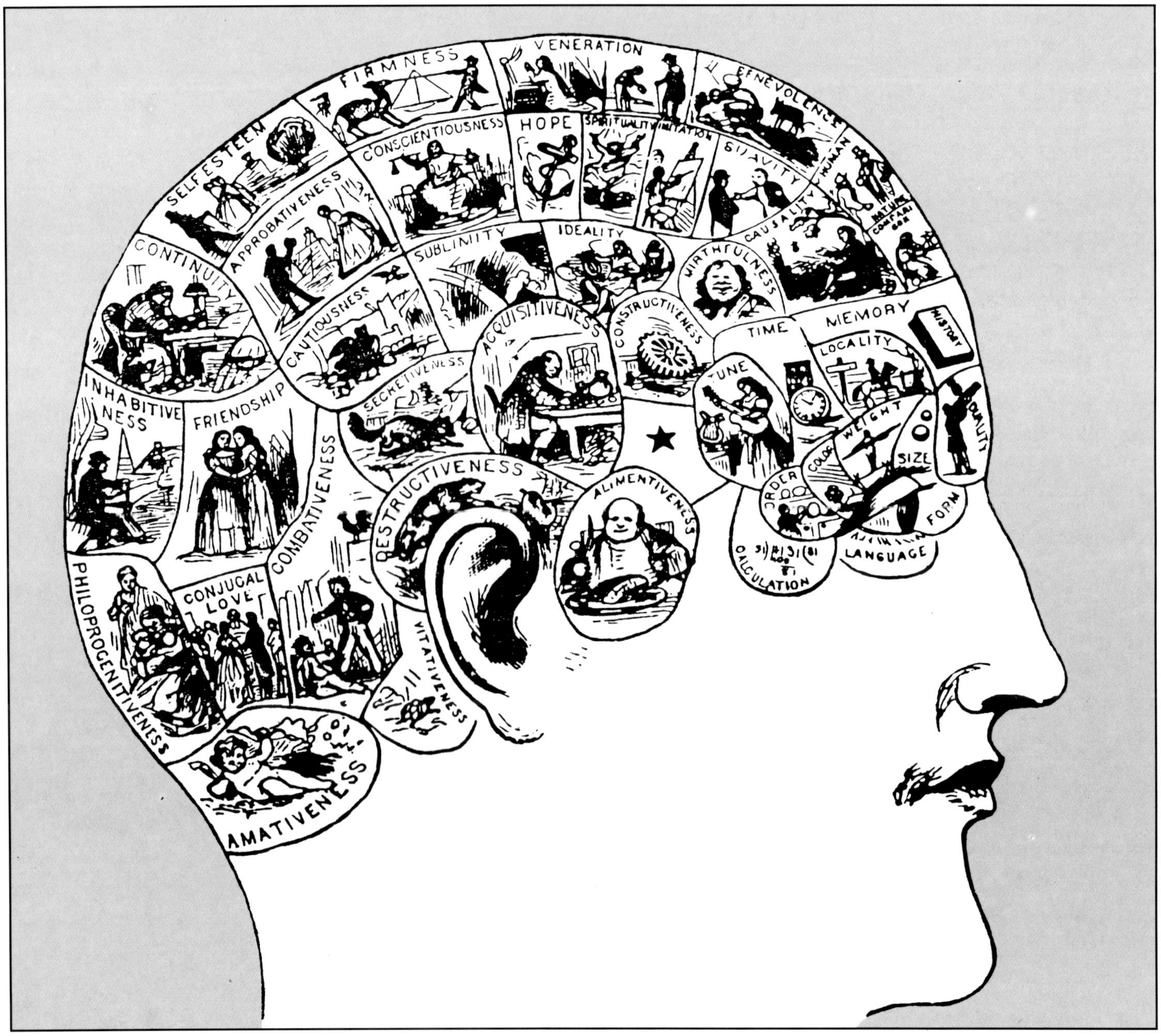

DIE FAKULTÄTEN

Die folgenden Nummern entsprechen den numerierten Flächen auf der unten stehenden Zeichnung.

1. **Lust:** Wenn diese Fläche gut entwickelt ist, interessiert sich die Person besonders stark für das andere Geschlecht. Wenn es übermäßig entwickelt ist, wird diese Person allen Begierden nachgeben. Ist es nur gering ausgeprägt, deutet es auf sexuelle Unsicherheit hin.

2. **Beziehungen:** Eine normal ausgeprägte Fakultät zeigt an, daß die Person zu einer konstanten, vertrauensvollen Beziehung in der Lage ist; bei Überentwicklung ist diese Liebe sehr fordernd, eine geringe Ausprägung zeigt eine unsichere Persönlichkeit, die sich nicht hingeben will.

3. **Beziehung zu den Eltern:** Diese Fakultät zeigt die Liebe zu Kindern an. Eine starke Ausprägung deutet auf übermäßige Liebe hin, eine schwache Fakultät zeigt Desinteresse an Kindern.

4. **Freundschaft:** Ist diese Fakultät normal groß, handelt es sich um einen Menschen mit freundschaftlichen Beziehungen. Eine ungewöhnliche Formung deutet auf die Tendenz hin, an die Falschen zu geraten oder sich leichtfertig in einen anderen zu vernarren.

5. **Schutz- und Wohnbedürfnis:** Diese Fakultät zeigt an, ob ein Mensch an seinem Haus und seinem Land hängt. Eine Überentwicklung steht immer für schnelles Heimweh; eine Unterentwicklung für Rastlosigkeit.

6. **Kontinuität:** Eine ausgeprägte Fakultät stellt die Fähigkeit dar, sich zu konzentrieren.

7. **Vitalität:** Eine durchschnittlich entwickelte Fakultät deutet auf Vitalität und Gesundheit hin; eine starke Ausprägung auf einen Hypochonder, eine schwache Ausprägung auf eine kränkliche Kondition.

8. **Kampflust:** Diese Persönlichkeit wird bei deutlicher Entwicklung der Fakultät energisch und mutig sein. Eine zu starke Prägung deutet immer auf einen konfliktbereiten Menschen hin – eine schwache Ausprägung auf einen ängstlichen Typ.

9. **Effizienz:** Wenn diese Fakultät gut entwickelt ist, verweist sie auf einen ruhelosen Menschen; eine zu starke Ausprägung zeigt eine nachtragende Natur, eine schwache Ausprägung eine unentschiedene Person.

10. **Appetit:** Diese Fakultät bestimmt unseren Hunger. Ist sie gut entwickelt, stellt sie einen wahren Genießer dar, ist sie zu stark, kann die Person zum Alkoholismus neigen.

11. **Wohlstand:** Dieses Fakultät zeigt, wie sparsam ein Mensch ist. Eine übermäßige

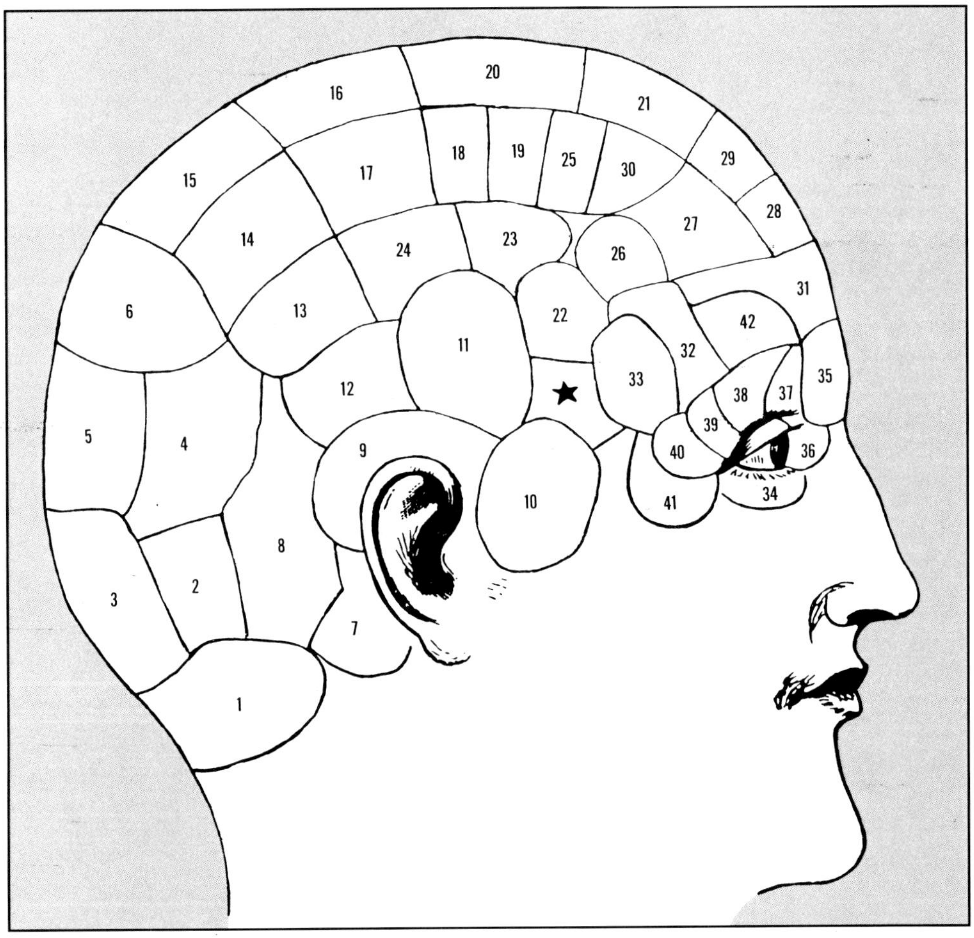

Unten: **Drei Ansichten einer alten phrenologischen Übersicht. Nachdem sich die Schädellehre erst einmal entwickelt hatte, waren den Medizinern wesentlich mehr Schädelflächen oder Fakultäten bekannt als noch auf der älteren Karte links.**

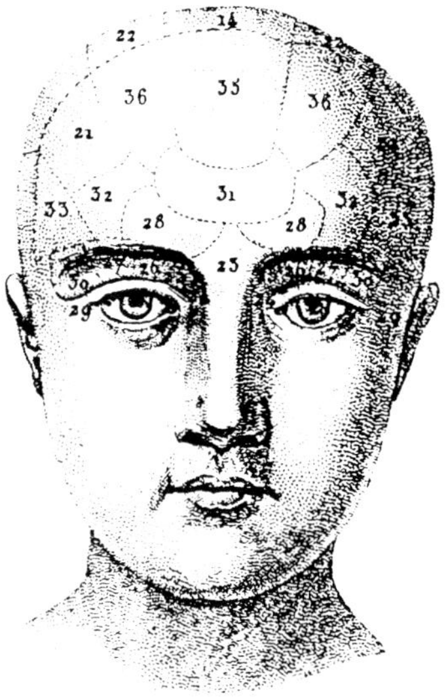

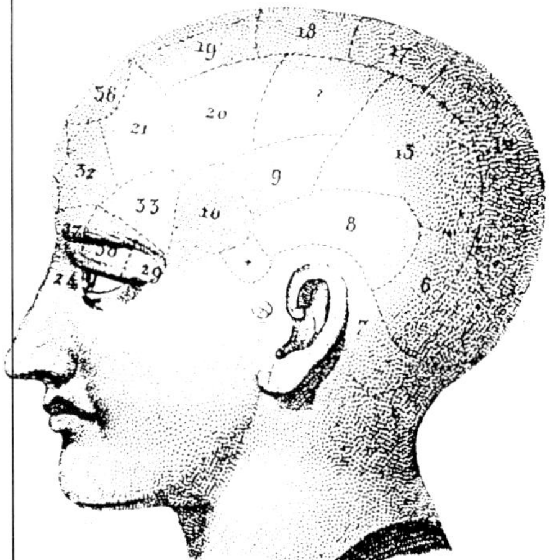

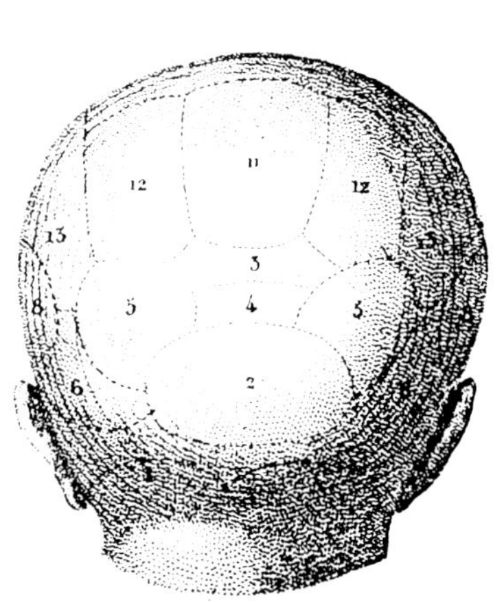

Unten: **Im Gegensatz zu den meisten phrenologischen Karten handelt es sich bei dieser Übersicht um eine anatomische Zeichnung des Schädels, um die Vertiefungen auf dem Schädel sichtbar zu machen.**

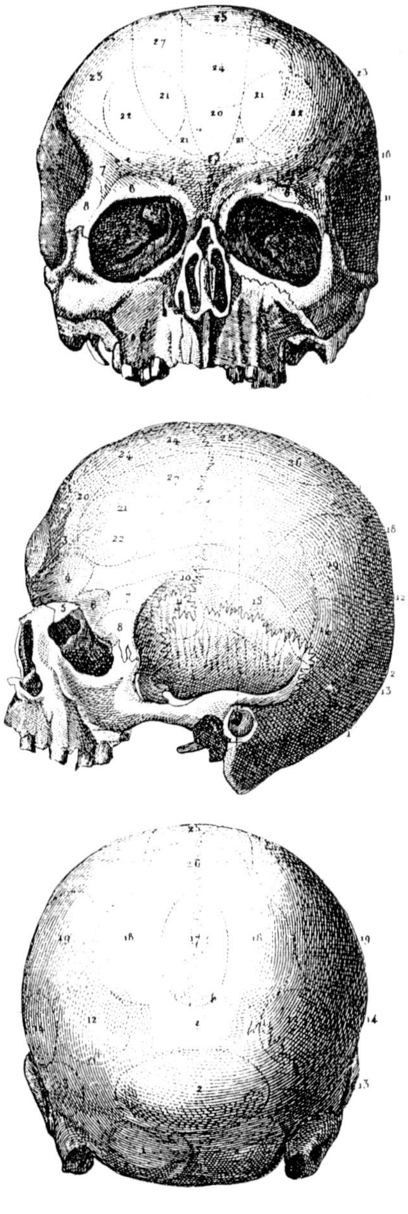

Ausprägung deutet auf einen Geizhals hin; eine geringe Ausprägung auf einen Verschwender.

12. **Diskretion:** Eine Person mit Taktgefühl und Verschwiegenheit wird eine gut entwickelte Fakultät aufweisen. Eine zu starke Entwicklung deutet immer auf Täuschung hin, eine Unterentwicklung auf die Unfähigkeit, etwas für sich zu behalten.

13. **Vorsicht:** Ein Mensch, dessen Fakultät gut ausgeprägt ist, wird vorsichtig sein und nur ungern ein Risiko eingehen.

14. **Beliebtheit:** Diese Fakultät zeigt, ob ein Mensch gerne beliebt ist. Wenn sie zu stark entwickelt ist, wird diese Person ständig auf der Suche nach Anerkennung sein – im Gegensatz dazu repräsentiert eine geringe Ausprägung geistige Unabhängigkeit.

15. **Selbstbewußtsein:** Ein selbstsicherer, gar autoritärer Charakter zeigt sich in dieser Fakultät, deren starke Ausprägung auf Arroganz und Dominanzsucht hindeutet. Eine geringe Entwicklung signalisiert mangelndes Selbstvertrauen und Unsicherheit.

16. **Standhaftigkeit:** Eine gut entwickelte Fakultät steht für Ausdauer und Stabilität; eine Überentwicklung für Starrköpfigkeit und Willensstärke.

17. **Gewissenhaftigkeit:** Jede Person mit einer gut ausgeprägten Fakultät dieser Art kann als äußerst verläßlich gelten, wohingegen eine zu starke Ausprägung auf überkritische und eine geringe Entwicklung auf prinzipienlose Menschen hinweist.

18. **Hoffnung:** Diese Fakultät bestimmt, ob ein Mensch eher optimistisch, oder gar unrealistisch in die Zukunft blickt.

19. **Spiritualität:** Hingabe, Intuition und besondere psychische Fähigkeiten zeigen sich in dieser Fakultät. Bei starker Ausprägung handelt es sich um einen abergläubischen Menschen; eine schwache Entwicklung deutet auf einen Skeptiker hin.

20. **Verehrung:** Ist diese Fakultät gut entwickelt, zeigt sie Respekt für Traditionen und Gebräuche an. Wenn sie überdeutlich erscheint, bedeutet dies Glauben an Ideale oder Heldenverehrung. Eine geringe Ausprägung zeigt eher den respektlosen Zyniker.

21. **Hilfsbereitschaft:** Diese Fakultät verrät den sozial engagierten Menschen. Eine schwach entwickelte Fakultät zeigt den selbstsüchtigen Egoisten.

22. **Technikverständnis:** Erfindungsreiche Menschen mit technischen Fähigkeiten haben eine gut ausgeprägte Fakultät.

23. **Idealismus:** Wenn diese Schädelfläche deutlich zu sehen ist, weist sie auf einen Menschen mit der Liebe zur Schönheit und Perfektion hin; bei überdeutlicher Ausprägung zeigt sie einen absoluten, unpraktischen Ästheten an – eine Unterentwicklung verrät den vulgären Charakter.

24. **Kunstverständnis:** Eine gut entwickelte Fakultät dieser Art weist auf einen Kunstliebhaber hin; im Gegensatz dazu steht ihre schwache Ausprägung, die einen Menschen zeigt, der mit den schönen Dingen des Lebens nichts anzufangen weiß.

25. **Nachahmung:** Diese Fakultät gibt einiges preis über den Hang zur Dramatik und zur theatralischen Nachahmung. Eine schwache Entwicklung dieser Fakultät zeigt eine unfähige Persönlichkeit.

26. **Humor:** Menschen mit Esprit und sprühendem Witz werden eine gut entwickelte Fakultät aufweisen – der übermütige Witzereißer verfügt über eine sehr starke Ausprägung, während die schwache Entwicklung auf einen ernsthaften Charakter hindeutet.

27. **Logikverständnis:** Die wahre Denkernatur mit rationalem Kombinationsvermögen hat eine gut ausgeprägte Fakultät, wobei eine zu starke Ausprägung einen Menschen zeigt, der unfähig ist, die Theorie in die Praxis umzusetzen.

28. **Analysefähigkeit:** Menschen mit gut entwickelter Fakultät haben oft gute analytische Fähigkeiten und ein hervorragendes Kombinationsvermögen. Eine Überentwicklung verrät den Kleingeist.

29. **Menschenkenntnis:** Wenn diese Fakultät deutlich zu sehen ist, zeigt dies gute Menschenkenntnis an. Eine zu starke Ausprägung verrät eine überkritische Persönlichkeit.

30. **Überzeugungskraft:** Wer überzeugend und charmant auftritt, hat eine deutliche Fakultät. Ist sie dagegen nur gering ausgeprägt, zeigt dies den unsicheren Charakter.

31. **Erinnerungsvermögen:** Bei gut entwickelter Fakultät hat die Person ein exzellentes Gedächtnis für Ereignisse oder Fakten.

32. **Zeitgefühl:** Eine starke Entwicklung deutet auf ein gutes Zeitgefühl sowie ein sicheres Zahlengedächtnis hin.

33. **Musikverständnis:** Wer ein Gefühl für Musik hat oder den ständigen Drang spürt, zu singen oder zu musizieren, hat eine stark ausgeprägte Fakultät. Ist sie dagegen kaum entwickelt, dürfte die Person nur wenig mit Melodien anfangen können.

34. **Sprachvermögen:** Diese Fakultät bestimmt das Sprachvermögen eines Menschen, seine Rhetorik und die Fähigkeit, Fremdsprachen zu erlernen. Eine starke Ausprägung verrät den allzu gesprächigen Mitmenschen, und eine geringe Ausprägung den zur Artikulation Unfähigen.
35. **Individualität:** Wenn diese Fakultät deutlich sichtbar ist, wird die Person in der Lage sein, auch feine Unterschiede wahrzunehmen. Eine geringe Ausprägung deutet immer auf schlechte Beobachtungsgabe hin.
36. **Ästhetik:** Man sagt gerne, daß ein Mensch mit dieser Fakultät, wenn sie deutlich entwickelt ist, „ein gutes Auge" habe, sich also sehr schnell von unästhetischen Dingen gestört fühlt.
37. **Räumliches Denken:** Eine Person mit einer gut entwickelten Fakultät dieser Art verfügt über eine ausgezeichnete Fähigkeit, Proportionen abzuschätzen oder zu messen.
38. **Gewicht:** Eine zu stark entwickelte Fakultät deutet auf Höhensucht hin, während eine schwache Ausprägung auf die Unfähigkeit zur Balance hinweist.
39. **Farben:** Wessen Fakultät dieser Art deutlich zu sehen ist, wird über einen guten Farbsinn verfügen. Ist die Fakultät zu stark entwickelt, ist man noch empfindsamer gegenüber Farbeffekten.
40. **Ordnungssinn:** Diese Fakultät zeigt die Fähigkeit des systematischen Organisierens an. Eine zu starke Ausprägung deutet auf einen kleinlichen Menschen hin, während eine schwache Fakultät auf einen unordentlichen Menschen verweist.
41. **Mathematik:** Wer eine stark entwickelte Fakultät dieser Art hat, verfügt über besondere mathematische Fähigkeiten; eine sehr starke Ausprägung deutet auf eine Besessenheit mit Zahlen hin.
42. **Ortssinn:** Wer sich schnell in unbekannter Umgebung zurechtfindet und das Reisen liebt, wird eine gut entwickelte Fakultät dieser Art aufweisen. Ist sie allerdings zu stark entwickelt, wird die Reiselust zur ungesunden Rastlosigkeit.

Obwohl der Ursprung der Schädellehre in der Medizin liegt, hat sie schnell eine Reihe von Scharlatanen angezogen, so daß die Phrenologie bald die Unterstützung der wissenschaftlichen Welt verlor. Inzwischen hat die medizinische Forschung bewiesen, daß unser Gehirn bei weitem nicht so simpel funktioniert, wie Gall glaubte. Dennoch gibt es auch heute viele Menschen, die seine Theorien schätzen.

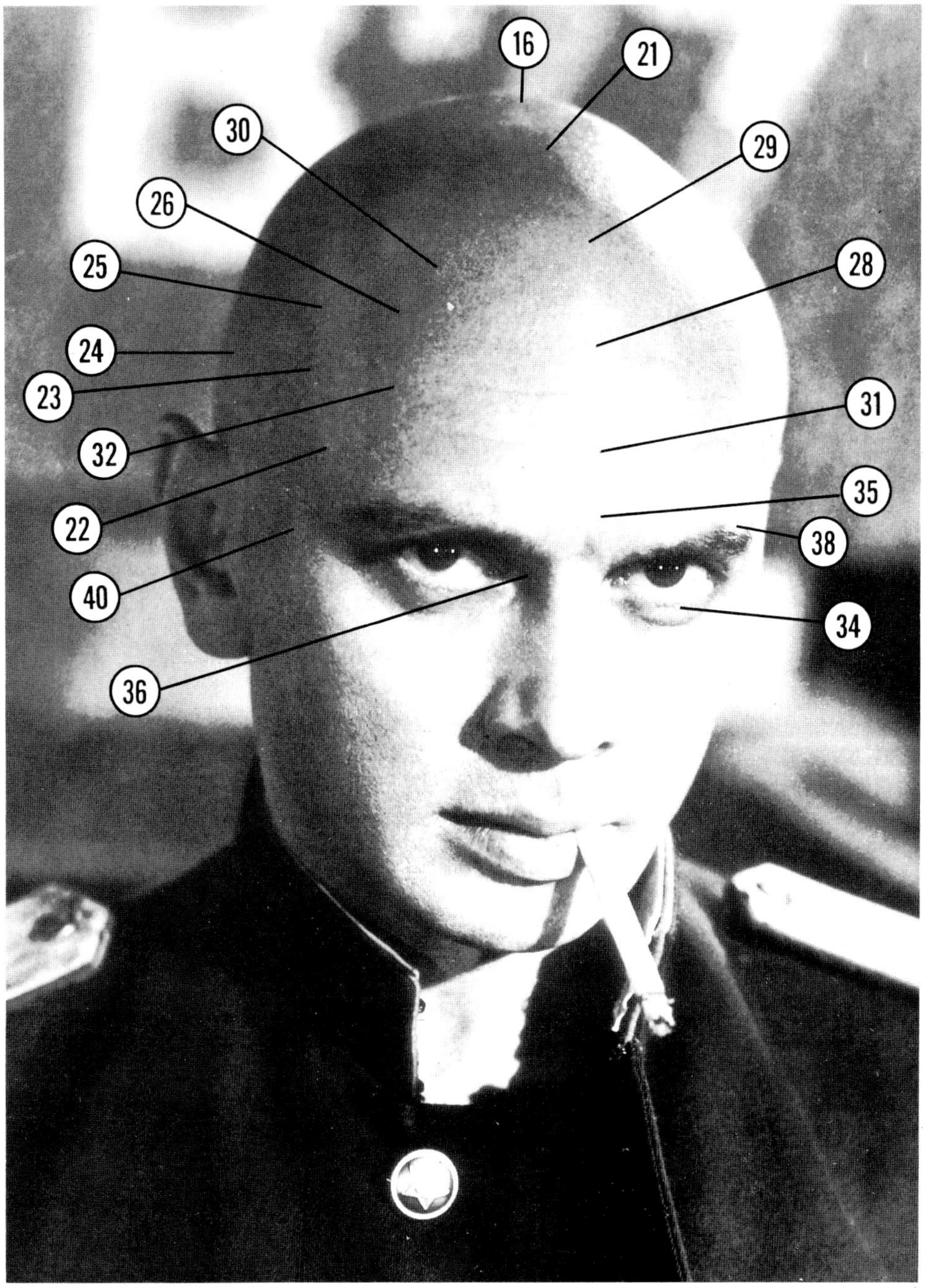

Oben: Der Schauspieler Yul Brynner ließ sich seinen Kopf für seine Rolle in dem Film Der König von Siam scheren.

Brynner wurde mit seiner Glatze berühmt; doch für die Wissenschaftler der Schädellehre läßt sich an seinem Kopf die Abhängigkeit zwischen den Schädelverwerfungen und seiner Persönlichkeit leicht studieren.

Die starke Ausprägung der Fakultät Nr. 21 beispielsweise zeigt seine große Hingabe für humanitäre Ziele: Tatsächlich engagierte sich Brynner später für die Rechte von Zigeunern. Die Fakultät Nr. 38 deutet auf einen guten Sinn für Gleichgewicht hin – Brynner ist in seiner Jugend Trapezkünstler gewesen. Und seine große Sprachbegabung verrät die gut entwickelte Fakultät Nr. 34.

NUMEROLOGIE

Oben: **Als eine der ältesten okkulten Wissenschaften geht die Numerologie auf das alte Ägypten zurück.**

Nächste Seite: **Eine numerologische Analyse von Madonnas Geburts- und Namenszahl gibt Aufschluß über ihren Charakter.**

Die Numerolgie beruht auf dem Glauben, daß Zahlen, in erster Linie die Grundzahlen von 1 bis 9, Leben und Persönlichkeit eines Menschen beeinflussen können. Zu jedem Menschen gehören Zahlen. Sie lassen sich von seinem Geburtsdatum und seinem Namen ableiten.

Als eine der ältesten Formen des okkulten Wissens geht die Numerologie auf die Babylonier und das alte Ägypten zurück. Während des Mittelalters waren die Zahlen außerordentlich wichtig für die Kabbalisten. Die Kabbala ist das mystische Geheimwissen der Juden, das auf der *Gematria* beruht. Das ist die magisch-philosophische Wissenschaft der Zahlen, die den 22 Buchstaben des hebräischen Alphabets entsprechen.

Die Numerologie hat in den letzten Jahren viele Anhänger gewonnen. Die verschiedenen aktuellen Systeme weichen allerdings in einigen Punkten von der Tradition ab. Die meisten modernen Methoden beruhen auf den Theorien des antiken Mathematikers und Philosophen Pythagoras. Nach Pythagoras ist das ganze Universum mathematisch geordnet. Die Zahlen bilden demnach den Schlüssel zum Verständnis. Während die Numerologie früher eine Form von Zukunftsprophezeihung war, sehen die heutigen Numerologen darin eher eine Methode, um die Persönlichkeit eines Menschen besser zu verstehen.

Jedes numerologische System geht von den Grundzahlen von 1 bis 9 aus. Alle anderen Zahlen werden zu Grundzahlen reduziert. Die einfachste und beliebteste Methode, Zahlen auf Grundzahlen zu reduzieren, ist die Addition der einzelnen Zahlen. Beträgt die Gesamtsumme 10 oder mehr, wird sie noch einmal reduziert. So ergibt sich beispielsweis aus der zweistelligen Zahl 25 die Rechnung 2 + 5 = 7. Die Zahl 87 wird reduziert auf 8 + 7 = 15 = 1 + 5 = 6.

Genauso werden Daten reduziert. Mithilfe einer Zahlen-Buchstaben-Gleichung werden die Zahlen von Namen bestimmt, wie es weiter unten dargestellt ist.

GEBURTSZAHLEN

Die wichtigste Zahl eines Menschen ist seine Geburtszahl. Man findet sie heraus, indem man die Zahlen des Geburtsdatums zusammenzählt. Der Monat wird als Zahlenwert betrachtet, Januar zählt 1, Februar 2, März 3 und so weiter. Oktober, November und Dezember – der zehnte, elfte und zwölfte Monat – werden auf Grundzahlen reduziert:

Oktober (10) wird zu 1 + 0 = 1
November (11) wird zu 1 + 1 = 2
Dezember (12) wird zu 1 + 2 = 3

Oben: **Die zuversichtliche Ausstrahlung des Filmstars John Wayne ist typisch für die Namenszahl 7.**

Für das Geburtsdatum 24. August 1959 gilt also folgende Gleichung: 2 + 4 + 8 (der achte Monat) + 1 + 9 + 5 + 9 = 38, reduziert auf 3 + 8 = 11 = 1 + 1 = 2.

Die persönliche Geburtszahl ist unveränderlich und daher von großem Einfluß auf den Charakter. Ihre Wirkung kann jedoch durch diverse andere numerologischen Faktoren abgeschwächt werden und sollte nicht absolut betrachtet werden.

NAMENSZAHLEN

Mit jedem Namen ist eine bestimmte Zahl verbunden. Man errechnet sie, indem man die einzelnen Buchstaben durch die unten angegebene Tabelle in Zahlen übersetzt und die so erhaltene Summe auf eine Grundzahl reduziert.

1	2	3	4	5	6	7	8	9
A	B	C	D	E	F	G	H	I
J	K	L	M	N	O	P	Q	R
S	T	U	V	W	X	Y	Z	

Das ist nichts anderes als eine Auflistung der Buchstaben in ihrer Reihenfolge: A = 1, B = 2, C = 3 und so weiter. Vom zehnten Buchstaben an werden die Zahlen auf Grundzahlen reduziert. So wird zum Beispiel aus Z, dem sechsundzwanzigsten Buchstaben, 2 + 6 = 8.

Die individuelle Namenszahl wird vom Rufnamen abgeleitet. Wird z. B. Thomas Hack ausschließlich beim Namen Tom gerufen, wird seine Namenszahl von Tom abgeleitet.

T O M   H A C K
2 + 6 + 4 + 8 + 1 + 3 + 2 = 26 = 2 + 6 = 8

Ist jemand unter einem einzigen Namen bekannt wie z.B. Cher oder Madonna, so ist dieser ausschlaggebend.

Eine Namenszahl verrät die erworbenen Eigenschaften und kann sich im Gegensatz zur Geburtszahl natürlich verändern. Die Numerologen sind überzeugt, daß eine Namensänderung, und sei es nur Hinzufügen oder Weglassen einer Initiale, das Leben nachhaltig beeinflussen kann.

DIE BEDEUTUNG DER ZAHLEN

Die **Zahl 1** steht für die Sonne. Leute mit der Geburtszahl 1 sind willensstark, energisch und ehrgeizig, also die geborenen Führernaturen und Gewinnertypen. Sie sind stark und unermüdlich. Wenn sie sich vernünftige Ziele stecken, können sie es weit bringen. Sie können aber unter Umständen selbstzentriert, rücksichtslos und tyrannisch werden.

Als Namenszahl weist die Eins auf Dynamik und Tatendrang. Meist richten diese Menschen ihre Energie eher auf spontane Pläne als auf langfristige Ziele. Entschlossenheit ist das Hauptmerkmal der Namenszahl 1. Damit kommen Menschen mit der Namenszahl 1 schnell zu Erfolg und Vermögen, doch ihr Geld ist manchmal schneller ausgegeben als verdient.

Die **Zahl 2** repräsentiert die Suche nach Ausgewogenheit. Leute mit der Geburtszahl 2 sind fähig, immer beide Seiten einer Sache wahrzunehmen. Dieses Gespür für Fair play kann sich aber unter Umständen gegen sie selbst wenden, denn ihr ausgeprägtes Harmoniebedürfnis kann unter Umständen zu Unentschlossenheit führen. Der Gerechtigkeitssinn, der sie befähigt, ihren Freunden guten Rat zu geben, kann sie auf der anderen Seite hindern, sich in ihren eigenen Angelegenheiten zu entscheiden.

Leute mit der Geburtszahl 2 sollten lernen, mit Situationen fertigzuwerden, statt sie ihren eigenen Wünschen anzupassen. Sie sollten extreme Situationen meiden, die von ihnen schwere Entscheidungen abverlangen.

Zweier-Menschen sind liebenswürdig, freundlich und taktvoll. Sie sind künstlerisch begabt, aber ihre Stärke steckt manchmal mehr in den Worten als in den Taten. Oft fehlt es ihnen an Ausdauer, ihre Pläne auszuführen. Wenn sie auch charmant und intuitiv sind, leiden sie doch oft unter mangelndem Selbstvertrauen. Ihr größter Fehler ist übertriebene Großzügigkeit. Deshalb sollten sie darauf achten, sich selbst genauso ernst zu nehmen wie die anderen.

Bei Menschen mit der Namenszahl 2 kann die Suche nach Ausgewogenheit zu Labilität führen. Es sind im allgemeinen zwar sehr zufriedene Leute, doch in ihrer emotionalen Veranlagung steckt doch eine Tendenz zu Unruhe und Schwermut. Zweier-Menschen sollten sich auf ihr freundliches Wesen verlassen und Streitigkeiten wenn immmer möglich aus dem Weg gehen.

Die **Zahl 3** deutet auf große Begabung. Menschen mit der Geburtszahl 3 lernen sehr leicht. Der Erfolg ist vorprogrammiert, denn sie sind gewissenhaft und selbständig. Sie glänzen genauso in Kunst und Wissenschaft wie im Sport – und überall dort, wo Intuition und rasches Auffassungsvermögen gefragt sind.

Dreier-Menschen lassen sich gerne unterhalten und legen großen Wert auf eine angenehme Umgebung und auf interessante Leute. Sie haben die Tendenz, nur im Augenblick zu leben. Deshalb vernachlässigen sie gerne ihre Pläne und lassen andere von ihren guten Ideen profitieren.

Als Namenszahl bedeutet 3 Kompetenz und Vertrauen. Leute mit dieser Namenszahl können es zu viel Erfolg bringen, aber sie zeichnen sich nicht gerade durch große Geduld aus. Das Versprechen einer momentanen Befriedigung hält sie nur zu oft von einer längerfristigen Karriere ab.

Die **Zahl 4** repräsentiert eine solide und ausgeglichene Wesensart. Menschen mit der Geburtszahl 4 verstehen es, neue Ideen sofort beim Schopf zu packen, allerdings nicht ohne sie erst einer exakten Prüfung zu unterziehen.

Aufrichtigkeit, Zuverlässigkeit, Geduld und Ausdauer charakterisieren eine Person mit der Geburtszahl 4. Beruflich eignen sich Vierer-Menschen besonders gut für die sogenannten genauen Wissenschaften.

Als Namenszahl steht die Vier für Beständigkeit. Menschen mit dieser Namenszahl werden geschätzt, weil sie zuverlässig und vertrauenswürdig sind. Vierer-Menschen sind ausgeglichen und können im Ernstfall einen kühlen Kopf bewahren. Ihre Beharrlichkeit kann jeden Mangel an Brillanz wettmachen. Leute mit der Geburtszahl 4 sollten sich selbst nicht unterschätzen, denn ihre Charakterzüge sind immer gefragt.

Die **Zahl 5** weist auf eine abenteuerlustige, enthusiastische Persönlichkeit. Leute mit der Geburtszahl 5 reisen gerne und fühlen sich überall zu Hause. Vielseitig und lebhaft, sind Fünfer-Menschen offen für neue Ideen und oft impulsiv. Sie lieben das Neue und Ungewöhnliche und verachten die Routine. Da sich ihr Blick meist auf das richtet, was vor ihnen liegt, statt auf das Hier und Jetzt, lassen sie manchmal die besten Gelegenheiten an sich vorbeistreichen.

Als Namenszahl bedeutet die Fünf in erster Linie Unabhängigkeit. Leute mit der Namenszahl 5 machen lieber ihre eigenen Erfahrungen, statt auf den Rat anderer zu hören. Wenn sie ihre ruhelose Natur zügeln können, bringen sie es sehr weit. Am besten eignen sie sich für Tätigkeiten, bei denen ihr Hang zum Dramatischen und ihr Bedürfnis nach Unbekanntem geschätzt werden.

Die **Zahl 6** repräsentiert Ernsthaftigkeit. Leute mit der Geburtszahl 6 sind zuverlässig und aufrichtig. Andere typische Attribute sind Fröhlichkeit, Toleranz und Optimismus. Menschen von diesem Typ sind Friedensstifter, sie können Harmonie unter ihre Freunde bringen. Sie sind den schönen Dingen des Lebens zugetan. Was sie besitzen, werden sie ohne Vorbehalte mit anderen teilen.

Als Namenszahl bedeutet die 6 Erfolg, denn Sechser-Menschen strahlen Zuversicht aus. Ob ihre Ziele politischer oder kommerzieller Art sind, sie verstehen es, andere zu beeindrucken und an sich zu ziehen. „Ehrlich währt am längsten" heißt ihre Devise. Durch ihr freundliches, liebevolles Wesen gewinnen sie viele Freunde.

Die **Zahl 7** repräsentiert Wissen. Leute mit dieser Geburtszahl sind geistige, oft poetische Naturen und neigen nicht selten zu Phantastereien. Sie sind phantasievoll, intuitiv und paradoxerweise auch analytisch. Da sie sich gerne mit geheinmisumwitterten und schwierigen Gegenständen befassen, neigen sie zu Unausgeglichenheit und Depressionen.

Siebener-Menschen lassen sich von der Einsamkeit inspirieren und sind an Kunst und Philosophie interessiert. Fühlen sie sich jedoch von ihrer Umwelt vernachläßigt, können sie sich vollständig zurückziehen. Um glücklich zu werden, müssen Siebener-Menschen diese Rückzugstendenz überwinden und aktiv am Leben teilnehmen.

Als Namenszahl ist die Zahl 7 äußerst vielversprechend. Diese Leute werden oft Komponisten, Musiker, Philosophen oder Schriftsteller. Um auf dem gewählten Gebiet zu Erfolg zu kommen, müssen sie allerdings ihrem Hang zu Träumerei entgegentreten. Finanzielle Unabhängigkeit oder geschäftlicher Erfolg werden nur durch Unterstützung anderer zustandekommen, denn die Siebener-Menschen sind alles andere als praktisch veranlagt. Leute mit der Namenszahl 7 sind oft gute Lehrer, denn sie sind sehr verständnisvoll und können andere anspornen.

***Oben:* Abraham Lincoln war für seine Ernsthaftigkeit und Gewissenhaftigkeit bekannt; typische Merkmale der Namenszahl 6.**

Oben: **Die Geburtszahl 11 stattet den Popstar Madonna mit Kraft und Bestimmtheit aus.**

Die **Zahl 8** weist auf materiellen Erfolg. Leute mit der Geburtszahl 8 sind gute Planer. Gleichzeitig sind sie aber auch fähig, ihre Pläne vollständig auszuführen. Ist ein Ziel erreicht, wird meist sofort das nächste, größere in Angriff genommen.

Achter-Menschen sind sehr starke Persönlichkeiten. Sie sind anspruchsvoll und erwarten von ihren Kollegen Perfektion – und erhalten sie auch. Widerstand schreckt sie nicht ab, sondern kann sie im Gegenteil eher anspornen. Diese Charaktereigenschaft macht aus ihnen Führernaturen.

Menschen mit der Geburtszahl 8 lassen sich vom Bedürfnis nach Geld und Macht motivieren. Sie können zwar manchmal rücksichtslos vorgehen, doch auch ihre Freunde und Kollegen können aus ihrem Erfolg Nutzen ziehen. Geld und Erfolg sind auch die Kriterien, nach denen Achter-Menschen die anderen einschätzen.

Auch als Namenszahl weist die Acht auf Bedürfnis nach Reichtum. Bei Leuten mit dieser Namenszahl muß immer alles in Bewegung sein, doch der Schwung droht gelegentlich zu erlahmen. Menschen mit dieser Namenszahl sollten darauf achten, daß sie Zeit und Energie nicht verschwenden.

Die **Zahl 9** ist ein starke Zahl, die Einflußvermögen und Verstand kombiniert. Wie die 8 ist die Zahl 9 vielversprechend, doch während die Leute mit der Zahl 8 in der Geschäftswelt erfogreich sind, finden Neuner-Menschen ihr Glück eher in kreativen Bereichen.

Menschen mit der Geburtszahl 9 sind Persönlichkeiten mit magnetischer Anziehungskraft. Wenn sie ihre brillanten Ideen auch praktisch in die Tat umsetzen können, werden ihrem Erfolg keine Schranken gesetzt sein. Sie müssen allerdings lernen, mit ihren Fähigkeiten und Wünschen umzugehen und ihre Ziele dementsprechend zu setzen.

Als Namenszahl weist die 9 auf ein starkes Einflußvermögen. Wenn diese Menschen ihre natürliche Veranlagung nützen, können sie – wenn sie sich von hohen Idealen leiten lassen – viel für die Menschheit tun. Um ihre Kreativität nicht zu unterdrücken, sollten sie langweiligen Situationen möglichst aus dem Wege gehen.

ZWEISTELLIGE ZAHLEN

Einige Numerologen studieren auch die Bedeutung der Zahlen über die Grundzahlen hinaus. Es gibt verschiedene Theorien über die Interpretation der zusammengesetzten Zahlen. Einige Numerologen sehen in den meisten Zahlen eine Bedeutung, andere nur in den Zahlen bis 22 (den 22 Buchstaben des hebräischen Alphabeths entsprechend). Die meisten Experten schreiben jedoch nur den Zahlen 11, 12, 13, 22 und 40 eine Bedeutung zu, wobei 11 und 22 am wichtigsten sind.

Die **Zahl 11** steht für Initiative, die in der Zahl 2, die reduzierte Zahl von 11, nicht enthalten ist. Die Zahl 11 liefert die nötige Stärke, um gegen die Unentschiedenheit der 2 anzukommen.

Durch 11 als Namenszahl kommt, zum guten Urteilsvermögen, das von der Zahl 2 herrührt, Sicherheit und Kühnheit.

Die **Zahl 12** bedeutet Vollständigkeit. Es ist die Zahl der Tierkreiszeichen, der Monate, des Stammes Israel und der Apostel, um nur einige Beispiele zu nennen.

Die **Zahl 13** wird normalerweise mit Unglück und Schwarzer Magie in Verbindung gebracht, wird aber oft auch positiv gedeutet.

Die **Zahl 22** fügt einen Hauch Mystizismus zur soliden Natur der Zahl 4. Menschen mit dieser Zahl neigen zu Introvertiertheit und nehmen die Welt um sich herum oft gar nicht wahr.

Als Namenszahl weist die 22 auf Exzentrik, die bis zum Genie gehen kann. Wenn sich diese Eigenschaften mit den technischen Fähigkeiten, die in der Zahl 4 angelegt sind, kombinieren, wird der Erfolg nicht ausbleiben. Wie die 12 ist auch die 40 eine Zahl, die Vollständigkeit anzeigt.

NUMEROLOGISCHE ANALYSEN

Es gibt verschiedene Methoden, um die Charakterzüge eines Menschen numerologisch zu analysieren. Die wohl verbreitetste geht folgendermaßen:

Als erstes wird die Geburtszahl betrachtet; sie ist bezeichnend für die angeborenen Charaktereigenschaften. Die Geburtszahl wird auch *Persönlichkeitszahl* genannt.

Als nächstes wird die Namenszahl, genannt *Entwicklungszahl*, analysiert. Sie zeigt die bereits entfalteten Eigenschaften auf. Bleibt der Name unverändert, übt die Namenszahl zunehmend stärkere Wirkung aus. Nimmt die Person einen neuen Namen oder einen Künstlernamen an, schließt die Analyse diese neue Zahl mit ein.

Der Name verrät noch andere Informationen. Die sogenannte Vokalschwingung wird errechnet, indem man alle Vokale zusammenzählt und die Summe auf eine Grundzahl reduziert. Sie wird auch Zahl des *unterschwelligen Einflusses* genannt.

Wenn eine einzelne Zahl innerhalb eines Namens häufig auftritt, wird sie in die Analyse miteinbezogen. Diese Zahl gilt als Zahl des zusätzlichen Einflusses.

Einige Experten vertreten die Ansicht, daß eine Person, deren Geburtszahl höher ist als die Namenszahl, stärker zu den Merkmalen der Geburtszahl neigt. Das kann zu inneren Konflikten führen, da das Individuum auch für die Entwicklung der Eigenschaften kämpft, die in der Namenszahl angelegt sind. Ist die Namenszahl höher als die Geburtszahl, ist es umgekehrt.

Sind die beiden Zahlen gleich groß, weist das auf eine ausgeglichene und harmonische Veranlagung. Diese Ausgewogenheit bedeutet aber keineswegs eine passive Haltung. Sie ist eine gute Voraussetzung, um leicht zu Erfolg zu kommen.

Diese theoretischen Ausführungen über Wesen und Methode der Numerologie werden jetzt durch einige praktische Beispiele veranschaulicht. Wir analysieren, was die Zahlen über einige bekannten Persönlichkeiten aus der Welt der Musik und der Politik verraten.

Am Beispiel des Popstars **Madonna** können einige zentrale Begriffe der Numerologie aufgezeigt werden.

Madonna wurde am 16. August 1958 geboren, was, wie unten illustriert, die Geburtszahl 2 ergibt:
1 + 6 + 8 + 1 + 9 + 5 + 8 = 38 = 3 + 8 = 11 + 1 + 1 = 2.

Im Fall Madonna jedoch hat die höhere Schwingung von 11 ihre Macht klar ausgeübt, fügt sie doch zur Zahl 2 Kraft und Bestimmtheit hinzu.

Bei der Namenszahl muß der Geburts- wie der Künstlername in Betracht gezogen werden. Diese Zahlen illustrieren, wie eine Namensänderung sich auf Leben und Laufbahn eines Menschen auswirken kann. Als sie von ihrer Heimatstadt Bay City in Michigan nach New York zog, um Ruhm und Glück zu finden, entschied sich Madonna Ciccone ganz bewußt, als Künstlernamen nur ihren Vornamen zu verwenden. Heute ist sie auf der ganzen Welt unter diesem Namen bekannt:

M A D O N N A
1 6 1 = 8 (Vokale)
4 + 1 + 4 + 6 + 5 + 5 + 1 = 26
= 2 + 6 = 8

Wie es sich für das „Material Girl" gehört, steht ihre Namenszahl 8 für materiellen Erfolg. In sehr kurzer Zeit hat sie Reichtum und Erfolg erlangt. Sie ist nicht nur eine begabte Künstlerin, sie hat auch den Ruf einer hart arbeitenden Geschäftsfrau. Auch die Vokalschwingung ist eine 8 und verstärkt die Wirkung dieser an sich schon mächtigen Zahl.

Auch die Analyse ihres vollen Namens ist aufschlußreich:

M A D O N N A C I C C O N E
4 + 1 + 4 + 6 + 5 + 5 + 1 + 3 + 9 + 3 + 3 + 6 + 5 + 5
= 60 = 6 + 0 = 6

6 ist Symbol für Zuverlässigkeit. Menschen mit dieser Namenszahl sind oft in Vertrauenspositionen anzutreffen. Als Älteste von acht Kindern sorgte Madonna für die jüngeren Geschwister. Sie durchlief die ganze Schulzeit mit der Bestnote und war bei den Nonnen an ihrer High School sehr beliebt.

Elvis Presley wurde am 8. Januar 1935 geboren und hatte also die Geburtszahl 9:
8 + 1 + 1 + 9 + 3 + 5 = 27 = 2 + 7 = 9

Die Zahl 9 ist Symbol für universalen Erfolg. Dafür gibt es in der Welt der Musik kein besseres Beispiel als Elvis Presley, den König des Rock & Roll. Leute mit der Geburtszahl 9 sind starke Persönlichkeiten mit magnetischer Anziehungskraft, und Elvis macht da keine Ausnahme. Mehr als 12 Jahre nach seinem Tod wird er von seinen Fans noch immer verehrt, zum Teil mit fast religiöser Leidenschaft.

Elvis' Temperament spiegelt sich auch in seiner Namenszahl.

E L V I S P R E S L E Y
5 + 3 + 4 + 9 + 1 + 7 + 9 + 5 + 1 + 3 + 5 + 7
= 59 = 5 + 9 = 14 = 1 + 4 = 5

Auch wenn die Geburtszahl 9 dominiert, gibt doch auch die Namenszahl 5 Aufschluß über Elvis' unabhängige und impulsive Veranlagung. Der Star war für seine Spontanität bekannt. Einmal ist er mitten in der Nacht ins lokale Kino eingebrochen, um sich in aller Ruhe den neuesten Film ansehen zu können.

Da er später vor allem unter dem Namen Elvis Karriere machte, drängt sich auch die Analyse seines Vornamens auf:

E L V I S
5 + 3 + 4 + 9 + 1 = 22 = 2 + 2 = 4

Menschen mit der Namenszahl 22 haben die Fähigkeit, etwas Neues und Einzigartiges zu vollbringen. Elvis machte mit seiner Musik dieser Namenszahl alle Ehre.

***Oben:* Elvis Presley ist mit seiner dynamischen, erfolgreichen Persönlichkeit ein Beispiel für die Geburtszahl 9.**

***Oben:* Die negativen Aspekte von Hitlers Namenszahl 2 machten aus ihm den Fanatiker, der eine Herrenrasse etablieren wollte.**

Marion Morrison, der Welt besser bekannt als **John Wayne**, wurde am 26. Mai 1907 geboren, was die Geburtszahl 3 ergibt:
2 + 6 + 5 + 1+ 9 + 0 + 7 = 30 = 3 + 0 = 3

John Wayne ist mit seinem Talent zum Athleten und Schauspieler ein typischer Vertreter der Geburtszahl 3.

Während seines Fußballstudiums an der Universität in Südkalifornien wurde er von Hollywoodregisseur John Ford entdeckt. John Wayne verließ den Fußball für den Film und wurde zum größten Kassenmagnet, den die Leinwand je gesehen hatte.

Der Name Marion Morrison zeigt die mangelnde Initiative, wie es für viele Menschen mit der Namenszahl 2 typisch ist.

M A R I O N M O R R I S O N
4+1+9+9+6+5 + 4+6+9+9+9+1+6+5
= 83 = 8 + 3 = 11 = 1 + 1 = 2

Das Sportstudium bedeutete harte Arbeit für Marion Morrison. Unter dem späteren Namen John Wayne war ihm größerer Erfolg beschieden.

J O H N W A Y N E
1+6+8+5 + 5+1+7+5+5 = 43 = 4 + 3 = 7
6 + 1+7+5 = 19 (Vokale)
= 1 + 9 = 10 = 1 + 0 = 1

Als Namenszahl weist die 7 auf John Waynes Erfolg als Filmstar. Die Charaktere, die er auf der Leinwand darstellte, strahlten Strenge und Zuversicht aus.

Doch nicht nur auf der Leinwand verkörperte Wayne ein beinahe mythisches Idol. Er überlebte drei große Operationen und wurde zur einer Hoffnung für viele Krebsleidende auf der ganzen Welt. Die Vokalschwingung 1 weist auf seine dynamische Persönlichkeit. Die häufige Zahl 5 deutet darauf, daß Abenteuer eine wichtige Rolle im Leben Waynes spielten.

Abraham Lincoln wurde am 12. Februar 1809 geboren. Das ergibt die Geburtszahl 5:
1 + 2 + 2 + 1 + 8 + 0 + 9 = 23 = 2 + 3 = 5

Die Geburtszahl 5 zeigt Lincolns enthusiastische Veranlagung. Als kleiner Junge war er sehr lernbegierig, obwohl er selten die Gelegenheit hatte, die Schule zu besuchen. Als wirklicher Autodidakt verbrachte Lincoln seine spärliche Zeit mit Studium und Lesen.

Mit dem für die Zahl 5 charakteristischen Eifer versuchte sich Lincoln als junger Mann in sehr verschiedenen Domänen, bevor er im Alter von 25 Jahren für ein Regierungsamt kandidierte. Nach der erfolgreichen Wahl begann er das Studium der Rechtswissenschaften.

Lincolns Erfolg auf so vielen unterschiedlichen Gebieten ist bei der Namenszahl 6 nicht verwunderlich.

A B R A H A M L I N C O L N
1+2+9+1+8+1+4 + 3+9+5+3+6+3+5
= 60 = 6
1 1 1 9 6 (Vokale)
= 18 = 1 + 8 = 9

Mit der Geburtszahl 5 ist ein impulsives und unberechenbares Element verbunden. Die Namenszahl 6 macht diese Eigenschaften wett durch das Moment der Zuverlässigkeit. 6 steht für Ernsthaftigkeit und Gewissenhaftigkeit. Durch diese Eigenschaften gewann Lincoln das Vertrauen der Amerikaner, die ihn ins höchste Amt des Landes wählten. Die Vokalschwingung 9 ist bezeichnend für seine Macht und sein großes Einflußvermögen.

Adolf Hitler wurde am 20. April 1889 geboren. Das ergibt die gleiche Geburtszahl wie bei Abraham Lincoln (sh. oben): 5
2 + 0 + 4 + 1 + 8 + 8 + 9 = 32 = 3 + 2 = 5

Diese Geburtszahl weist auf Hitlers ruhelose Veranlagung. Wie Lincoln übte auch Hitler während seiner Jugendzeit viele verschiedene Berufe aus. Er betätigte sich als Schreiner und Bauzeichner und versuchte sich als Maler. Im Unterschied zu Lincoln bewirkte die Geburtszahl 5 bei Hitler zielloses Treibenlassen, denn es fehlte ihm das ausgleichende Moment. Stattdessen stand Hitler unter den dunklen Einflüssen der Namenszahl 2.

A D O L F H I T L E R
1+4+6+3+6 + 8+9+2+3+5+9 = 56
= 5 + 6 = 11 = 1 + 1 = 2

Hitler ist ein klassisches Beispiel für die negativen Seiten der Zahl 2. Das Element der Unruhe, das mit der Zahl zwei verbunden ist, kann einen Menschen zu Extremen führen, gar zu Fanatismus. Hitlers Plan, das Deutsche Volk als „Herrenrasse“ zu etablieren, ist ein unrühmliches Beispiel dafür. Auch der Gefahr der Depression, die in der Zahl 2 lauert, war Hitler erlegen. Er brütete oft Stunden, wenn nicht Tage vor sich hin und war unfähig, angesichts der bevorstehenden Niederlage etwas zu unternehmen. Seine Verweigerung ging so weit, daß er sich das Leben nahm.

Winston Churchill war am 30. November 1874 geboren, was die Geburtszahl 7 ergibt:
3 + 0 + 1 + 1 + 1 + 8 + 7 + 4 = 25 = 2 + 5 = 7

Die 7 verrät Chuchills intuitive Seite. Mehrere Male hat Churchill während seines Lebens seine Intuition unter Beweis gestellt. Einmal hatte der Premierminister Gäste in der No. 10 Downing Street. Die Gäste wurden eben zu Tisch gebeten. Die Luftangriffe waren in dieser Phase des Krieges bereits alltäglich geworden, sodaß niemand die Party unterbrechen wollte –

niemand, außer Winston Churchill. Er verließ seine Gäste für einen Augenblick und ordnete seinen Bediensteten an, das Essen zu servieren und sich dann in den Luftschutzkeller zu begeben. Er kehrte zu seinen Gästen zurück und fuhr mit dem Essen fort. Einen Augenblick später schlug eine Bombe in den hinteren Teil des Hauses. Sie zerstörte die Küche, in der das Personal eben das Essen zubereitet hatte.

Churchills Namenszahl weist auf die Eigenschaften, die ihn zu einem großen Führer machten.

W I N S T O N   C H U R C H I L L
5+9+5+1+2+6+5 + 3+8+3+9+3+8+9+3+3
= 82 = 8 + 2 = 10 = 1
9 + 6 + 3 + 9 (Vokale)
= 27 = 2 + 7 = 9

Die Zahl 1 steht für Aktivität und Aggression. Im Kampf gegen Hitler im Zweiten Weltkrieg stellte Großbritanniens Premierminister Mut, Selbstvertrauen und Entschlossenheit unter Beweis. Die Zahl 3, die unter 16 Zahlen fünfmal vorkommt, weist auf Churchills Begabung und Vielseitigkeit.

Oben: **Wie es die Geburtszahl 7 nahelegt, hat Winston Churchill mehrere Male in seinem Leben Hellsichtigkeit unter Beweis gestellt.**

NUMEROLOGIE IM ALLTAG

Numerologie kann eine wichtige Rolle spielen im täglichen Leben. Sie kann zeigen, welche Tage mit einer bestimmten Geburts- und Namenzahl harmonieren. Zu jedem Tag gehört eine Zahl, die sich durch dieselbe Methode berechnen läßt wie die Geburtszahl. Diese wird dann mit der Geburts- und Namenszahl addiert, und die Summe wird auf eine Grundzahl reduziert. Durch diese Rechnung kann man herausfinden, welcher Tag für bestimmte Vorhaben am besten geeignet ist.

Ivan Swmancik zum Beispiel möchte herausfinden, welcher Einfluß der 2. November 1991 (2 + 1 + 1 + 1+ 9 + 9 + 1 = 24 = 2 + 4 = 6) auf sein Leben hat. Seine Geburtszahl ist 2 und seine Namenszahl 4.

Geburtszahl + 2
Namenszahl + 4
Datumszahl + 6
Total = 12 = 1 + 2 = 3

Wie man aus den untenstehenden Erklärungen ersehen kann, ist dies für Ivan ein guter Tag, um verschiedene Aufgaben erfolgreich zu lösen.

Eins. Ein Tag für Aktivitäten. Probleme geschäftlicher, rechtlicher oder praktischer Natur können an diesem Tag geregelt werden.

Zwei. Ein Tag der Kontraste, die zwischen gut und schlecht schwanken. An einem solchen Tag sollte man Pläne machen und Probleme abwägen. Die Ausführung sollte jedoch besser auf einen anderen Tag verschoben werden.

Drei. Auch das ist ein Tag für Aktivitäten. An einem solchen Tag kann man große Vorhaben in Angriff nehmen. Heikle Aufgaben werden mit Leichtigkeit gelöst.

Vier. Ein Tag, um einfache und praktische Aufgaben anzugehen. Für Entspannung und Vergnügen ist dieser Tag schlecht geeignet, denn man wird sich mit quälenden Gedanken über bevorstehende Pflichten herumschlagen. Es ist kein Tag für wichtige Ereignisse oder Spekulationen.

Fünf. Ein Tag, an dem man das Unerwartete erwarten darf. Ein Tag für Abenteuer und Reisen. Man ist voller Vitalität und verspürt das Bedürfnis, Neues auszuprobieren. Da man sich gerne vom Augenblick tragen läßt, muß man aufpassen, daß die kühnen Träume nicht fehlschlagen. Wenn es sich für eine Idee lohnt, ist da allerdings der Tag, um Risiken einzugehen.

Sechs. Ein Tag der Zufriedenheit und des Einverständnisses. Ein Tag, an dem man gut mit Geschäftskollegen, Freunden und Familie umgehen kann, solange kein Konfliktstoff vorhanden ist. Um neue Projekte in Angriff zu nehmen, Probleme zu lösen oder sich Herausforderungen zu stellen, ist dieser Tag allerdings nicht geeignet. Besser sollten bereits gefaßte Pläne zu Ende geführt werden.

Sieben. Ein spiritueller Tag, der gut geeignet ist, über die tieferen Dinge des Lebens nachzudenken. Ein guter Tag um zu studieren, zu forschen oder künstlerisch tätig zu sein. Es ist auch ein Tag um sich mit anderen zu beraten oder alte Pläne auszuführen. Ein sehr mystischer Tag, an dem eigenartige Dinge geschehen könnten.

Acht. Ein Tag für große Projekte. Kleinere Projekte sollten vermieden werden, es sei denn, sie führen zu etwas Größerem. Anstrengung und Aktivität führen zum Ziel, und komplizierte Angelegenheiten können bereinigt werden. Ein günstiger Tag für Geldangelegenheiten – je größere Summen im Spiel sind, um so besser.

Neun. Dieser Tag steht unter einem guten Stern. Es ist der Zeitpunkt für eine wichtige Ankündigung. Neue Kontakte können geknüpft werden. Ein vielversprechender Tag!

HELLSEHEREI

Oben: **Ob mit Tarotkarten, Würfeln oder Kristallkugeln: Auf der ganzen Welt versucht man seit jeher mit den unterschiedlichsten Methoden, den Schleier der Zukunft zu lüften.**

Rechts und nächste Seite: **Ein junger Rutengänger auf der Suche nach einer Wasserader.**

Der Wunsch, in die Zukunft zu sehen, ist so alt wie die Menschheit selbst. Dokumente über die Wahrsagekunst finden sich in allen Kulturen. In der Antike beispielsweise befragte man in wichtigen Fragen immer das Orakel. In anderen Kulturen versuchte man die Zukunft zu ergründen, indem man lebende Hühner, Tiereingeweide oder Teeblätter interpretierte oder in Kristallkugeln las. In diesem Kapitel werden drei von vielen Formen der Hellseherei genauer betrachtet: I Ging, Tarot und die Wünschelrute.

WÜNSCHELRUTE

Das Phänomen der Wünschelrute ist bisher nur unbefriedigend erklärt worden. Doch die alte Praxis, mit einer gegabelten Haselrute unterirdisches Wasser, verlorene Gegenstände oder vermißte Menschen aufzuspüren, wird nach wie vor mit großem Erfolg angewendet. Die Experten gehen davon aus, daß von jedem Gegenstand und von jedem Menschen eine einzigartige Strahlung ausgeht, die ein sensibler Mensch wahrzunehmen versteht. Die Rutengänger gehen langsam und konzentriert über die zu untersuchende Stelle.

Einige Rutler sprechen dabei laut den Namen des vermißten Gegenstandes vor sich hin. Ein Zittern oder ein magnetisches Ziehen in Richtung des vermißten Objekts kündigt den gesuchten Gegenstand an.

Früher wurden gegabelte Äste oder Zweige als Wünschelruten verwendet. Heute bestehen sie aus den unterschiedlichsten Materialien. Einige Fachleute arbeiten ohne Hilfsmittel. Sie spüren ein Zucken in Händen, Armen oder Beinen oder einen starken Schmerz an den Füßen, wenn sie sich dem Gesuchten nähern.

Durch Pendeln über einer Landkarte können Gegenstände auch über Distanzen ausgemacht werden; ein Phänomen, das sich nur durch übersinnliche Kräfte erklären läßt.

In den USA sind in jüngster Zeit zahlreiche Rutengängerfirmen entstanden. Ihre Kunden reichen von Landbesitzern, die nach einer geeigneten Stelle für einen Brunnen suchen, bis zu großen Ölgesellschaften, die neue Bohrlöcher finden möchten.

I GING

I Ging oder *Das Buch der Wandlungen* ist eine alte, komplexe Lehre der Hellseherei, die aus dem China des dritten Jahrtausends vor Christi Geburt stammt. *I Ging* ist jedoch weit mehr als ein Instrument für Voraussagen. Es wird auch als „Buch der Weisheit" bezeichnet, das tiefe Einsichten in die menschlichen Schicksale offenbaren kann. Die Lehre des *I Ging* geht von einem Hexagramm aus. Das ist ein Muster aus sechs Linien, das von unten nach oben gelesen wird. Dieses Hexagramm wird durch Abzählen von Schafgarbenstielen oder Werfen von Münzen errechnet. Das so entstandene Zeichen wird dann anhand der Kommentare im *Buch der Wandlungen* gedeutet.

Als ältester Meister des *I Ging* gilt der legendäre Kaiser Fu Hsi, der vor ungefähr 5000 Jahren gelebt haben soll. Um 1100 v. Chr. entwickelte König Wen (gest. um 1150 v. Chr.) die 64 Hexagramme, die heute noch gebräuchlich sind. Er erstellte auch einen erläuternden Text, den sein Sohn, der Herzog von Chou, ergänzte. Während der ganzen Chou-Dynastie (1150-249 v. Chr.) verwendete man die Orakel in dieser Form. Bedeutende Philosophen wie Konfuzius und Lao Tse haben sich mit dem Buch befaßt. Konfuzius schreibt man einen weiteren Kommentar zu. Von ihm soll auch der Satz stammen : „Das Buch hat so viele Schichten wie die Erde selbst".

Unter der Ch'in- (221-206 v. Chr.) und der Han-Dynastie (206-220 n. Chr.) wurde *I Ging* einzig als Mittel der Zukunftsdeutung verwendet. Es verlor nach und nach die Bedeutung, die es zu Zeiten des Konfuzius hatte. Für ihn war *I Ging* ein philosophisches Buch, das auf alle ethischen Fragen Antworten enthält und bei wichtigen Entscheidungen zu Rate gezogen werden sollte.

Der Philosoph Wang Pi (226-249 n. Chr.) führte das Buch wieder seiner ursprünglichen Bedeutung zu. Er betrachtete die von Chinas großen Führern gesammelten Orakel nicht als oberflächliche Magie oder als bloßes Spiel, sondern als eine Quelle der Weisheit. Noch heute werden die Texte in seinem Sinne gebraucht. Von der zunehmenden Beliebtheit auch im Abendland zeugt die Einschätzung des deutschen Dichters Hermann Hesse: „Man kann es als Orakelbuch benutzen, um in schwierigen Lebenslagen Rat zu bekommen. Man kann es auch nur seiner Weisheit wegen lieben. Es ist in diesem Buch ein System von Gleichnissen für die ganze Welt aufgebaut."

Das *Buch der Wandlungen* war zunächst eine Sammlung von Zeichen für Orakelzwecke. Wie bei den meisten Orakeln lieferte es die Antworten in Form von „ja" und „nein". Diesem Dualismus liegt die Vorstellung von zwei Urkräften zugrunde: Yin und Yang. Yin bedeutet „Nein" und stellt die passive, weibliche, empfangende Kraft dar. Sie wird im *Buch der Wandlungen* durch eine gebrochene Linie (— —) dargestellt. Yang ist das positive Element „Ja", die aktive, männliche, schöpferische Kraft. Sie wird durch einen ungebrochenen Strich (——) dargestellt. Doch viele Fragen verlangen mehr als ein einfaches Ja oder Nein. Bald wurden die Antworten durch Verdoppelung der Striche differenziert.

——— — — ——— — —
——— — — — — ———

Später kam eine dritte Linie hinzu. So entstanden die acht Grundzeichen, die sogenannten Trigramme. Durch Kombination von je zwei Trigrammen entstanden die 64 Hexagramme, die noch heute die Grundlage der Orakeldeutung im *I Ging* ausmachen.

Die acht Zeichen werden als Bilder all dessen aufgefaßt, was im Himmel und auf

Durch Kombination der acht Grundzeichen entstanden die 64 Hexagramme, die noch heute das Buch der Wandlungen ausmachen.

	Name	Bild	Attribut	Familie
☰	Kien, das Schöpferische	Himmel	stark	Vater
☷	Kun, Das Empfangende	Erde	hingebend	Mutter
☳	Dschen, Das Erregende	Donner	anregende Bewegung	erster Sohn
☱	Kan, das Abgründige	Wasser	gefährlich	zweiter Sohn
☶	Ken, Das Stillehaltende	Berg	Ruhe	dritter Sohn
☴	Sun, Das Sanfte	Wind	eindringend	erste Tochter
☲	Li, Das Hängende	Feuer	lichtgebend	zweite Tochter
☱	Dui, Das Heitere	See	fröhlich	dritte Tochter

Erden vor sich geht. Diese Vorstellung beruht auf der Idee, daß die Geschehnisse in der sichtbaren Welt lediglich ein „Abbild" oder eine Idee der unsichtbaren Welt darstellen. Dabei geht es nie um feste Dinge, denn die Lehre des *I Ging* beruht auf dem Gedanken, daß die Dinge sich im ständigen Wandel befinden. Dadurch, daß alle Dinge auch ihren Gegensatz in sich tragen, entsteht Veränderung. Der Wandel folgt einem Naturgesetz, wie wir es z. B. am ständigen Wechsel der Jahreszeiten oder am stetigen Übergang des Tages in die Nacht beobachten können. Das *Buch der Wandlungen* ist eine Sammlung all dieser komplexen, miteinander verbundenen Wandlungen.

Die acht Trigramme repräsentieren auch eine familiäre Einheit, bestehend aus Vater, Mutter, drei Söhnen und drei Töchtern. Mit den Söhnen wird das bewegende Element in seinen vier Stadien symbolisiert: Anfang der Bewegung, Gefahr in der Bewegung, Ruhe und Vollendung der Bewegung. Die Töchter symbolisieren das Element Hingebung in seinen verschiedenen Ausformungen: sanftes Eindringen, Klarheit und Anpassung und heitere Gelassenheit.

Jedem Trigramm wird zudem eine bestimmte Eigenschaft und ein Bild des Himmels oder der Erde zugeschrieben. Auch sie sind für die Interpretation von Bedeutung.

***Oben:* Ein chinesischer Wahrsager zählt Schafgarbenstengel. Das ist der erste Schritt in dem komplizierten Verfahren, das Orakel des I Ging zu befragen.**

HEXAGRAMME LEGEN UND DEUTEN

Es gibt zwei Wege, das Orakel um Rat zu fragen. Die erste Methode ist sehr alt und kompliziert. Man braucht dazu 50 Schafgarbenstengel. Die Wahl des Materials ist von zweierlei Bedeutung. Zum einen symbolisiert die Schafgarbe als Produkt der Pflanzenwelt die Lebensquelle. Zum anderen gilt die Schafgarbe als heilige Pflanze.

Ein Stengel wird beiseite gelegt und spielt keine Rolle mehr. Die restlichen 49 Stengel werden aufs Geratewohl in zwei Haufen geteilt. Vom rechten Haufen wird ein Stengel genommen und zwischen Ringfinger und kleinen Finger der linken Hand gelegt. Dann nimmt man den linken Haufen in die linke Hand. Mit der rechten Hand nimmt man nacheinander Bündel von je vier Stengeln weg, bis vier oder weniger zurückbleiben. Der Rest wird nun zwischen Ringfinger und Mittelfinger der linken Hand gelegt. Nun wird der rechte Haufen nach derselben Methode geteilt.

Die 64 Hexagramme in der Reihenfolge nach dem Buch *I Ging*

1.	Kien	Das Schöpferische
2.	Kun	Das Empfangende
3.	Dschun	Die Anfangsschwierigkeit
4.	Mong	Die Jugendtorheit
5.	Sü	Das Warten (Ernährung)
6.	Sung	Der Streit
7.	Schi	Das Heer
8.	Bi	Das Zusammenhalten
9.	Siau Tschu	Des Kleinen Zähmungskraft
10.	Lü	Das Auftreten
11.	Tai	Der Friede
12.	Pi	Die Stockung
13.	Tung Jen	Gemeinschaft mit Menschen
14.	Da Yu	Besitz von Großem
15.	Kien	Bescheidenheit
16.	Yü	Begeisterung
17.	Sui	Die Nachfolge
18.	Gu	Arbeit am Verdorbenen
19.	Lin	Annäherung
20.	Guan	Betrachtung (Anblick)
21.	Schi Ho	Das Durchbeißen
22.	Bi	Die Anmut
23.	Bo	Die Zersplitterung
24.	Fu	Die Wiederkehr (Wendezeit)
25.	Wu Wang	Die Unschuld
26.	Da Tschu	Des Großen Zähmungskraft
27.	I	Die Mundwinkel
28.	Da Go	Des Großen Übergewicht
29.	Kan	Das Abgründige (das Wasser)
30.	Li	Das Haftende, das Feuer
31.	Hsien	Die Einwirkung (die Werbung)
32.	Hong	Die Dauer
33.	Dun	Der Rückzug
34.	Da Dschunang	Des Großen Macht
35.	Chin	Der Fortschritt
36.	Ming I	Die Verfinsterung des Lichts
37.	Gia Jen	Die Sippe
38.	Kui	Der Gegensatz
39.	Gien	Das Hemmnis
40.	Hie	Die Befreiung
41.	Dun	Die Minderung
42.	I	Die Mehrung
43.	Guai	Der Durchbruch (die Entschlossenheit)
44.	Gou	Das Entgegenkommen
45.	Tsui	Sammlung
46.	Schong	Das Empordringen
47.	Kun	Die Bedrängnis (die Erschöpfung)
48.	Dschin	Der Brunnen
49.	Go	Die Umwälzung (die Mauserung)
50.	Ding	Der Tiegel
51.	Dschen	Das Erregende (Der Schock, der Donner)
52.	Gen	Das Stillehalten
53.	Dsien	Allmählicher Fortschritt
54.	Gui Me	Das heiratende Mädchen
55.	Fong	Die Fülle
56.	Lü	Der Wanderer
57.	Sun	Das Sanfte
58.	Dui	Das Heitere, der See
59.	Huan	Die Auflösung
60.	Dsie	Die Beschränkung
61.	Chung Gu	Innere Wahrheit
62.	Siau Go	Des Kleinen Übergewicht
63.	Gi Dsi	Nach der Vollendung
64.	Wi Dsi	Vor der Vollendung

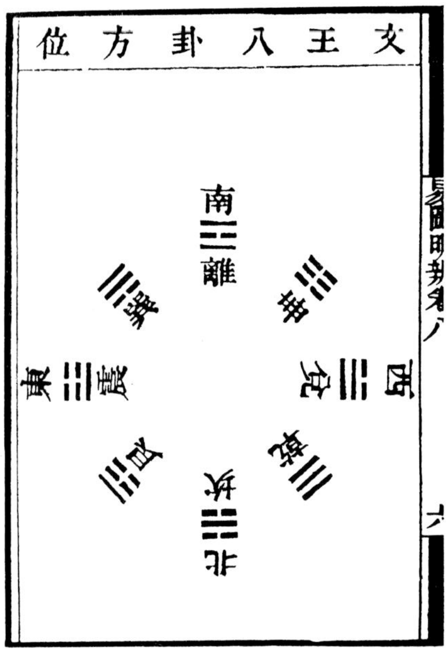

Oben: Diese chinesische Illustration aus dem 18. Jahrhundert zeigt die acht Trigramme, aus denen die 64 Hexagramme des I Ging zusammengesetzt sind.

Die übriggebliebenen Stengel werden zwischen Mittelfinger und Zeigefinger der linken Hand gelegt. Nun werden die Stengel zwischen den Fingern gezählt. Die Summe wird entweder neun oder fünf betragen. Der erste Stengel zwischen kleinem Finger und Ringfinger wird beiseite gelegt. Die neue Summe wird entweder acht oder vier betragen. 4 bedeutet eine volle Zahleneinheit und entspricht dem Zahlenwert 3. 8 wird folglich als doppelte Einheit betrachtet und entspricht dem Zahlenwert 2. Bleiben also nach dem ersten Durchzählen 9 Stengel übrig, so zählen sie 2, bleiben 5 übrig, so zählen sie 3. Die restlichen Stengel werden erneut zusammengenommen und geteilt. Diesmal wird die Restsumme 8 oder 4 betragen, was den Wert von 2 oder 3 ausmacht. Dieses Abzählverfahren wird noch ein drittes Mal durchgeführt. Der Rest wird wieder 8 oder 4 betragen, was den Wert von 2 oder 3 ergibt.

Die Summe der Zahlenwerte der übriggebliebenen Stengel bestimmt den Charakter der Striche. Beträgt sie 9, ergibt sich ein sogenanntes altes Yang; beträgt sie 7, ein junges Yang. Bei der Restsumme 8 ergibt sich ein altes Yin, bei 6 ein junges Yin. Yangstriche werden als positiv betrachtet, Yinstriche als negativ. Das alte Yang und das alte Yin sind bewegte Striche. Sie werden durch das Symbol o dargestellt. Das junge Yang und das junge Yin sind ruhende Striche und werden durch das Symbol x bezeichnet. Dieser Prozeß wird noch fünfmal wiederholt. Jedesmal kommt ein Strich hinzu, und das Hexagramm nimmt nach und nach seine Form an. Ist das Hexagramm vollständig, kann es nach dem Buch *I Ging* interpretiert werden.

Eine viel einfachere Methode ist das Münzenorakel. In der Regel werden drei alte chinesische Bronzemünzen verwendet, die in der Mitte ein quadratisches Loch haben und eine Schriftseite aufweisen. Man kann jedoch mit ganz beliebigen Münzen arbeiten. Die drei Münzen werden sechs Mal geworfen. Die Schriftseite gilt als Yin und hat einen Wert von 2, die Kopfseite bedeutet Yang und zählt 3. Aus jedem Wurf ergibt sich der Charakter eines Strichs für das Hexagramm. Sind alle drei Münzen Yang, ergibt sich 9, sind alle drei Yin, ergibt sich 6. Zwei Yin und ein Yang ergeben 7, zwei Yang und ein Yin 8. Die Deutung findet man im *Buch der Wandlungen*, genauer in den Kommentaren zu den Hexagrammen.

Bei beiden Methoden wird zwischen „ruhenden" und „bewegten" Linien unterschieden. Kommen ruhende Linien vor, wird das betreffende Hexagramm als erstes interpretiert. Dann wird es erneut gelesen, indem die ruhenden Linien in ihr Gegenteil verkehrt werden: Ruhendes Yin wird zu Yang, ruhendes Yang wird zu Yin. So entsteht ein neues Hexagramm, das wieder anhand des Buches interpretiert wird.

Das Hexagramm kann auf unterschiedliche Arten gelesen werden. Jede Lesart wird andere Inhalte aufdecken. Zuerst wird es von unten nach oben gelesen. Die ungeraden Linien sind von höherem Wert als die geraden. Das Hexagramm läßt sich in drei Paar teilen (s. unten). Dabei steht (a) für die Erde und damit für die Welt der Materie, (b) für den Menschen und die seelischen Belange, (c) für den Himmel und damit für die geistigen Bereiche. Betrachtet man die oberen und unteren drei Linien isoliert, erhält man die zwei Grundtrigramme: Sie werden unteres (d) und oberes (e) Grundtrigramm genannt. Die beiden Kerntrigramme sind durch die erste und sechste Linie begrenzt. Sie werden als unteres (f) und oberes (g) Kerntrigramm bezeichnet.

6	———		———		———		———
5	———	c	———	e	———		———
4	———		———		———	g	———
3	———	b	———		———	f	———
2	———		———	d	———		———
1	———	a	———		———		———

Der Wert und die Deutung der einzelnen Zeichen hängt von ihrer Stellung ab. Die einzelnen Trigramme können sich gegenseitig verstärken oder blockieren. Das Buch der Wandlungen ist sehr vielschichtig und verschlüsselt und bedarf eines erfahrenen Interpreten. Die Sprache, in der das Urteil und der Kommentar verfaßt sind, ist sehr verwirrend und einem Laien kaum verständlich.

Der Text besteht aus fünf Teilen, wobei die einzelnen Ausgaben geringfügig voneinander abweichen. Im Zentrum der Interpretation steht das **Urteil**. Es besteht aus einem kurzen Gedicht, das von König Wen stammt. **Der Kommentar zum Urteil** stammt aus einer späteren Zeit, vermutlich von Konfuzius. Er ist leichter verständlich. Das **Bild** (oder Symbol) wird auch König Wen zugeschrieben. Das Bild macht das Urteil verständlicher, da es die verschlüsselten Worte König Wens mit Bildern aus der sinnlichen Welt ergänzt. Die sogenannten **Striche** sind Interpretationen der bewegten Linien, die König Wens Sohn, der Herzog von Chou, verfaßt hatte. Sie bieten viel direktere Ratschläge an als die anderen. In einigen Ausgaben sind weitere Kommentare hinzugefügt, welche die älteren Textteile erläutern. Im folgenden werden die acht Grundzeichen, die Doppeltrigramme, mit einer kurzen Erläuterung vorgestellt.

1. **Kien, das Schöpferische**

——— oben Kien, das Schöpferische,
——— der Himmel
——— unten Kien, das Schöpferische,
——— der Himmel

Das Urteil: „Das Schöpferische wirkt erhabenes Gelingen, fördernd durch Beharrlichkeit."

Dieses Hexagramm symbolisiert den vierten Monat des Chinesischen Kalenders (Mai-Juni). Mit ihm sind die vier Eigenschaften Erhabenheit, Möglichkeit zum Gelingen, Kraft zu fordern und Beharrlichkeit verbunden. Wer dieses Orakel zieht, dem wird dank der Urkräfte des Universums Gelingen zuteil werden. Es kommt alles darauf an, daß er einzig durch Beharrlichkeit im Rechten ist und das Glück anderer sucht.

Das doppelte Bild des Himmels, das durch das Trigramm Kien dargestellt ist, symbolisiert den unermüdlichen Zeitenlauf. Die Macht der Zeit und die Macht des Beharrens in der Zeit gehören zu diesem Zeichen. Das Symbol des Himmels ist der Kreis und seine Farbe mitternachtsblau.

Im Mittelpunkt der Interpretationen des Herzogs von Chou steht der Drache. Der Drache symbolisiert dynamische, schöpferische Kraft, die sich im Gewitter elektrisch auflädt und manifestiert. Im Frühsommer wird diese Kraft lebendig und aktiviert die schöpferischen Kräfte der Erde. Im Winter zieht sich die Energie in die Erde zurück.

9. **Kun, das Empfangende**

— — oben Kun, das Empfangende,
— — die Erde
— — unten Kun, das Empfangende,
— — die Erde

Das Urteil: „Das Empfangende wirkt erhabenes Gelingen, fördernd durch die Beharrlichkeit einer Stute. Hat der Edle etwas zu unternehmen und will voraus, so geht er irre; doch folgt er nach, so findet er Leitung. Fördernd ist es, im Westen und Süden Freunde zu finden, im Osten und Norden der Freunde zu entraten. Ruhige Beharrlichkeit bringt Heil."

Die gebrochenen Linien repräsentieren die schattige, weiche, nachgebende, empfangende Urkraft des Yin. Die Eigenschaft des Empfangenden ist die Hingebung und sein Bild die Erde. Es ist das vollkommene Gegenstück zum Schöpferischen. Das bedeutet jedoch keinen Gegensatz, sondern Ergänzung. Auch für das Empfangende gelten die vier Eigenschaften des Schöpferischen: „Erhabenes Gelingen fördernd durch Beharrlichkeit". Das Empfangende wird jedoch nicht mit dem Drachen, sondern mit der Stute in Verbindung gebracht. Die Stute vereinigt die Kraft und Schnelligkeit des Pferdes mit der Sanftheit und der Hingebung der Kuh.

Das Symbol des Empfänglichen ist das Quadrat, eine solide Grundform, die auch das Zeichen der Erde ist. Die Farbe der Erde ist gelb.

51 **Dschen, das Erregende**

— — oben Dschen, das Erregende,
——— der Donner
— — unten Dschen, das Erregende,
——— der Donner

Das Urteil: „Das Erschüttern bringt Gelingen. Das Erschüttern kommt: Hu, Hu! Lachende Worte: Ha, Ha! Das Erschüttern erschreckt hundert Meilen, und er läßt nicht Opferlöffel und Kelch fallen."

Das Zeichen Dschen weist auf den ältesten Sohn, der die Herrschaft energisch und machtvoll ergreift. Ein Yangstrich steht unter zwei Yinstrichen und dringt machtvoll empor. Diese Bewegung ist so stark, daß sie Erschütterung auslöst. Zu diesem Zeichen gehört das Bild des Donners. Er bricht aus der Erde hervor und löst durch seine Erschütterung Furcht und Zittern aus.

Diese Furcht muß nichts Schreckliches bedeuten, denn ihr können Freude und Fröhlichkeit folgen.

29. **Kan, das Abgründige**

— — oben Kan, das Abgründige,
— — das Wasser
— — unten Kan, das Abgründige,
— — das Wasser

Das Urteil: „Das wiederholte Abgründige. Wenn du wahrhaftig bist, so hast du im Herzen Gelingen, und was du tust, hat Erfolg."

Kan bedeutet das Hineinstürzen. Es wird im Hexagramm dargestellt durch einen Yangstrich, der sich zwischen zwei Yinstriche hineingestürzt hat. Der Yangstrich wird von den zwei Yinstrichen umschlossen wie das Wasser in einer Talschlucht. Dieses Trigramm stellt den mittleren Sohn der Familie dar und hat Anteil an den Eigenschaften des Schöpferischen sowie des Empfangenden. Vom Schöpferischen kommt die lebenspendende Kraft des Wassers. Es fließt von oben auf die empfangende Erde und schafft neues Leben.

„Das wiederholte Abgründige" bedeutet die Wiederholung der Gefahr. Durch Gewöhnung an eine Gefahr kann man lernen, sich auf innere Strenge und auf die

Oben: **Jedem Trigramm ist ein Bild zugeordnet. Das Bild für das Trigramm Ken, das Stillhalten, beispielsweise ist der Berg. König Wen kommentierte das Bild mit den Worten: „Zusammenstehende Berge: das Bild des Stillehaltens. So geht der Edle mit seinen Gedanken nicht über seine Lage hinaus."**

Tugenden zu verlassen. Bei stärkerer Gewöhnung an das Gefährliche kann jedoch ein Mensch Teil des Gefährlichen werden.

52. **Gen, das Stillehalten**

—— oben Gen, das Stillehalten,
— —
— — der Berg
—— unten Gen, das Stillehalten,
— —
— — der Berg

Das Urteil: „Das Stillehalten seines Rükkens, so daß er seinem Leib nicht mehr empfindet. Er geht in seinen Hof und sieht nicht seine Menschen. Kein Makel."

Dieses Hexagramm symbolisiert den Anfang und das Ende aller Bewegung: die Ruhe. Handelt der Mensch aus dieser doppelten Harmonie heraus, der inneren Harmonie und der Harmonie mit dem Universum, kann er keinen Fehler machen. Hat jemand die Ruhe des Herzens erreicht, sind alle egoistischen Antriebe verschwunden.

57. **Sun, das Sanfte**

—— oben Sun, das Sanfte,
——
— — der Wind, das Holz
—— unten Sun, das Sanfte,
——
— — der Wind, das Holz

Das Urteil: „Das Sanfte. Durch Kleines Gelingen. Fördernd ist es, zu haben, wohin man geht. Fördernd ist es, den großen Mann zu sehen."

Das Zeichen Sun ist das Symbol der ältesten Tochter. Sein Bild ist der Wind oder das Holz, sein Merkmal „das Eindringende". Dieses Orakel bedeutet die Kraft des Lichtes, die in die Dunkelheit eindringt, den Wind, der die Wolken am Himmel auseinandertreibt, die Klarheit des Urteils, die alle Hintergedanken zunichte macht. Es weist auch auf den mächtigen Einfluß einer bedeutenden Persönlichkeit, die alle dunklen Machenschaften aufdeckt und vertreibt.

Wandel wird nicht durch Gewalt, sondern durch sanfte, stetige Wirkung erreicht. Damit man auf diese Weise wirken kann, muß man ein klares Ziel haben.

30. **Li, das Haftende**

—— oben Li, das Haftende,
— —
—— das Feuer
—— unten Li, das Haftende,
— —
—— das Feuer

Das Urteil: „Das Haftende. Fördernd ist Beharrlichkeit. Sie bringt Gelingen. Pflege der Kuh bringt Heil."

Ein dunkler Yinstrich haftet an zwei Yangstrichen, ein leerer Zwischenraum läßt sie hell erscheinen. Beide Trigramme stellen die Sonne dar. Sie repräsentieren die wiederholte Bewegung der Sonne, die Kraft des Lichts und die Achtung vor der Zeit.

Die Kuh steht für äußerste Fügsamkeit. Wenn der Mensch diese Fügsamkeit und freiwillige Abhängigkeit in sich pflegt, kann er Klarheit ohne Schärfe erlangen und findet seinen Platz in der Welt. Im Bild der Familie bedeutet Li die zweite Tochter.

58. **Dui, das Heitere**

— — oben Dui, das Heitere,
——
—— der See
— — unten Dui, das Heitere,
——
—— der See

Das Urteil: „Das Heitere. Gelingen. Günstig ist Beharrlichkeit."

Dem Zeichen Dui ist die jüngste Tochter zugeordnet. Es wird durch den lächelnden See symbolisiert, seine Eigenschaft ist die Freude. Die Freude beruht auf den zwei starken inneren Strichen. Die wahre Freude und Stärke muß im Herzen ruhen und weich und milde auftreten.

Der See steht für erfrischende und belebende Kräfte.

***Unten:* Das Trigramm Kun, das Empfangende, wird mit der Erde in Verbindung gebracht. Es wird dahingehend gedeutet, daß der Mensch Weisheit erlangt, wenn er sich nach der Natur richtet und alle Lebewesen respektiert.**

TAROT

Die Herkunft des Kartenlesens liegt im Dunkeln. Seit dem 14. Jahrhundert ist in Europa ein Kartenspiel mit dem Namen *Tarot* bekannt. Einige Experten nehmen allerdings an, das Tarot ursprünglich kein Kartenspiel war, sondern auf das jahrtausende alte *Buch des Thoth* zurückgeht, ein philosophisches Werk aus dem alten Ägypten. Schon im späten Mittelalter hat man die Karten eingesetzt, um die Zukunft vorherzusagen oder die Vergangenheit eines Menschen zu rekonstruieren. Die

Unten: **Die 22 Karten der großen Arkana machen das Herz des Tarot aus. Mit ihren farbigen Bildern sind es die aussagekräftigsten der 78 Karten. Das Bild zeigt eine französische Reproduktion eines ägyptischen Decks aus dem Jahre 1870.**

symbolträchtigen Bilder, die auf den alten Karten waren, dienten als Anregung, tief ins menschliche Unterbewußtsein einzudringen.

Auch der bekannte Schweizer Psychologe Carl Gustav Jung ließ sich von diesen Bildern inspirieren. Für ihn waren es Bilder aus dem kollektiven Unterbewußten, die sogenannten Archetypen, die in jedem Menschen angelegt sind.

Das älteste bekannte Tarotkartenspiel bestand aus 78 Karten. 56 gehörten zu den vier Farbsymbolen, wie sie noch heute jedes Kartenspiel aufweist. Anstelle der heutigen Symbole Pik, Karo, Herz und Kreuz hießen die Farben Schwert, Stab, Kelch und Münze. Zu jeder Farbe gehörten die vier Hofkarten König, Königin, Ritter und Page (oder Bube), sowie die Zahlenkarten von 1 (As) bis 10. Sie bilden die sogenannten „kleinen Arkana" (von arcana – geheim). Zu den „großen Arkana" gehört eine zusätzliche Reihe von 22 Karten, die sogenannten Trumpfkarten. Sie tragen archetypische Bilder aus dem Mittelalter: 1) Joker, 2) Päpstin, 3) Kaiserin, 4) Kaiser, 5) Papst, 6) Liebespaar, 7) Triumphwagen, 8) Gerechtigkeit, 9) Einsiedler, 10) Glücksrad, 11) Kraft, 12) der Gehängte, 13) Tod, 14) Mäßigkeit, 15) Teufel, 16) Turm, 17) Sterne, 18) Mond, 19) Sonne, 20) das Jüngste Gericht, 21) Welt, 22) Narr.

Karten und Spielmethoden haben sich im Lauf der Geschichte verändert.

Heute greift man gerne wieder auf das volle Deck von 78 Karten zurück, um sich von den symbolhaltigen Bildern anregen zu lassen. Die Bedeutungen bieten viele Interpretationsmöglichkeiten und lassen sich auf die jeweilige Situation übertragen. Die Farben (Stab, Kelch, Schwert und Münze) repräsentieren die verschiedenen Schichten der mittelalterlichen Gesellschaft: Bauernstand, Klerus, Adel und

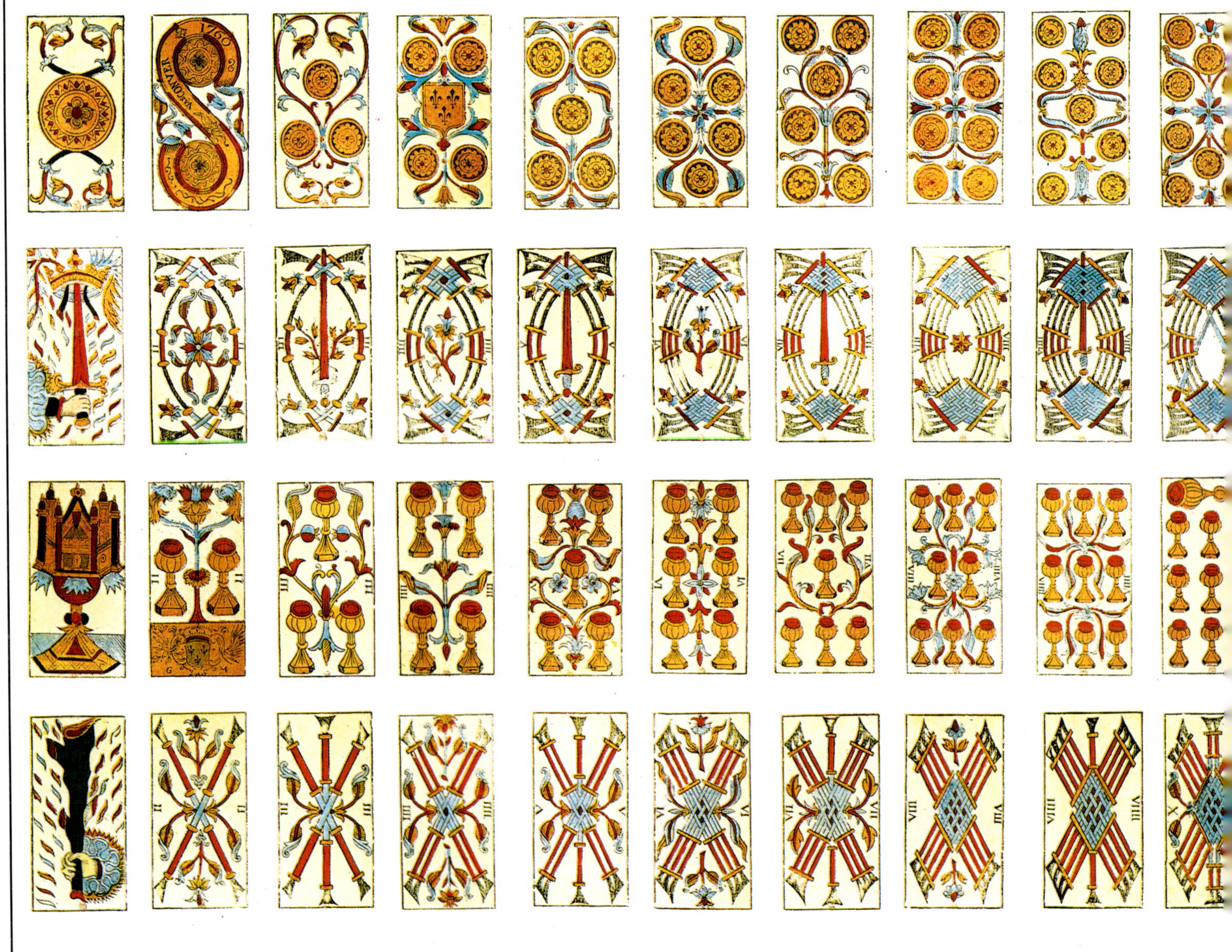

Handel. Sehr aussagekräftig und inspirierend sind die Bilder der großen Arkana: Der **Joker** oder Magier symbolisiert Willenskraft und Kreativität.

Die **Päpstin** oder Hohepriesterin steht für Intuition und Weisheit.

Die **Kaiserin** stellt die weibliche Kraft und Stärke dar, der Kaiser die männliche.

Der **Papst** oder Hierophant symbolisiert die Religion, allgemeiner gesagt, das geistige spirituelle Bewußtsein.

Die Karte der **Liebenden** zeigt die Vermählung der Kaiserin mit dem Kaiser. Sie wird gedeutet als Vereinigung der Gegensätze durch die Liebe.

Der **Wagen** symbolisiert die Kontrolle über widerstreitende Gefühle oder Gedanken. Die Karte der **Gerechtigkeit** will auf Wahrheit, Harmonie oder Ausgewogenheit aufmerksam machen.

Der **Einsiedler** wird als Wissen und als Absage an die weltlichen Güter gedeutet.

Das **Glücksrad** weist auf das ständige Auf und Ab des Lebens, den Wechsel von Glück und Unglück oder Gut und Böse.

Die **Kraft** steht für innere Stärke, vitale Energie und Lebensfreude.

Der **Gehängte** ist nicht unbedingt eine schlechte Karte. Er weist auf ein Stadium des Übergangs, auf das Loslösen von alten Strukturen.

Mit der Karte des **Todes** ist nicht in erster Linie der körperliche Tod gemeint.

Sie weist eher auf sehr große Veränderungen.

Die **Mäßigkeit** bedeutet Ausgewogenheit und Vereinigung der Gegensätze.

Der **Teufel** symbolisert sinnlichen Genuß, die Freude am Leben und an der Lust.

Der **Turm** meint die Zerstörung alter, überkommener Strukturen und die Ankündigung von Neuem.

Der **Stern** ist ein Symbol für Inspiration, Optimismus und Selbstentfaltung.

Unten: **Das vollständige Deck von 78 Karten des Marseiller Tarot.**

Unten: **Das kreisförmige Auslegesystem erlaubt eine allgemeine Übersicht über die kommenden 12 Monate. Man arbeitet mit 13 Karten und ohne Signifikator. Die erste Karte steht für den ersten Monat, die zweite für den zweiten usw.**

Nächste Seite: **Das Keltische Kreuz ist das nützlichste und vielseitigste Auslegesystem. Es gibt Antworten auf ganz konkrete wie auf allgemeine Fragen. Es kann mit dem ganzen Deck oder auch nur mit der großen Arkana gelegt werden.**

Der **Mond** weist auf die dunklen, geheimnisvollen Seiten der Seele. Er steht für das Unbewußte im Menschen.

Die **Sonne** symbolisiert strahlende Kraft, Freude, Erfolg und Glück in allen Lebensbereichen.

Das **Jüngste Gericht** bedeutet Wiedergeburt, geistigen Neubeginn.

Die **Welt** ist ein Zeichen für Vollendung. Es ist eine sehr positive Karte. Sie steht für Einheit mit dem Universum, Befreiung vom Ego.

Eine Deutung ist nur dann vollständig, wenn die Lage der einzelnen Karte und ihre Stellung zu den anderen Karten in Betracht gezogen wird.

Es ist wichtig, daß die Person, deren Schicksal gelesen wird, sich während des Ziehens oder Legens der Karten auf die Frage konzentriert. Wenn der Fragende innerlich bei der Sache ist und wirklich die Absicht hat, etwas in Erfahrung zu bringen, wird die Deutung klarer und zuverlässiger.

Es gibt viele verschiedene Methoden, mit den Tarotkarten umzugehen. Viele moderne Okkultisten haben die Bilder verändert, um besser auf die aktuellen Probleme eingehen zu können. Einige verwenden für Männer und Frauen unterschiedliche Karten oder lassen einzelne Karten weg.

VOYAGE
L'HOMME ET LES QUADRUPÈDES
TERRE
ETTEILLA
REPOS
LA QUESTIONNANTE
LA JUSTICE
FOLIE
FORCE MAJEURE
LE DIABLE
FORCE MINEURE
NÉANT
LA MORT
MORTALITÉ
TRAÎTRE
LES ASTRES
LE JOUR
LA NUIT
FAUX DÉVOT
LA PRUDENCE
LE PEUPLE
ETTEILLA
LE CHAOS
LE QUESTIONNANT
DÉPOUILLEMENT
LE CIEL
AIR

Die kleinen Arkana

Auch jeder einzelnen Karte der kleinen Arkana kommt eine bestimmte Bedeutung zu. **As** bedeutet Briefe oder Neuigkeiten. **Zwei** kündet Mißverständnisse oder Streit an. **Drei** weist auf Verbesserung, Fortschritt, Erfolg, Ruhe und Gelassenheit. **Vier** kündet Reisen, Ausflüge, Feiern oder schlaflose Nächte an. **Fünf** ist die Karte der Ordnung, Genauigkeit und Entschlossenheit. **Sechs** weist auf gutes Gelingen, Reichtum und allgemeines Wohlbefinden. **Sieben** bezieht sich auf Mädchen, **Acht** auf Jungen.

Neun und **Zehn** müssen je nach Farbe betrachtet werden. Neun der Schwerter bedeutet Unglück, Kummer, Ärger oder Trauer, Krankheit, vielleicht sogar Tod. Neun der Stäbe sagt eine Verzögerung voraus. Sie kann sich auf Gutes wie auf Schlechtes beziehen. Neun der Kelche ist eine günstige Karte, denn sie verspricht erfreuliche und angenehme Ereignisse.

Unten: **Der siebenzackige Stern verrät die Zukunft der nächsten sieben Tage. Zuerst werden die Karten mit dem Rücken nach oben ausgelegt: Nur der Signifikator in der Mitte liegt mit der richtigen Seite nach oben. Dann wird eine Karte nach der anderen aufgedeckt und interpretiert.**

Neun der Münzen weist auf Feste oder Ausflüge. Zehn der Schwerter kündet großes Leid an. Zehn der Stäbe bedeutet Land, Zehn der Kelche Stadt. Zehn der Münzen weist auf Geld.

Page (oder Bube) steht für junge Menschen; das können Soldaten, Liebhaber, Verführer oder Rivalen sein.

Ritter bedeutet Spielgewinn. Die **Königin** weist auf ein Geheimnis. Der **König** repräsentiert Gesetz und Autoritätspersonen.

Natürlich gilt auch hier, daß die einzelnen Karten in ihrer jeweiligen Position betrachtet werden müssen. Ein erfahrener Deuter kann viele Feinheiten herauslesen, indem er auf die Fragen des Konsultanten eingeht. Einige Kartenleser vertreten allerdings die Ansicht, daß der Interpret nicht wissen sollte, was den Fragenden beschäftigt. Die Karten wissen es!

Unten: **Das 21er System bietet tiefgehende und leicht ermittelbare Antworten. Jedem Aspekt der Frage sind drei Karten zugewiesen, was ein detailliertes Bild erlaubt.**

Die Großen Arkana

Unten: **Das Hufeisen ist das einfachste Auslegesystem. Es kann für konkrete Fragen verwendet werden und wird normalerweise nur mit den großen Arkana gebildet. Ein Signifikator ist nicht nötig.**

Nächste Seite: **Das mystische Kreuz wird normalerweise mit gewöhnlichen Spielkarten gelegt. Es läßt eine schnelle und einfache Interpretation zu.**

Die großen Arkana werden gewöhnlich verwendet, um das Schicksal vorherzusagen. Je nach Fragestellung wird eine bestimmte Legeart ausgewählt. Eines der einfachsten und direktesten Legesysteme ist die Hufeisenform. Zu Beginn müssen sich der Deuter und der Konsultant auf die Karten konzentrieren. Der Fragende mischt die Karten und übergibt sie dem Interpreten. Jetzt kann das Deck gelegt werden. Unten ist das Beispiel der Hufeisenform dargestellt.

1
7
2 6
3 5
4

Jeder Stellung kommt eine besondere Bedeutung zu: Einfluß der Vergangenheit (1), die aktuellen Umstände (2), allgemeine Zukunftserwartungen (3), Gelegenheit zum Handeln (4), die Beziehung zu den Mitmenschen (5), mögliche Hindernisse (6), Antwort auf die Frage (7).

Unten: **Auch der Fächer kann mit modernen Spielkarten gelegt werden. Er bietet eine allgemeine Zukunftsübersicht.**

Bei einigen Methoden wird ein Signifikator gewählt. Diese Karte symbolisiert den Fragenden und sollte mit Haarfarbe, Geschlecht und Persönlichkeit übereinstimmen. Folgende traditionellen Signifikatoren eignen sich: Königin der Kelche für eine blonde junge Frau; Königin der Münzen für eine blonde, reife Frau (vor allem wenn sie wohlhabend ist); Königin der Stäbe für eine dunkle Frau, Königin der Schwerter für eine dunkle, traurige Frau; Ritter der Kelche für einen blonden jungen Mann oder für einen Verliebten; Ritter der Münzen für einen wohlhabenden jungen Mann; Ritter der Stäbe für einen dunklen jungen Mann, Page der Stäbe für einen jungen Mann mit gefährdetem Charakter; König der Kelche für einen blonden, reifen Mann; König der Münzen für einen wohlhabenden reifen Mann; König der Schwerter für einen reifen Mann in einer einflußreichen Position; König der Stäbe für einen dunklen, reifen Mann.

Die verschiedenen Legesysteme stehen in Beziehung zu den Fragen, die den Konsultanten beschäftigen und auf die er eine Antwort erhalten möchte. Der siebenzackige Stern wird gelegt, um die kommenden sieben Tage vorherzusehen. Die Kreisform wird angewandt, um Einblick in die nächsten zwölf Monate zu bekommen.

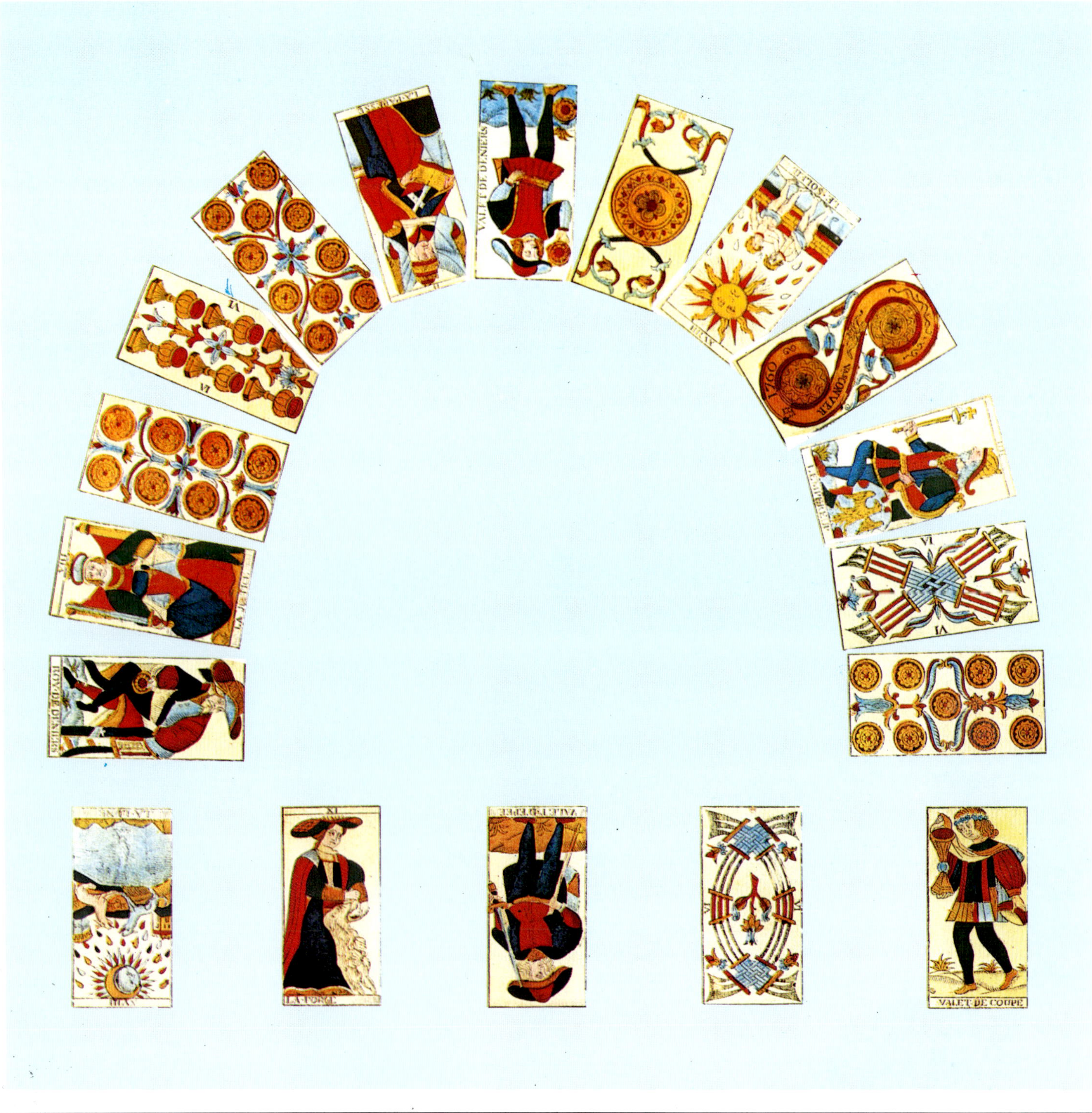

Das Keltische Kreuz ist das wohl nützlichste Legesystem für die Vorhersagen. Es kann verwendet werden, um auf spezifische oder allgemeine Fragen eine Antwort zu bekommen, aber auch, um einen Überblick über das kommende Jahr zu erhalten. Dafür sind sowohl das ganze Deck wie die kleinen Arkana geeignet. Das Keltische Kreuz erlaubt eine ausgewogene und umfassende Antwort, denn es zieht viele verschiedene Aspekte in Betracht: die gegenwärtige Verfassung des Fragenden, äußere Einflüsse zum Beispiel von Freunden und Familie sowie die Hoffnungen und Ängste, die den Fragenden beschäftigen.

Nächste und übernächste Seite: **Zweimal fragt der Autor T. Wynne Griffin die Tarotkarten über das vorliegende Buch. Beide Male sagten sie Erfolg voraus.**

Unten: **Der Signifikator repräsentiert den Fragenden und sollte mit Geschlecht, Erscheinung und Persönlichkeit übereinstimmen.**

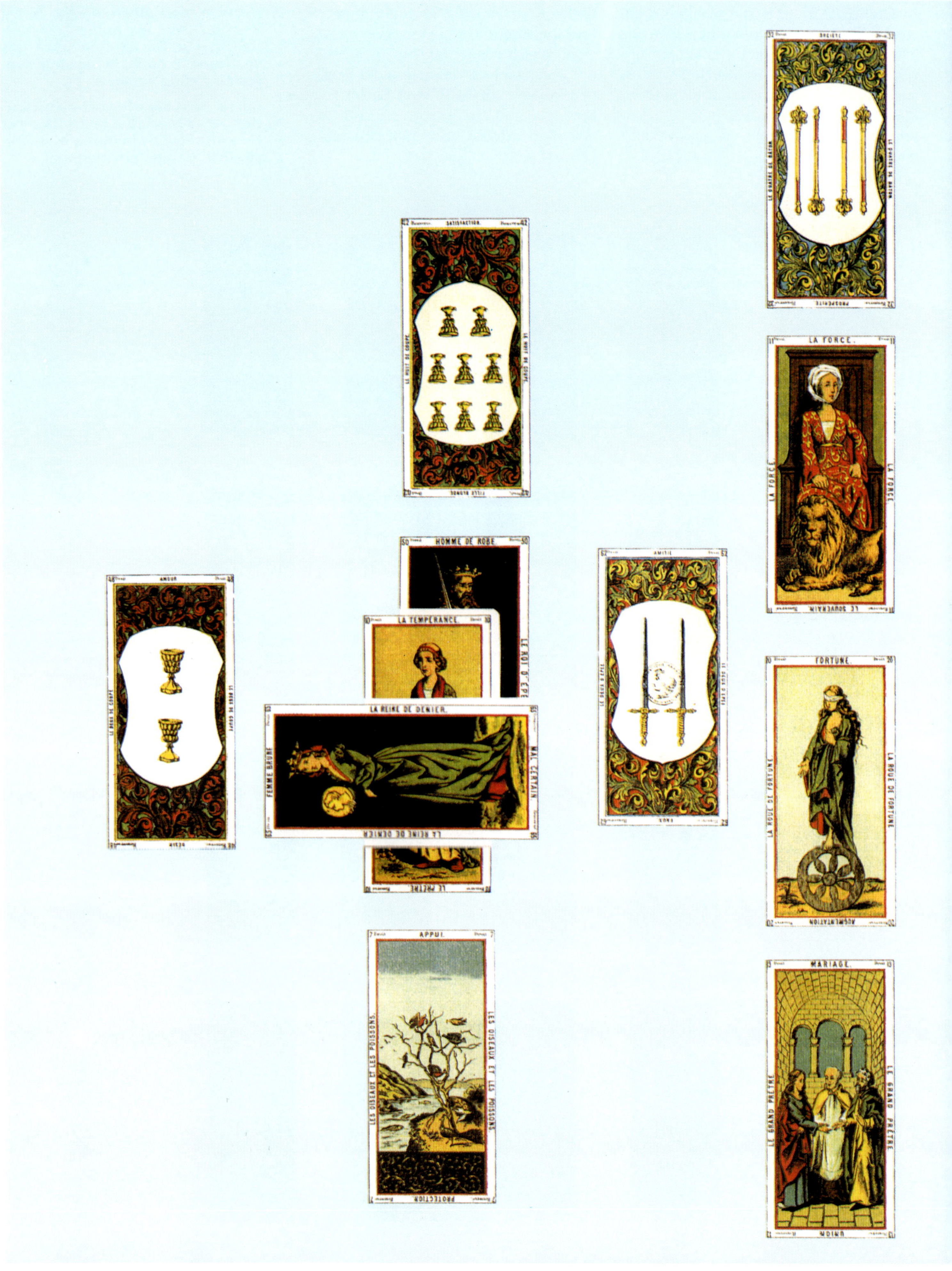
SATISFACTION
LA FORCE
LE SOUVERAIN
HOMME DE ROBE
LA TEMPERANCE
LA REINE DE DENIER
FEMME BRUNE
MAL CERTAIN
LE PRÊTRE
AMITIÉ
FORTUNE
LA ROUE DE FORTUNE
AUGMENTATION
APPUI
LES OISEAUX ET LES POISSONS
PROTECTION
MARIAGE
LE GRAND PRÊTRE
UNION

CAVALIER DE BATON
TEMPERANCE

KRISTALLE

Kristalle enthalten unsichtbare Kräfte, die unser körperliches, spirituelles und geistiges Wohlbefinden verbessern können. Ein Amethyst beispielsweise (*oben*) fördert die geistige Klarheit und stärkt die Willenskraft; ein Rosenquarz (*gegenüberliegende Seite*) sorgt für innere Ausgeglichenheit.

Kristalle haben die Menschheit schon immer fasziniert. Dies lag vor allem an der althergebrachten Kunst der Wahrsagerei mithilfe von Kristallkugeln. Heute werden sie zwar immer noch von Wahrsagern benutzt, doch haben Kristalle selbst inzwischen eine Anhängerschaft insbesondere unter den *New Age*-Gläubigen gefunden: Viele erfolgreiche Dreißigjährige hatten in ihrem Leben eine tiefe Sinnlosigkeit empfunden, obwohl sie mit Beruf und Familie ausgefüllt waren. Schließlich begannen sie, in ihrem Privatleben nach Sinnerfüllung und Harmonie zu suchen, indem sie sich den spirituellen und religiösen Ideen östlicher und westlicher Kulturen zuwandten. So entstand die *New Age*-Bewegung.

Die Verbindung zwischen moderner Wissenschaft und den uralten Weisheiten zeigte sich besonders in der Medizin: Heilung durch Spiritualismus oder psychophysiche Methoden, Selbsterfahrung und Meditation, Astralprojektion und schließlich die Entdeckung vergangener Leben – all das gehört zu den Ideen der *New Age*-Bewegung.

Dabei spielten bald auch Kristalle eine eigene Rolle. Den Kristallen wird eine besondere Energie zugesagt, die sich übertragen läßt und benutzt werden kann, um die Meditation und die geistige Entwicklung eines Menschen zu unterstützen. Sie können sogar versteckte Fähigkeiten wie Hellsehen oder Astralprojektion, also die Kraft, seinen eigenen Körper zu verlassen, entdecken und fördern. *New Age*-Anhänger wissen, daß Kristalle in der Lage sind, die menschlichen Kräfte zu erneuern und besonders das Gefühlsleben zu verbessern: Liebe und Zufriedenheit, Hingabe, Kreativität und Wissen können sich durch die Beschäftigung mit Kristallen besser entwickeln.

Kristalle entstehen durch die natürlichen Prozesse in der Erdkruste; meist sind sie aus Silikatgestein und Wasser zusammengesetzt und treten im Sandstein oder in Goldadern auf. Quarzkristalle haben gewöhnlich sechs identische Seiten, wobei eine oder zwei spitz zulaufen. Dementsprechend unterscheidet man zwischen „einendigen" und „zweiendigen" Kristallen.

In der Natur kommen Quarzkristalle in den verschiedensten Schattierungen und Farben vor. Die bekanntesten darunter sind durchsichtige Kristalle, blaue oder rote, zitrusgelbe und grüne oder auch geäderte Kristalle, die feine Gold- oder Kupferfäden enthalten.

Als eine der besten Kennerinnen der Kristalle und ihrer Wirkungen gilt Uma Silbey, die in ihrem grundlegenden Buch *The Complete Crystal Guidebook* einen Über-

Oben: **Eine Wahrsagerin blickt in ihre Kristallkugel.**

Unten: **Die Energie eines Kristalls breitet sich von seiner Basis aus, fließt nach oben und verläßt den Kristall an der Spitze. Sie kann dann von einer erfahrenen Person aufgefangen und benutzt werden.**

Unten rechts: **Ein New Age Geschäft, das sich auf Kristalle spezialisiert hat.**

Gegenüberliegende Seite: **Diese Kristallkugel ist aus burmesischem Quarzgestein geformt worden. Man kann sie dazu benutzen, eine andere Bewußtseinsebene oder die Trance zu erreichen. In diesem Zustand kann ein Mensch sein eigenes Unterbewußtsein am besten erforschen.**

blick über die Eigenschaften und Energie von Kristallen gibt. Die Autorin geht davon aus, daß jeder Kristall eine bestimmte Menge Energie enthält, die in Form von Vibrationen nach außen strahlt und ein Kraftfeld um den Kristall erzeugt. Der Energiefluß beginnt an der Basis des Kristalls und tritt am spitzen Ende wieder aus. Wenn ein Kristall zweiendig ist, fließt der Energiestrom in zwei Richtungen, so wie in einer Batterie.

Menschen, die sich mit Kristallen beschäftigen, weisen immer wieder darauf hin, wie wichtig die richtige Lagerung und Behandlung von Kristallen ist. Dabei sind Kristalle, die nicht benutzt werden, in natürlicher Umgebung am besten aufgehoben, etwa in Leder oder Seide eingewickelt. Auch die Farbe dieses Materials ist wichtig, denn sie beeinflußt den Kristall. Wenn der Kristall eine bestimmte Funktion hat, sollte auch nur der Besitzer diesen Kristall verwenden, denn jede andere Person könnte mit ihren Einflüssen seine Energie mindern. Einige Kristallbesitzer bewahren ihn auch an einem eigens dafür eingerichteten Platz oder gar einem Altar auf, wo sie dann mit ihm arbeiten.

Bevor damit begonnen werden kann, einen Kristall zu benutzen, muß er gesäubert werden; dies sollte man anschließend wiederholen. Interessant ist es auch, Wissen aus dem Kristall wieder abzurufen. So ist es beispielsweise möglich, einen Kristall so zu programmieren, daß er bestimmtes Wissen für nachfolgende Generationen speichert. Es ist bekannt, daß Kristalle schon von urzeitlichen Völkern auf diese Art und Weise benutzt worden sind. Uma Silbey betont allerdings, daß sich diese Informationen nur bei entspanntem und aufnahmebereitem geistigen Zustand abrufen lassen. Eine rationale oder logische Herangehensweise wird die Übermittlung der Informationen immer blockieren.

Es gibt eine Reihe von Methoden, um mit Kristallen Hellseherei zu betreiben. Die drei nachfolgend beschriebenen sind relativ einfach und effektiv.

Die nordamerikanischen Indianer bevorzugen seit Jahrhunderten die Rauchmethode, bei der Kristalle durch den Rauch bestimmter Kräuter oder Zedernholz, süßem Gras und Sandelholz, die man beliebig beigeben kann, bearbeitet werden.

Die Atemmethode eignet sich dagegen eher für einzelne Kristalle. Dabei hält man den Kristall in der linken Hand, zwischen Daumen und Zeigefinger, wobei der Daumen die Basis des Kristalls hält. Der Daumen der rechten Hand liegt auf einer beliebigen Seite des Kristalls, und der rechte Zeigefinger liegt genau auf der gegenüberliegenden Kristallseite, so daß man mit beiden Händen alle vier Himmelsrichtungen symbolisiert. Schließlich beginnt man, durch die Nase tief ein- und auszuatmen und dabei den Atem auf den Kristall zu konzentrieren. Diese Prozedur kann man mehrmals wiederholen, wobei vor jedem Durchgang der rechte Daumen und Zeigefinger die jeweils nächste Seite des Kristalls berühren sollten.

Bei der Salzwassermethode legt man den Kristall in einen geschlossenen Glaskasten und läßt ihn sieben Tage lang im Sonnenlicht stehen.

DIE HEILKRÄFTE DER KRISTALLE

Unten: **Ein Rhodochrosit-Kristall verfügt über enorme Kräfte, die negative Emotionen lindern und so zur Selbstfindung eines Menschen beitragen können.**

Die Schamanen und Medizinmänner der Indianer in Nordamerika haben es schon immer am besten verstanden, die versteckten Kräfte der Kristalle zu nutzen. Es gibt ein richtiges Ritual, um als Heiler einen Kristall zu verwenden. Zuvor muß der Raum oder die Fläche, wo der Heilprozeß stattfinden soll, gesäubert werden. Dann muß der Heiler seine eigene Energie ausbalancieren, so daß er in der Lage ist, die Energie des Kranken besser zu spüren. Es ist nicht ungewöhnlich, daß so der Heilende dieselben Schmerzen wie der Kranke empfindet! Atemmethoden und Meditationsübungen, die besonders die Hände des Medizinmannes sensibilisieren sollen, erlauben es ihm, selbst kleinste Vibrationen zu spüren. Der Heilende wird so die negative Kraft oder das Hindernis finden, das den Kranken leiden läßt. Schließlich entzieht er dem Körper des Kranken diese negative Energie durch den Kristall. Sofort nach dem Heilungsprozeß muß der Heilende diese Energie wieder loswerden. Dies geschieht über eine Erdung.

Heilprozesse mithilfe von Kristallen dienen nicht nur der Linderung von Krankheiten. Man kann sie auch an sich selbst ausprobieren, wobei sie dann bestimmte Kräfte oder Körperfunktionen stimulieren können, wie beispielsweise Intelligenz, Sexualität oder gar die Ver-

dauung. Natürlich können Kristalle auch dazu dienen, das eigene spirituelle Gleichgewicht zu finden.

Dabei ist es wichtig, die Energien des eigenen Körpers zu kennen: Alles beginnt mit der Kundalini, die dreimal aufgerollt und schlummernd im Rückenmark eines jeden Menschen liegt. Man hat oft versucht, diese Kraft zu umschreiben – sie gilt als die Lebenskraft des Universums, die höchste Energiestufe des Menschen überhaupt und die weibliche Kraft der Kreativität oder das christliche Gewissen und Nerv der Seele.

Wenn sich Kundalini erhebt oder erwacht, verläßt sie den Körper in spiralförmigen Bahnen und aktiviert bei ihrem Austritt die sieben Energiezentren des menschlichen Körpers. Sie werden Chakren genannt. Der Begriff meint eigentlich ein Rad oder eine sich drehende Scheibe. Chakren, so vermutet man, sind wirbelnde Strudel, in denen die Energie umgeformt oder gefiltert wird und sich im physischen und dem nichtkörperlichen Körper eines Menschen ausbreitet. Der nichtkörperlichen Gestalt eines Menschen, sein übersinnlicher Körper, entspricht wohl genau dem sichtbaren Körper, doch ist er in der Lage, eine spezielle Aura zu projizieren, die sich wenige Millimeter unter der sichtbaren Haut ausbreitet. Diese Aura aber kann sich durch die Behandlung mit Kristallen ausdehnen. Der übersinnliche Körper dient als Filter und Brücke zwischen den physischen Kräften wie Licht, Hitze, Geräuschen und magnetischer Energie. Es gibt auch einen Astralkörper, in dem das kollektive kosmische Bewußtsein liegt. Hier werden Träume und das Unterbewußtsein an das physische Gehirn und das Nervensystem übertragen.

Alle Chakren sind durch einen besonderen Kanal miteinander verbunden. Diese

Unten: **Saphire sind in der Lage, den Geist zu beruhigen, das Erinnerungsvermögen, die eigenen geistigen Fähigkeiten und intuitiven Kräfte zu stärken.**

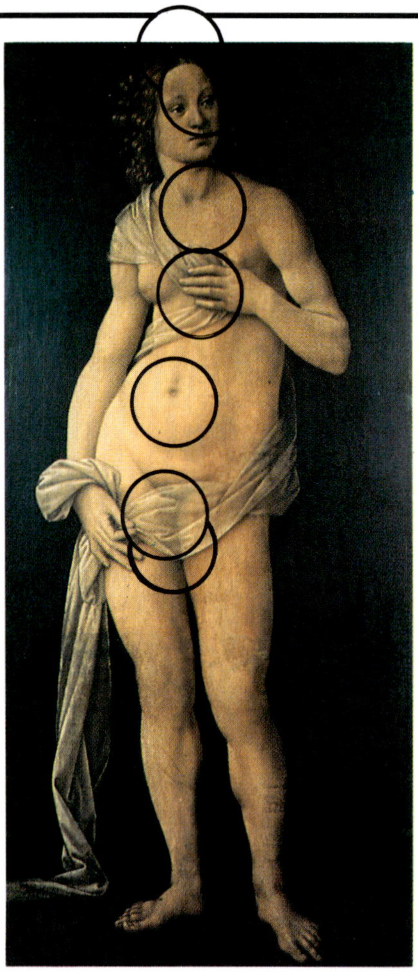

Oben: **Die Kreise zeigen die Chakren an, in denen Energie umgewandelt wird, wenn sie vom Ausgangspunkt des Rückrats aus in den Kopf fließt.**

Unten: **Kristalle können uns mit der Vergangenheit und der Zukunft verbinden.**

Gegenüberliegende Seite: **Ein Diamant besitzt die Eigenschaften jedes beliebigen farbigen Kristalls.**

Verknüpfung nennt man Sushumna, der wiederum zwischen zwei anderen Kanälen liegt: Der eine ist der „Kanal des Empfangens“, der auch als „Ida“ bekannt ist; der zweite ist der „Kanal des Gebens“, der auch „Pingala“ genannt wird.

Jedes Chakra verfügt über bestimmte Kräfte. Das erste Chakra ist nach seinem antiken Namen als *Muladhara* bekannt. Manche nennen es auch den „Sitz des Kundalini“; es liegt an der Basis des Rückenmarks.

Das zweite Chakra verbirgt sich rund um die Geschlechtsorgane und beeinflußt sowohl die Milz als auch die sexuelle Energie.

Das dritte Chakra nennt man *Svadhisthana*, oder auch Nabelzentrum, weil es fünf Zentimeter über dem Bauchnabel liegt. Man nimmt an, daß sich hier der menschliche Wille verbirgt. Wenn dieses Chakra nicht ausgeglichen ist, neigt die betreffende Person zu Herrschsucht und Machtgier.

Das vierte Chakra wird als *Anahata* bezeichnet. Es entspricht ungefähr dem Brustraum zwischen beiden Brustwarzen. Deshalb ist es auch als das Herzzentrum bekannt. Wenn dieses Zentrum aktiv wird, entstehen starke Emotionen wie Liebe oder große Toleranz gegenüber anderen.

Das fünfte Chakra heißt *Visuddha* und kontrolliert die Fähigkeit, den unbewußten Geräuschen des übersinnlichen Körpers zu lauschen und sie zu entschlüsseln. Es liegt übrigens in der Mitte der Kehle.

Das sechste Chakra wird manchmal auch als „drittes Auge“ bezeichnet, weil es zwischen den Augenbrauen liegt, genau in der Mitte der Stirn. Deshalb heißt es *Ajna*. Wenn dieses Zentrum gut ausgeprägt ist, kann es die Intuitivität eines Menschen oder sogar Hellsehen fördern. Öffnet eine Person sein *Ajna*, wird sie Weisheit und ein überdeutliches Bewußtsein entwickeln.

Das siebte Chakra, oder das Königszentrum, liegt direkt im Kopf verborgen. Ein stark entwickeltes Königszentrum sorgt für ekstaseähnliche Gefühle oder Harmonie und eine innige Verbindung mit dem Universum.

Kristalle können nun dazu beitragen, die genannten Energiezentren weiter zu entwickeln und zwischen dem sichtbaren und dem übersinnlichen Körper zu wechseln. Dies geschieht in einem tranceähnlichen Zustand, in dem erfahrene Lehrer Hilfestellung geben sollten. Schließlich können die hierbei gemachten Erfahrungen jedem Menschen im realen Leben irgendwann einmal nützlich sein. Übrigens sind Menschen, die sich gerade auf dieser Astralebene befinden, viel empfänglicher für das, was C. G. Jung einmal das „kollektive Bewußtsein“ der Menschheit nannte.

Die Arbeit mit Kristallen führt also über die normale Realität hinaus: Innere Ausgeglichenheit, Meditation, Erkenntnis und Heilung benötigen große Mengen von Energie, so daß eine Person, die sich darin versucht, wirklich gesund sein sollte. Eine Methode, um die körperliche Kondition zu stärken, besteht darin, Wasser mit Kristallen aufzuladen und es dann zu trinken. Viele Kristalle haben außerdem eine ganz bestimmte Vibration, wie beispielsweise ein Amethyst, der eine Heilung fördert, oder ein durchsichtiger Quarzstein, der energieerzeugend wirkt. Erfahrene Kristallforscher wissen, daß die Steine nach längerem Gebrauch oder einem komplizierten Heilprozeß dunkel oder stumpf wirken. Man kann sie mit einer der beschriebenen Methoden reinigen, damit sie wieder funkeln und ihre Energien ausstrahlen können. Allerdings gibt es auch andere Möglichkeiten, einen Kristall wieder aufzuladen: Manche darunter machen sich die enormen Naturkräfte zunutze, indem ein Kristall beispielsweise in einem Wildbach oder unter einem Wasserfall gesäubert wird. Andere legen ihn auch stundenlang in das Mond- oder Sonnenlicht.

***Oben:* Das Einhorn symbolisiert Kraft und Reinheit. Die Zeichnung stammt von der *New Age* Künstlerin Marjosa Star.**

***Unten:* Kristalle lassen sich mit anderen Objekten oder Materialien verbinden; beispielsweise mit Statuen, Zauberstäben oder Schmuck. Dadurch entstehen Energiequellen, die sich für ganz bestimmte Zwecke eignen.**

ENERGIEQUELLEN

Energiequellen verstärken die Fähigkeit eines Menschen, seine unbewußten Energien zu nutzen. Obwohl schon einzelne Quarzkristalle über recht viel Energie verfügen, wird diese bei Kombinationen verschiedener Kristalle, etwa bei Schmuck, noch größer.

In jedes Schmuckstück läßt sich ein bestimmtes Symbol einflechten: Wenn man Symbole mit Quarzkristallen zusammenfügt, werden die Vibrationen des Kristalls die Eigenschaften des Symbols übernehmen und sie auf den Besitzer des Schmucks übertragen. Nummern, Embleme, Bilder und andere Objekte, die zudem eine persönliche Bedeutung für den Träger des Schmuckes haben, können diesen Effekt noch verstärken. Eine so entstandene Energiequelle kann man, wie Schmuck, direkt am Körper tragen, in Kleidungsstücke einweben oder bei Heilungs- oder anderen Zeremonien verwenden.

Nachfolgend sind einige Beispiele der traditionellen Energiesymbole und ihre Bedeutungen angegeben, die oft zusammen mit Kristallschmuck Verwendung finden.

Abnehmender Mond mit aufgestellten Hörnern: Dies ist das Zeichen für die ägyptische Göttin Isis, die matriarchalische Religionen symbolisiert. Es stellt außerdem die Liebe und die Naturkräfte als Energie des Lebens dar.

Adler: Lange hat man den Adler mit Macht und Spiritualität assoziiert; heute stellt er auch die Verbindung mit dem höchsten Geist dar.

Auge des Horus: Das Auge des Horus zeigt den Schutz vor Krankheiten an und verspricht neues Leben.

Delphin: Dieses hochintelligente und sanfte Meeressäugetier symbolisiert die Möglichkeit, zwischen verschiedenen Intelligenzen zu kommunizieren und unterschiedliche Bewußtseinsebenen miteinander zu verbinden.

Dollarzeichen: Das Symbol steht für Wohlstand und (zusammen mit dem „Om"-Zeichen) für Weisheit.

Dreieck: Das Symbol der Dreieinigkeit und Unendlichkeit.

Dreizack: Der Dreizack repräsentiert die männliche kreative Energie oder das bewußte Sein. In der Hindu-Religion ist es das Zeichen von Shiva. Und in der griechischen Mythologie gilt es als Erkennungszeichen des Neptun.

Einhorn: Dieses sagenumwobene Fabelwesen steht für Reinheit und Kraft.

Fisch: Das Symbol für den Geist Jesu Christi.

Herz: Vom Herzen geht Liebe aus und wird Liebe empfangen.

Kreis: Der Kreis soll das Prinzip der Unendlichkeit darstellen, wie es sich im Leben selbst oder den Jahreszeiten zeigt.

Kreuz: Ein altes Symbol, das den christlichen Geist und die vier Himmelsrichtungen anzeigt.

Lotusblume: Die Blüte symbolisiert Reinheit und Erkenntnis.

Mond: Dem Mond wird das weibliche Wesen zugeschrieben, also die empfan-

gende Energie. Außerdem gilt er als Symbol großer Macht und Tiefe.

Om: Das Om stellt die kosmische Weisheit und das universelle Bewußtsein dar; daneben symbolisiert es die höchste Erkenntnis.

Pentagramm (fünfzackiger Stern): Das Symbol stellt den perfekten Menschen dar oder die fünf Elemente Luft, Feuer, Wasser, Erde und Geist. Wenn das Pentagramm nach oben gerichtet ist, wird es auch mit heller, positiver Zauberei assoziiert; deutet es nach unten, steht es dagegen für schwarze Magie oder den Teufel.

Quadrat: In seiner grundlegenden, viereckigen Form erinnert es an die vier Jahreszeiten, die vier Himmelsrichtungen und symbolisiert die Unendlichkeit des Raumes.

Salomons Siegel oder sechszackiger Stern: Das Siegel umschließt jegliche Verbindung auf metaphysischer Ebene und den Austausch zwischen Materie und Geist, dem Sichtbaren und Unsichtbaren.

Schlange: Sie stellt die Energie der Kundalini dar.

Sonne: Die Sonne steht für die männliche Energie, Aktivität und Licht.

Yin Yang: Dieses chinesische Symbol zeigt die Einheit des Gegensätzlichen an oder die Verbindung zwischen weiblicher und männlicher Energie.

Dies sind einige der am häufigsten gebrauchten Symbole. Jedes Objekt hat mehr Bedeutungen als hier angegeben. Jede Religion hat zudem ihre eigenen, kraftvollen Symbole. Und jeder einzelne Mensch hat seine ganz eigene, individuelle Welt der Symbole, die man respektieren und vielleicht auch miteinbeziehen sollte: Es gibt Myriaden verschiedener Symbole.

***Nächste Seite:* Dieser Jaspiskristall kann den menschlichen Geist öffnen und so neues Denken fördern oder die eigenen Gefühle in Gleichklang bringen.**

***Unten:* Dieser Sarkophag ist ein Beispiel für die Symbole der alten Ägypter. Viele darunter lassen sich als Energiequellen verwenden.**

UNSERE TRÄUME

Oben: **Träume mit Schlangen haben eine Vielzahl von Bedeutungen. Eine einzelne Schlange ist eine Warnung vor einem Streit. Zwei Schlangen sagen einen Betrug voraus. Viele Schlangen sind ein Hinweis für ein ganzes Bündel von Schwierigkeiten. Schlangen gelten auch als Symbol der männlichen Sexualität. Deswegen werden Träume mit Schlangen auch als Hinweis auf Ängste vor Männern und deren Macht gedeutet.**

Gegenüber: **Träumt man in Zeiten des Streß von einer Uhr, befürchtet man Zeitverluste.**

Wir sind das, woraus Träume gemacht sind", schrieb Shakespeare vor fast 400 Jahren. Doch woraus bestehen unsere Träume? Seit Urzeiten versuchen die Menschen, ihre Träume zu deuten. Eine ägyptische Papyrusrolle aus dem Jahr 1350 v. Chr. enthielt schon Erklärungen von guten und schlechten Symbolen, wie man sie seit Urzeiten in Träumen findet. Nach Meinung der Ägypter prophezeite zum Beispiel ein ausgefallener Zahn, daß die Verwandten einen Mordplan gegen das Leben des Träumenden schmiedeten. Ungefähr 150 Jahre v. Chr. verfaßte das Orakel Artemidorus eine Anleitung zum Deuten und Analysieren von Träumen.

Artemidorus teilte Träume in zwei Kategorien: solche, die sich mit dem Alltagsleben beschäftigen und solche, die die Zukunft voraussagen. Seine Deutungen bildeten die Grundlagen der Traumdeutung für die folgenden tausend Jahre.

Während der Renaissance verlor die Traumdeutung an Wichtigkeit, doch ganz in Vergessenheit geriet sie nicht. Artemidorus Werk fand zwar weniger Beachtung, doch immerhin soviel, daß es 1518 ins Griechische, 1539 ins Lateinische, 1546 ins Französische und rund hundert Jahre später ins Englische übersetzt wurde.

Am Ende des 19. Jahrhunderts erlangte die Traumdeutung durch die Forschung Sigmund Freuds erneut Ansehen und wissenschaftliches Interesse. Freud behauptete, daß die Träume ein Schlüssel zu den unbewußten sexuellen Bedürfnissen sind, die in der Kindheit unterdrückt wurden. Durch eine Psychoanalyse sei es möglich, die Bedeutungen der Träume zu entschlüsseln. Auf diesem Weg erhoffte Freud für seine Patienten eine Heilung von emotionalen Störungen. Auch wenn Freuds Forschung der Traumdeutung einen wissenschaftlichen Anstrich verlieh, gab es Stimmen, die an seiner Arbeit zweifelten. Ein wichtiges Argument seiner Kritiker bestand darin, daß seine Ergebnisse nur auf der schmalen Gruppe seiner Patienten beruhten. Sie konnten nicht als repräsentativ gelten.

Der Tiefenpsychologe Carl G. Jung widersprach seinem Lehrer in mehreren Punkten. Er stimmte mit Freud darin überein, daß Träume eine Vielzahl von Erkenntnissen über das Unbewußte bereithielten. Er zweifelte aber an Freuds Betonung der Sexualität, denn seiner Meinung war sie nur ein Aspekt der Traumforschung. Jung erkannte in den Traumbildern Symbole, die seiner Überzeugung nach zum kollektiven Unbewußten gehörten. In seiner Forschungsarbeit fand er heraus, daß Bilder wie das vom weisen alten Mann oder der schlechten Schlange in den Träumen vieler Menschen auf-

Unten: **Auch wenn Traumbilder oft bizarr und unwirklich erscheinen, halten sie doch den Schlüssel zu unserem Unbewußten.**

tauchen. Sie mußten also über alle kulturellen Barrieren hinweg universellen Charakter haben. Obwohl Träume der einzelnen Seele entspringen, gibt es gemeinsame Symbole, die alle Menschen auf der Welt teilen und kennen. Das bedeutet aber noch nicht, daß ein Traum über einen Schlüssel zum Beispiel immer eine sexuelle Bedeutung hat. Man kann von keinem Traum sagen, daß er festgeschriebene und leicht zu verallgemeinernde Inhalte verkörpert.

Im allgemeinen ordnet man Träume heute sieben archetypische Kategorien zu. Manche Forscher stellen noch einen achten Typ auf.

1. Träume vom Wohlstand: In einem Traum dieser Art, erlangt man irgendeinen Gewinn. Das kann bedeuten, daß der Träumende ein Industriekapitän wird oder im Lotto gewinnt. Manche Träume drehen sich eher um Anerkennung als um Geld.

2. Traum vom Enttäuschtwerden: In dieser Art Träume gelingt es dem Träumenden nie, eine Aufgabe zu erfüllen. Selbst so einfache Dinge wie einen Koffer zu packen oder ein Auto zu parken, erweisen sich als zu schwierig. In anderen Fällen braucht der Träumende dringend Geld, kann es jedoch nicht bekommen.

3. Träume vom Reisen: Solche Träume können konkret sein oder eher allgemein. In der Regel drücken sie ein Verlangen nach Freiheit oder den Wunsch aus, etwas zu besitzen.

4. Träume vom Fallen: Der Träumende fällt von einem Hochhaus, einer Brücke oder aus einem Flugzeug etc. Diese Träume verweisen auf eine Situation, über die der Träumer sich sorgt.

5. Träume vom Verfolgtwerden: Der Träumende wird von einer anderen Person, einem Tier oder einer Naturkatastrophe verfolgt. Diese bedrohlichen Kräfte verkörpern unterdrückte Ängste.

6. Träume vom Eingesperrtsein: In diesen Träumen befindet sich der Träumende in einem Keller, einer Höhle oder einem Gefängnis ohne Fluchtmöglichkeit. Zu diesem Typ Träume gehören auch Gefahrenträume, in denen der Träumende unausweichlich körperlichen Schaden nimmt. Sie symbolisieren ebenfalls unterdrückte Ängste.

7. Träume vom Nacktsein: Diese Träume sind oft ein Anzeichen für Frustrationen oder Minderwertigkeitsgefühle. Träume, die sich um vergessene Verabredungen oder andere Beispiele von persönlicher Nachlässigkeit drehen, können ähnlich interpretiert werden.

8. Gewaltträume: Der Träumer fügt jemand anderem Gewalt zu oder tötet ihn sogar. Solche Träume deuten auf lang aufgestauten Ärger.

Freud und Jung sahen innere Kämpfe und Sehnsüchte als Ursache für Träume an. Therapeutisch eingesetzt, konnten Träume ihrer Meinung nach zur Heilung der Patienten benutzt werden. Keiner der beiden schloß jedoch vollständig aus, daß Träume auch durch Kräfte verursacht werden können, die außerhalb der Person liegen. Das wäre zum Beispiel der Fall, wenn jemand telephatische Botschaften empfängt. Freud erklärte sich diese Möglichkeit damit, daß veränderte Hirnfrequenzen während des Schlafs einen Gedankenaustausch ermöglichen. Er lehnte jedoch die Vorstellung von Träumen ab, die die Zukunft vorhersagen.

Zur gleichen Zeit studierten in der „Gesellschaft für Psychische Forschung" (SPR) einige prominente englische Wissenschaftler dasselbe Phänomen. Die SPR war 1882 gegründet worden, um die verschiedensten parapsychologischen Erscheinungen zu untersuchen – Telepathie, Spiritualismus und Hellseherei eingeschlossen. Die Forscher am SPR untersuchten 149 Träume, in denen Botschaften von einer fremden Quelle übermittelt worden waren. Das besondere Interesse der Forscher fand der Umstand, daß der Großteil der Träume den Tod einer dem Träumer vertrauten Person ankündigte oder zumindestens behandelte. Zur genaueren Analyse dieses Phänomens verschickten die Forscher 5.000 Fragebögen. Die Resultate überzeugten die Wissenschaftler davon, daß mehr als reiner Zufall am Werk war.

Aber worum ging es genau? Seit Menschengedenken träumen Menschen von zukünftigen Ereignissen – oft tragischen und tödlichen Situationen. Samuel Clemens, besser bekannt als Mark Twain, sah den Tod seines Bruders Henry in einem Traum voraus. 1858 arbeitete er als Hilfslotse auf der *Pennsylvania*, einem Mississippi-Dampfer. Auf demselben Schiff arbeitet Henry als Page. Eines nachts träumte Sam von seinem Bruder. Er sah dessen Körper in einem Metallsarg liegen, der auf zwei Stühlen aufgebahrt stand. Auf seiner Brust lag ein weißer Blumenstrauß mit einer roten Rose in der Mitte.

Die *Pennsylvania* dampfte weiter den Mississippi herab, und als Sam auf die *Lacey* wechselte, trennten sich die Wege der Brüder. Einige Tage später erfuhr Sam, daß die *Pennsylvania* in der Gegend um Memphis explodiert sei. Dort fand er auch Henry, der bald darauf an seinen Brandwunden starb.

Obwohl Henry in Memphis unbekannt war, sammelten verschiedene Frauen Geld für seine Beerdigung und kauften ihm einen Sarg – einen Metallsarg. Als Sam Abschied von Henry nahm, fand er seinen Bruder genau vor, wie er es geträumt hatte; nur die Blumen fehlten. Dann kam eine alte Frau und legte einen Blumenstrauß mit einer roten Rose auf Henrys Brust.

In einem Traum hörte Abraham Lincoln, Präsident der USA während des Bürgerkriegs, Schmerzensschreie und sah Menschen weinen. Er folgte den Geräuschen bis in den Ostflügel des Weißen Hauses, wo er einen Körper aufgebahrt sah. Als er die Trauergäste fragte, wer gestorben sei, bekam er die verwirrende Antwort: „Der Präsident. Er fiel einem Attentat zum Opfer." Kurz darauf wurde dieser schreckliche Traum Wirklichkeit.

Die Ermordung des österreichisch-ungarischen Thronfolgers Erzherzog Franz-Ferdinand 1914 in Sarajewo wurde von seinem Lehrer Bischof Joseph Lanyi im Traum exakt vorausgesehen. Franz-Ferdinand war schon in Serbien, aber Lanyis Warnung kam zu spät.

J. W. Dunne, ein britischer Flieger und Ingenieur hatte verschiedene Träume, die sich als prophetisch erwiesen. Während des Burenkriegs in Südafrika träumte er von einem Vulkanausbruch. Er selbst sah sich auf einer benachbarten Insel dabei, wie er französische Beamte um die Entsendung von Rettungsschiffen für 4.000 Menschen anging, die auf der Insel gestrandet waren.

Oben: **Eine Maske steht für Betrug. Wenn man in seinen Träumen eine maskierte Person trifft, bedeutet das, daß diese Person etwas zu verbergen hat. Wenn der Träumende die Maske selber trägt, versucht er etwas zu verheimlichen.**

Oben und unten: **Eine der verwirrensten Eigenarten von Träumen ist, daß sie so sehr von unserer Realitätsvorstellung abweichen können. Eine Frau zum Beispiel fand sich in den Wilden Westen versetzt, doch sie trug ihre normale Kleidung.**

Wenige Tage später erfuhr Dunne aus dem *Daily Telegraph* von dem damaligen Vulkanausbruch auf der französischen Antilleninsel Martinique. Die Überlebenden wurden mit Schiffen evakuiert. Die Zahl der Opfer lag bei 40.000, eine tragische Null mehr als in Dunnes Taum.

Ähnliche Traumerlebnisse hatte Dunne im Zusammenhang mit der „Cape to Cairo" Expedition. In Khartum begegnete er drei Männern, die ihm erzählten, sie seien von der südlichen Spitze durch halb Afrika marschiert. Am nächsten Morgen las in der Zeitung, die Expedition sei gerade in Khartum angekommen. Vorher hatte er nie etwas von dem Unternehmen gehört.

Dunne war alles andere als ein Spinner. Manche fragten sich, ob er sich die Träume nicht einfach nach der Zeitungslektüre eingebildet habe. Andere meinten, vielleicht habe Dunne in telepathischem Kontakt mit den Reportern des *Daily Telegraph* gestanden. Dunne kam zu der Schlußfolgerung, daß einige seiner Träume eben prophetisch gewesen seien.

In den vierziger Jahren dieses Jahrhunderts führte der Wiener Psychologe Wilfred Daim die ersten systematischen Experimente zur Telepathie durch. Eines der Hauptprobleme bestand darin, den Zeitpunkt herauszufinden, in dem der Träumende eine telephatische Botschaft empfängt. Das gelang Daim trotz vieler Bemühungen nicht. Das lückenhafte Erinnerungsvermögen der Versuchspersonen stellte ein weiteres Problem dar. Das machte Daims Anstrengungen für wissenschaftliche Zwecke nutzlos.

Erst als Dr. Nathaniel Kleitmann die REM-Phase (abgekürzt nach dem englischen Rapid Eye Movement) entdeckte und erforschte, drangen die Forscher tiefer in das Labyrinth der Träume vor. Leitmann und sein Team fanden heraus, daß zwei Schlafphasen existierten. In der ersten Phase beruhigen sich die physischen und geistigen Aktivitäten; in der zweiten Phase wird der Atem unruhig, die Gehirntätigkeit erreicht beinahe den Grad des Wachzustands; die Augäpfel beginnen, sich heftig zu bewegen.

Weckt man Personen während der ersten Phase, können sie sich gewöhnlich nicht an ihre Träume erinnern. Weckt man sie in der REM-Phase, dann können sie sich an ihre Träume erinnern. Die Forscher fanden heraus, daß die Traumphase ungefähr alle neunzig Minuten einsetzt und für eine Stunde anhält. Weitere Untersuchungen belegten, wie wichtig diese Phase für den Menschen ist. Denn wenn die Versuchspersonen zu wenig REM-Schlaf bekamen, träumten sie in der darauffolgenden Nacht umso mehr.

Kleitmanns Experimente gaben der Traumforschung wichtige Impulse. Denn jetzt konnten die Forscher die Traumphasen genau bestimmen und Träume systematisch auswerten. Daraufhin nahm das Interesse an der Telephatie wieder zu.

Dr. Montague Ullmann erzielte einen Durchbruch, als er einige Versuchspersonen bat, Bilder, die er ihnen zeigte, einer in der REM-Phase schlafenden Person telephatisch zu übermitteln. Der Schlafende wurde unmittelbar nach dieser versuchten Übertragung geweckt und nach seinen Träumen befragt.

Während die Versuchspersonen schliefen, wurden andere Teilnehmer des Experiments gebeten, sich auf die Betrachtung eines bestimmten Gemäldes zu konzentrieren und das Image dem Schläfer telepathisch zu übermitteln.

Ullmans Experimente lösten in Forscherkreisen eine heiße Debatte aus. Viele Wissenschaftler halten seine Ergebnisse für zweifelhaft. Die Anzahl der Testpersonen, die das Bild im Traum empfangen hatten, sei zu klein gewesen. Das Forscherteam um Ullman konnte die Ähnlichkeiten der betreffenden Bildbeschreibungen jedoch nicht anders als durch Telepathie erklären.

Eine ganz andere Art von Träumen, die die Wissenschaft bis heute nicht ausreichend erklären konnte, ist der kreative

Traum. In ihm empfängt der Träumende seine kreativen Inspirationen. Der englische Dichter Samuel Taylor Coleridge schrieb gleich nach dem Erwachen die Anfangszeilen seines meisterhaften Gedichts „Kubla Khan" nieder:

„In Yanadu dit Kubla Khan
a stately pleasure dome decree;
where Alph, the sacred river ran
through caverns measureless to man
down to a sunless sea."

Der bekannte amerikanische Abenteuerautor Louis Stevenson bekam die Idee zu seinem Meisterwerk „Der seltsame Fall des Dr. Jekyll umd Herrn Hyde" in einem Traum. Stevenson machte kein Geheimnis daraus, daß er viele Geschichten im Traum empfing. Er behauptete sogar, daß er seine Traumgeschichten auf Wunsch und in mehreren Fortsetzungen herbeizaubern könne.

Ein anderes Beispiel liefert Giuseppe Tartini, ein Komponist des 18. Jahrhunderts. Er behauptete, sein Meisterwerk sei durch einen Teufelspakt entstanden, den er im Traum abgeschlossen habe. Dabei habe er dem Teufel seine Violine gegeben, der daraufhin eine „wunderbare Sonate" gespielt habe. Tartini wachte sofort auf und schrieb sein berühmtestes Werk – „Das Teufelstremolo": eine Komposition, die nach Tartinis Aussage weit hinter des Teufels Original zurückblieb.

Kreative Träume sind aber keineswegs auf Künstler beschränkt. Der Chemiker Friedrich August Kekule entschlüsselte die molekulare Struktur von Benzol, nachdem er in einem Traum gesehen hatte, wie sich Atome langsam in eine Schlange verwandelt hatten, die sich in ihren Schwanz biß.

***Unten:* Träume, die Unfälle vorhersagen, werden besonders intensiv erforscht. Oft haben die Träumenden selber gar keine Verbindung zu den Ereignissen. Daraus folgern Wissenschaftler, daß diese Personen höhere psychische Fähigkeiten ausgebildet haben als die meisten anderen Menschen. Manchmal wenden sich diese Träume auch direkt an den Träumenden.**

Eine Frau stornierte ihre Reise nach Italien, nachdem sie wiederholt geträumt hatte, daß ein bedrohlich wirkender Mann sie verfolgte. Zwei Tage nach ihrer geplanten Ankunft kostete eine Überschwemmung in der Nähe ihres Reiseziels vielen Menschen das Leben.

Oben: **In der ganzen Welt verkörpern Fledermäuse das Schlechte und Böse.**

Unten: **Engel, Bären und Autos – sie alle haben verschlüsselte Botschaften für uns.**

Wörterbuch der Traumsymbole

Akkordeon: Von einem Akkordeon wird heute nicht mehr sehr oft geträumt. Ein Akkordeon zu hören, gilt als ein Zeichen für Traurigkeit. Ein verstimmtes Akkordeon deutet auf Unzufriedenheit hin. Selber ein Akkordeon zu spielen, verkündet materiellen Gewinn.

Akrobat: Ein Akrobat ist ein Hinweis auf einen gefährlichen Plan. Wenn der Akrobat stürzt, sollte der Plan fallen gelassen werden. Ein Person, die davon träumt ein Akrobat zu sein, sehnt sich nach Anerkennung.

Alligator: Ein Alligator oder Krokodil symbolisieren Gefahr.

Ameisen: Ameisen deuten auf kleinere Verunsicherungen hin.

Anker: Ein Anker signalisiert ein Bedürfnis nach Stabilität im privaten oder beruflichen Leben. Ein Anker, an dem ein Schiff hängt, symbolisiert den Wunsch, aus einer unangenehmen Situation auszubrechen.

Äpfel: Zurückgehend auf die Sage von Adam und Eva, symbolisieren Äpfel Lust. Reife Äpfel sind ein Zeichen für Glück, wohingegen abgefallene Äpfel auf das Scheitern von Plänen hindeuten.

Armbanduhr: Uhren sind Zeichen des Wohlstands. Auf eine Armbanduhr zu schauen, drückt den Wunsch aus, seine Zeit effizienter zu nutzen.

Augen, verbunden: symbolisieren einen zeitweiligen Rückschritt.

Automobile: Von einem Auto zu träumen, zeigt den Wunsch nach Geldgewinnen an. Ein fahrendes Auto wird traditionell als ein Zeichen sexueller Begierde gedeutet. Ein Autounfall warnt vor Komplikationen im Leben.

Axt: Eine Axt steht für Glück nach einem bestandenen Kampf. Eine scharfe Axt kündigt finanziellen Erfolg an, wohingegen eine stumpfe Axt das Gegenteil besagt. Eine beschädigte Axt steht für Enttäuschung.

Baby: Ein Baby hat verschiedene Bedeutungen: Ein schreiendes Baby symbolisiert Enttäuschungen, ein glückliches Baby hingegen Freundschaft. Ein schlafendes Baby verrät das Bedürfnis nach einem Partner; davon zu träumen, ein Baby zu haben, deutet auf das Bedürfnis hin, seine Fruchtbarkeit zu beweisen.

Bad/Baden: Ein Bad zu nehmen signalisiert ein Interesse am anderen Geschlecht. Für eine verwitwete Person, deutet ein Bad auf eine neue Heirat hin.

Ballet: Ein Ballet ist ein Omen für Untreue und Eifersucht.

Bananen: Alten Überlieferungen zufolge, symbolisiert eine Banane eine kleinere Krankheit. Eine überreife Banane deutete auf Langeweile im Beruf oder mit dem Partner hin.

Bär: Man sagt, daß Bären ein Vorbote für Situationen seien, in denen der Träumende in Schwierigkeiten gerät. Der Bär kann auch einen persönlichen oder beruflichen Rivalen symbolisieren.

Bäume: Bäume stehen im Allgemeinen für Vergnügen und Erfolg. Tote Bäume künden Verluste an. Einen Baum im Traum zu fällen, ist eine Warnung vor Auseinandersetzungen.

Berge: Berge symbolisieren den Wunsch in große Höhen aufzusteigen. Wenn der Träumende die Bergspitze besteigt, wird er seine Ziele erreichen. Schwierigkeiten auf dem Weg stehen für Frustrationen im Leben.

Birnen: Birnen kündigen Überraschungen und Gesundheit an, auf die jedoch Enttäuschung und kuzzeitige Erkrankung folgt.

Blindheit: Ein Blinder verkörpert einen Menschen in einer Notlage. Wenn der Träumende selber die blinde Person ist, dann ist das ein Zeichen, daß er seine eigenen Fehler nicht zugeben will.

Blitz: Blitze symbolisieren Liebe.

Bombe: Eine Bombe ist ein Omen für eine Situation, die dem Träumenden große Probleme bereiten wird.

Brücke: Über eine Brücke zu gehen, deutet auf eine Lösung für ein Problem hin. Unter einer Brücke durchzugehen symbolisiert ein tiefgehendes Problem, das nur durch intensive Beschäftigung mit ihm zu lösen ist.

Bücher: Bücher deuten intellektuelle Bestrebungen an. Regale mit Büchern verweisen auf die Notwendigkeit, größere Disziplin bei geistiger Arbeit zu üben. Leere Bücherregale zeigen einen Verlust, der durch mangelndes Wissen verursacht wird.

Dieb: Ein Dieb verkörpert jemanden, der die Rechte und die Freiheit des Träumenden beschränkt oder einzuengen versucht.

Eisenbahn: Eine Eisenbahn mit ihren durcheinander laufenden Gleisen symbolisiert die Irrungen und Wirrungen des Lebens.

Elefanten: Elefanten sind Symbole der Macht, Kraft und des Erinnerungsvermögens.
Engel: Ein Engel ist der traditionelle Bote guter Nachrichten oder ein Beschützer vor bösen Erfahrungen.
Ertrinken: Ertrinken bringt die Sehnsucht nach Wiedergeburt zum Ausdruck.
Eule: Die Eule gilt als Symbol der Weisheit. Andere Interpretationen sehen in der Eule auch ein Zeichen für Klatsch. Ihr Schrei verkündet eine Krankheit oder schlechte Nachrichten über einen Freund.
Fahren: Ein Auto im Traum zu steuern, symbolisiert den Wunsch nach Unabhängigkeit; rasen hingegen drückt Fluchtgedanken aus.
Fahrrad: Einen Berg hinaufzufahren kündigt gute Nachrichten an, einen Berg hinunterfahren schlechte.

Unten: **Hieronymus Boschs Bild „Garten der irdischen Lüste" vermittelt traumähnliche Bilder der Lust, der Liebe und des Todes. Im Zentrum seiner Phantasie stehen Vögel, Erdbeeren und Einhörner.**

Unten: **Seit den Anfängen der Traumdeutung stehen ein Schlüssel und ein Schloß für unsere Sehnsucht, das Unerreichbare zu verstehen. Eine Maus steht für das Zweideutige im Leben. Eine Schlange verkörpert die männliche Sexualität.**

Fenster: Ein geschlossenes Fenster weist auf Frustrationen hin, wohingegen ein kaputtes Fenster ein Herzensenttäuschung symbolisiert. Durch ein Fenster zu schlüpfen, deutet auf schlechte Absichten hin.

Feuer: Feuerträume stehen für sexuelles Verlangen. Traditionell wird Feuer als ein Zeichen für Glück gedeutet. Ein Feuer im eigenen Haus symbolisiert ein glückliches Familienleben, ein Feuer am Arbeitsplatz deutet kommenden Wohlstand an.

Fledermäuse: Fledermäuse symbolisieren schlechte Nachrichten und Traurigkeit.

Flugzeug: Ein startendes Flugzeug kann als ein Zeichen von großen Zukunftsplänen gedeutet werden. Wenn das Flugzeug jedoch noch nicht startklar ist, könnte das ein Hinweis sein, daß man einer schwierigen Situation ausweicht.

Folter: Eine Foltersituation symbolisiert einen Konflikt in Liebes- oder Geldangelegenheiten.

Friedhof: Ein Traum von einem Friedhof verweist auf eine Nachricht von einer Person aus der Vergangheit. Für einen Witwer oder Witwe kündigt ein Friedhof eine erneute Heirat oder einen anderen tiefgreifenden Wandel im Leben an.

Geige: Eine Geige symbolisiert Achtung und möglicherweise sogar Erfolg. Eine zerbrochene Geige kündigt einen Bruch mit einer nahen Person an.

Geldbeutel: Von einem Geldbeutel zu träumen, signalisiert finanzielle Sorgen.

Gewehr: Der Klang eines Schusses ist als eine Warnung zu deuten. Einen Menschen zu erschießen, gilt als Symbol für einen Ehrverlust. Freud war der Überzeugung, daß ein Gewehr, ein Messer oder Dolch die männliche Sexualität und Begierde symbolisieren.

Glocken: Läutende Glocken verkünden den Tod eines Freundes oder einer geliebten Person.

Gras: Grasträume werden oft als prophetisch gedeutet. Weite Wiesen gelten als Omen für Erfüllung von Träumen, aber wenn der Träumende das Gras zertreten sollte, so deutet das auf Schwierigkeiten bei der Erfüllung der eigenen Ziele hin.

Haus: Ein Haus zu bauen, ist ein Zeichen für einschneidende Änderungen im Leben. Ein großes Haus signalisiert den Wunsch, das eigene soziale Ansehen zu erhöhen. Ein heruntergekommenes Haus weist auf die Notwendigkeit hin, seine Geldangelegenheiten zu ordnen. Ein ungemütliches Haus könnte auf Unzufriedenheit im eigenen Heim hinweisen.

Hunde: Freundliche Hunde symbolisieren Freundschaft, wohingegen wütende Hunde Angst ausdrücken.

Hut: Ein Hut deutet einen Ortswechsel an. Einen Hut zu verlieren gilt als schlechtes Omen.

Insel: Eine Insel ist ein Symbol von Glück und Zufriedenheit. Wenn der Träumende sich jedoch auf einer Insel versteckt, drückt sie ein Verlangen zu entfliehen aus. Wenn die Insel mit vielen Menschen bevölkert ist, sucht der Träumende Freunde.

Kanu: In ruhigen Gewässern zu paddeln, ist ein Zeichen für die Fähigkeit, ein Geschäft erfolgreich abzuwickeln. Ein Kanu in schwierigen Gewässern symbolisiert persönliche oder berufliche Unzufriedenheit.

Katze: Die Katze ist traditionell das Symbol der Frau. Eine ärgerliche Katze verweist auf eine Feindin. Eine dürre Katze signalisiert schlechte Nachrichten über einen Freund. Außerdem deutet sie auf einen Verlust hin.

Kieselsteine: Kieselsteine stehen für kleinliche Eifersucht.

Kinder: Spielende oder lachende Kinder verkörpern Freude. Umgekehrt verkörpern unglückliche Kinder Enttäuschung. Ein krankes Kind deutet auf finanzielle Sorgen hin.

Kirche: Von einer Kirche zu träumen, kündigt die Erfüllung eines Wunsches an. Wenn die Kirche jedoch weit entfernt ist, steht sie für eine Enttäuschung. Eine Kirche zu betreten, weist auf eine Heirat hin. Einigen Quellen zu Folge, symbolisiert eine Kirche die fürsorglichen und schützenden Eigenschaften von Frauen.

Kirschen: Kirschen sind Vorboten des Glücks.

König: Ein König verkörpert Autorität. Wer im Traum König wird, möchte andere kontrollieren. Einen König zu sehen, signalisiert die Sehnsucht nach einem Ziel.

Krankenschwester: Krankenschwestern stehen für gute Gesundheit, wenn man jedoch träumt, man sei selber eine Krankenschwester, deutet das auf den Wunsch nach Freunden.

Krieg: Während Friedenszeiten von einem Krieg zu träumen, weist auf Familienprobleme hin.

Lähmung: Viele Leute träumen davon, nicht gehen, sprechen oder schreien zu können. Eine Lähmung steht für ein schwieriges Problem, das der Träumende nicht lösen kann.

Lamm: Ein weidendes Lamm steht für Zufriedenheit, wohingegen ein verlorenes Lamm Unsicherheit symbolisiert. Ein totes Lamm ist ein schlechtes Omen.

Mauern: Mauern sind Zeichen der Frustration oder der Unfähigkeit, ein Ziel zu erreichen. Eine Mauer zu durchbrechen, symbolisiert die Fähigkeit, Widerstände zu überwinden.

Maus: Von Mäusen zu träumen, verweist auf Betrug und Unehrlichkeit. Psychologen deuten Mäuse als sexuelles Symbol.

Meer: Ein ruhiges Meer ist ein Zeichen für Reichtum, wohingegen eine unruhige See Gefahr ankündigt. Davon zu träumen, sich auf einem Schiff zu befinden, verrät Reiselust. Verschiedentlich wird das Meer auch als Zeichen des Todes oder als Wunsch interpretiert, neu geboren zu werden oder einen neuen Anfang zu machen.

Musik: Musik zu hören, kündet Glück an. Wenn die Musik den Träumer stört, ist das ein Hinweis auf emotionale Unsicherheit.

Nadel: Einen Faden einzufädeln symbolisiert ein Problem, das nur durch Geduld gelöst werden kann. Eine Nadel zu zerbrechen, drückt ein Verlangen danach aus, allein zu sein.

Nonnen: Nonnen symbolisieren das Bedürfnis, sich mit spirituellen Fragen zu beschäftigen.

Orangen: Bei einer Frau gelten Orangen als Zeichen für eine verlorene Liebe; bei einem Mann als Warnung vor unerwarteten Schwierigkeiten im Geschäft.

Perlen: Perlen stehen für eine Jubelfeier. Eine Perlenkette zu zerreißen oder eine Perle zu verlieren, deutet dagegen auf ein Unglück hin.

Pferd: Eine weißes Pferd bedeutet Wohlstand, ein schwarzes Betrug. Ein ausgerissenes Pferd ist eine Warnung vor finanziellen Schwierigkeiten. Nach Meinung der neueren Forschung symbolisieren Pferde sexuelle Leidenschaft.

Pfirsich: Von Pfirsichen zu träumen, symbolisiert unerwiderte Liebe oder fehlenden Reichtum.. Pfirsiche, die noch an einem Baum hängen, bedeuten, daß harte Arbeit belohnt werden wird.

Pyramiden: Pyramiden verkörpern die Sehnsucht nach einer neuen Umgebung oder neuen Interessengebieten.

Rauch: Von Rauch zu träumen, zeigt eine geistige Orientierungslosigkeit an.

Regen: Regenträume sind prophetisch. Im Regen zu stehen, warnt vor Rückschlägen in den eigenen Plänen. Ein Gewitter ist ein Zeichen von geistiger Verwirrung.

Riegel/Schloß: Ein Türschloß drückt ein Verlangen aus, Licht in Verborgenes zu bringen. Um jedoch den tieferen Sinn des Traums zu verstehen, muß man ergründen, wofür die Tür steht.

Ring: Der Ring ist ein Symbol der Liebe, Freundschaft und Ehe. Wenn man einen Ring bekommt, deutet das auf eine neue Freundschaft hin. Ein zerbrochener Ring kündigt hingegen die Trennung von einem lieben Menschen an.

Schauspieler/in: Träume, in denen Schauspieler vorkommen, drücken den Wunsch nach Ruhm und Anerkennung aus.

Schlüssel: Ein Schlüssel deutet auf eine Änderung hin. Ein zerbrochener Schlüssel symbolisiert Trauer, wohingegen ein verlorener Schlüsel eine unangenehme Situation ankündigt. Einen Schlüssel zu finden, ist ein gutes Omen.

Schmuck: Schmuck signalisiert ehrgeizige Ziele; beschädigter Schmuck bedeutet Enttäuschung; stumpfer Schmuck Geschäftsprobleme. Schmuck geschenkt zu bekommen, soll eine glückliche Ehe ankündigen.

Oben: **Nonnen gelten als Hinweis für das Bedürfnis, sich intensiver mit spirituellen Fragen zu beschäftigen.**

***Unten:* Der Schweizer Psychologe Carl Gustav Jung war davon überzeugt, daß bestimmte Symbole universellen Charakter haben. Dazu gehören der Schwan, der in der ganzen Welt als Zeichen des Wohlstands interpretiert wird.**

***Rechts:* Wenn man im Traum geht, ist das ein Zeichen für Streß oder Mißverständnisse.**

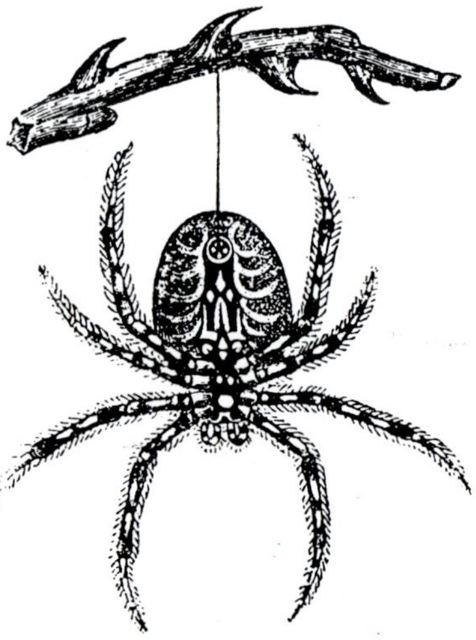

Schnee: Wenn es in einem Traum schneit, so gilt das als Warnung vor einer Krise, die den Träumenden sowohl emotional als auch finanziell bedrücken kann.

Schuhe: Ausgetretene Schuhe werden von jeher als Zeichen für die Notwendigkeit von mehr Toleranz und Achtung interpretiert.

Schwangerschaft: Von einer Schwangerschaft zu träumen, signalisiert Angst und Ungeduld.

Schwimmen: Wenn der Träumende das Schwimmen genießt, deutet dies auf ein Bedürfnis nach Freude und Spaß.

Sonne: Ein Sonnenaufgang ist ein Omen für gute Zeiten. Ein Sonnenuntergang warnt vor Leichtsinn in Geld- und Besitzfragen. Wenn die Sonne hinter den Wolken hervorscheint, ist das eine Ankündigung kommenden Wohlstands.

Spinne: Eine Spinne symbolisiert eine erschreckende Situation. Solch ein Traum kehrt oft so lange wieder, bis der Träumende die Verantwortung für seine Situation übernimmt.

Sport: Jede Mannschaftssportart ist ein Hinweis auf ein Bedürfnis nach Harmonie und Teamgeist.

Strand: Von einem Strand zu träumen, ist eine Mahnung, zu entspannen und Freude zu suchen. Träume dieser Art haben oft eine sexuelle Bedeutung.

Tanzen: Traditionell galt Tanzen als Ausdruck von Freude. Moderne Analytiker deuten es jedoch mehr als Zeichen sexueller Begierde.

Tiere: Ein wildes oder außer Kontrolle geratenes Tier symbolisiert sexuelle Lust. Ein Haustier dagegen verrät Zufriedenheit und Freundschaft.

Tiger: Ein Tiger steht für Angst.

Tomate: Eine Tomate weist auf den Wunsch nach mehr Kontakten hin. Eine reife Tomate kündigt eine glückliche Verbindung an.

Tor: Ein geschlossenes Tor ist eine Warnung vor kommenden Problemen. Ein beschädigtes Tor stellt fehlgeschlagene Unternehmungen dar.

Tunnel: Tunnel stehen für ein Gefühl von Unsicherheit. In einem Tunnel gefangen zu sein, symbolisiert den Wunsch zu fliehen.

Uhr: Eine Uhr symbolisiert Zeitbesessenheit. Wenn eine Uhr die volle Stunde schlägt, steht das für den Tod eines Freundes.

einer geliebten Person oder gar den eigenen Tod.

Vögel: Fliegende Vögel symbolisieren Wohlstand; ein verwundeter Vogel deutet auf eine Depression hin; zwitschernde Vögel warnen vor Klatsch.

Vulkan: Vulkane symbolisieren Gefühle. Sie sind denen, die schnell ihre Beherrschung verlieren, eine Warnung.

Wasser: Klares Wasser ist ein Zeichen von Reichtum, schmutziges Wasser signalisiert Krankheit. Im Wasser zu spielen, bedeutet den Wunsch, geliebt zu werden. Aufgewühltes Wasser symbolisiert schwierige Zeiten, die jedoch letztlich Erfolg bringen werden. Wer ins Wasser springt, ersehnt sich heimlich eine zweite Chance. Wer im Traum Wasser trinkt, ist oft tatsächlich durstig im Schlaf.

Wolf: Ein Wolf verkörpert einen Freund, der in Wirklichkeit ein Feind ist.

Wolken: Dunkle Wolken sind eine Vorwarnung vor schweren Zeiten.

Zeitung: Eine Zeitung zu lesen, ist ein Hinweis, daß der eigene Ruf in Gefahr ist. Wenn der Träumende die Zeitung lesen möchte, aber die Worte nicht entziffern kann, warnt das vor Geschäftsproblemen.

Ziege: Eine Ziege verkörpert Männlichkeit.

Oben: **Träume beschäftigen auch das Fernsehen. Rod Sterling hatte eine eigene Sendung im amerikanischen Fernsehen, in der er jede Woche einen besonders eigenartigen Traum vorstellte.**

Links: **Man sagt, daß Cupido, der römische Liebesgott, des öfteren Menschen in ihren Träumen aufsucht.**

REINKARNATION

Andere Seite: **Durch Träume wurde sich Lydia Davis Hucheson bewußt, daß sie in einem früheren Leben in Indien gelebt hatte und bei dem Lehrer Caitanyu Mahaprabhu Unterricht gehabt hatte. Eine Reise nach Indien überzeugte sie von ihrem Traum.**

Unten: **Berichte über Reinkarnationen sind unter Stammeskulturen weit verbreitet.**

In allen Kulturkreisen der Erde glauben Menschen, daß ihre Toten wiedergeboren werden. Während der Steinzeit begrub man die Gestorbenen in Embryohaltung, was Archäologen vermuten ließ, daß die Toten auf diese Weise auf ihre Wiedergeburt vorbereitet werden sollten. Der Hinduismus machte die Reinkarnation als erste Religion zu einem festen Bestandteil seines Glaubens. Hindus sind davon überzeugt, daß die Seele nach dem Tod des Körpers in ein anderes Lebewesen wandert. Das kann sowohl ein Mensch, als auch ein Tier sein. Das neue Leben ist entweder eine Bestrafung oder eine Belohnung für die Taten im vorangegangenen Leben.

Am Ende dieses Zyklus aus Sterben und Geborenwerden erreicht die Seele einen göttlichen Zustand.

Der Glaube an die Reinkarnation breitete sich von Indien nach Griechenland aus. Pythagoras, der berühmte Mathematiker und Philosoph, soll einmal einen Mann davon abgehalten haben, einen Hund zu schlagen, weil er in seinem Jaulen die Stimme eines toten Freundes hörte. Etwas später entwickelte der Philosoph Plato die Theorie, daß die Seele mehrere Stufen durchschreiten müßte, bevor sie ihre Vollendung erlangt. Erleuchtet und von materiellen Bedürfnissen frei, suche sie sich – nach Platos Überzeugung – den Körper eines Künstlers, Philosophen, Musikers oder eines Liebenden, um sich dort ein letztes Mal in einem irdischen Lebewesen niederzulassen. Nach dieser letzten Wiedergeburt würde die Seele ihre Wanderung beenden und Frieden im Himmelsreich finden.

Es ist wahrscheinlich, daß sich der indische Einfluß über Asien und die Bering

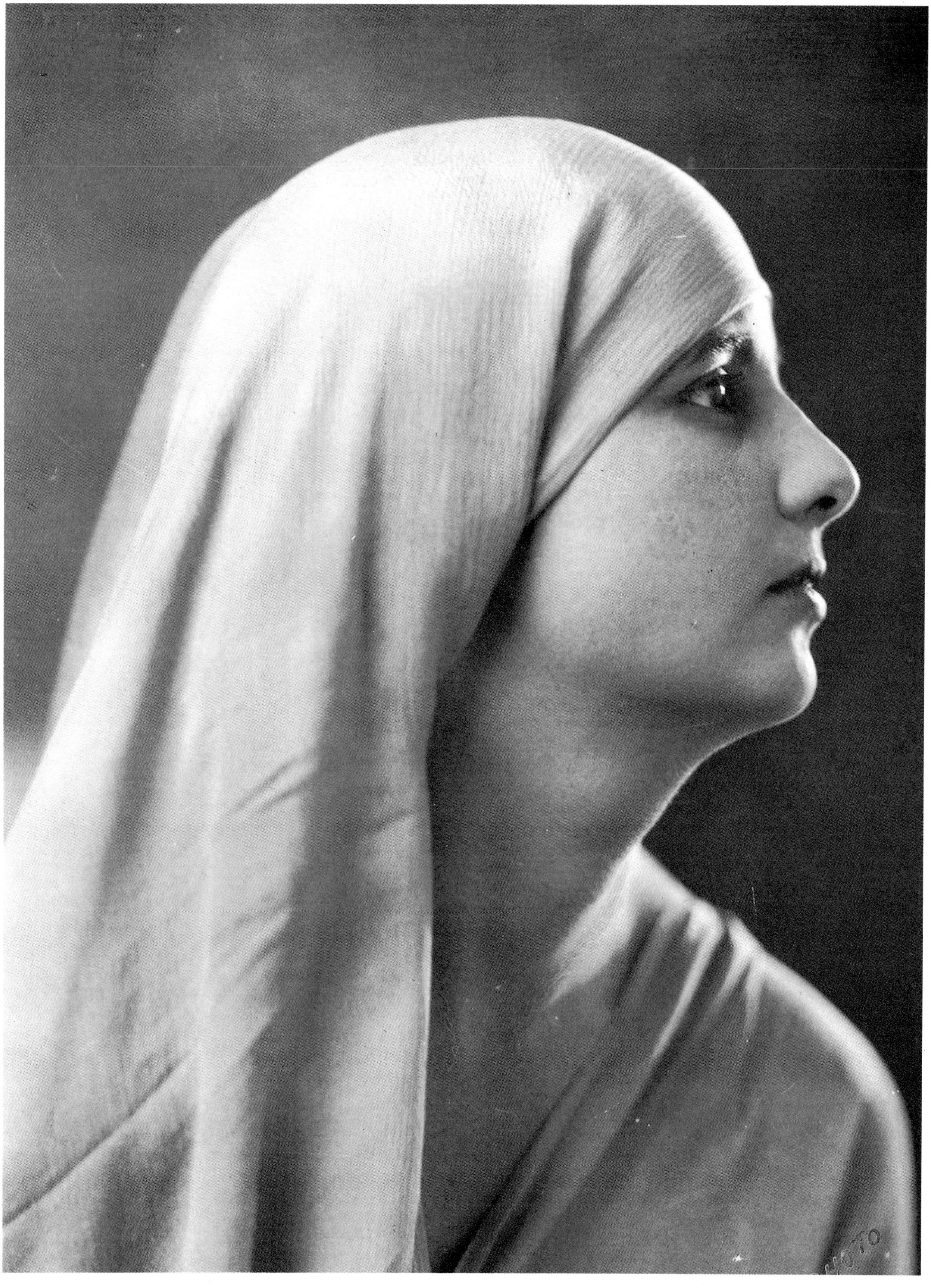

Oben und unten: **Die Ägypter begruben ihre Toten mit Schriftrollen, auf denen sie die Vorzüge der Verstorbenen priesen. Sie sollten den Gott Osiris gütig stimmen, den Toten andere Leben zu schenken. Die Ägypter glaubten, daß es bis zu 3.000 Jahre dauern könnte, bis eine Seele ihren vollen Zyklus durchschritten hat.**

Andere Seite: **Buddhisten glauben, daß Menschen in eine von fünf Klassen geboren werden können: Götter, Menschen, Tiere, Geister oder Ausgestoßene. Die Seele braucht nicht mehr Wiedergeboren zu werden, wenn sie die drei Feuer gelöscht hat: Begierde, Haß und Verblendung.**

Straße zu den Indianerstämmen der Nordwestküste Nordamerikas ausgebreitet hat. Der Glaube der Tlingit Indianer im Südosten Alaskas zeigt gewisse Anklänge an die Lehre der Hindus vom Karma.

Neben dem Hinduismus lehrt auch der Buddhismus und Lamaismus die Reinkarnation. Seit 1391 wird Tibets religiöser und weltlicher Herrscher, der Dalai Lama, nur in seiner Reinkarnation wieder eingesetzt. Wenn ein Dalai Lama stirbt, gehen ausgewählte Priester auf die Suche nach seiner Reinkarnation. Wenn sie den Knaben entdeckt haben, von dem sie glauben, daß er der neue Dalai Lama ist, unterziehen sie ihn einer Reihe von Prüfungen, durch die er beweisen muß, daß er die Reinkarnation seines Vorgängers ist. Im Gegensatz zu der östlichen Überzeugung, daß die Seele durch ihre vielen Wanderungen gereinigt wird, glauben die Christen nicht an Wiedergeburt. Vielmehr meint die christliche Lehre, daß sich die Seele nach dem Tod des Körpers vor dem jüngsten Gericht verantworten muß. Trotz dieser Position gab es innerhalb der Kirche immer wieder Stimmen, die eine Wiedergeburt für möglich hielten. Dieser Widerspruch fing an mit Origen, einem Theologen aus dem dritten Jahrhundert. Er reicht bis zu den *New Age* Jüngern unserer Zeit.

Während einer Reise nach Ägypten wurde es Katherina O'Rourke (*gegenüberliegende Seite*) klar, daß sie schon neun Leben geführt hatte, und zwar als ägyptische Sklavin (*oben*), während der Regierungszeit von Ramses II. Sie berichtete ihrem Ehemann davon, der sofort eine Exkursion nach Abu Simel einleitete, wo Ramses seinen Palast hatte.

Tatsächlich konnte Katherina einige Räume, deren Lage und Einrichtung beschreiben, bevor sie sie gesehen hatte.

REINKARNATIONSFORSCHUNG

In Indien sind Reinkarnationen besonders oft zu finden, da sie in der Gesellschaft akzeptiert sind. Forscher, die sich mit dem Phämomen Reinkarnation beschäftigen, haben einige Merkmale gefunden, die in allen Kulturen übereinstimmen: Normalerweise drückt eine Person ihre Gefühle und Erinnerungen über ein früheres Leben schon zu einem sehr frühen Zeitpunkt aus, etwa im Alter zwischen zwei und vier Jahren. Zwischen fünf und acht verliert die Person ihre Identifikation mit ihrem früheren Leben und hört auf, über ihr vergangenes Leben zu reden. Die Erinnerungen an den Moment des Sterbens im früheren Leben sind bei den meisten Menschen besonders intensiv.

Einzelne Kulturen unterscheiden sich aber in ihrem Umgang mit der Seelenwanderung. Dr. Ian Stevenson, einer der führenden Köpfe auf dem Gebiet der Reinkarnationsforschung, fand heraus, daß sich zum Beispiel die Zeitspanne zwischen dem Tod und der Wiedergeburt in den einzelnen Kulturen erheblich unterscheidet. In der Türkei beträgt sie neun Monate, in Sri Lanka 21, aber in Indien 45 Monate und in Alaska sogar 48.

Als Beweis für die Existenz der Reinkarnation führt Stevenson Untersuchungen an, die zeigen, daß manche Menschen Fähigkeiten besitzen, die nur von Tätigkeiten früherer Leben stammen können. Einige andere Experten gingen sogar weiter und behaupteten, daß die Reinkarnation eine Erklärung für die Fähigkeiten von Wunderkindern biete. Ihrer Überzeugung nach erinnern sich diese Kinder einfach an Fähigkeiten aus früheren Leben, so daß sie nicht erst ihr Leben damit verbringen müssen, diese zu lernen. Ein häufiges Beispiel ist Wolfgang Amadeus Mozart, der schon im zarten Alter von vier Jahren zu komponieren begann. Ein anderes ist der Mathematiker Blaise Pascal, der mit elf Jahren ein neues geometrisches System erfunden hatte. Ein gewichtiges Argument gegen diese Sicht ist, daß es keine Erinnerungen an ein Wunderkind gibt, das auf frühere Leben hinweist.

Weiterhin existiert unter Forschern die Auffassung, daß *deja-vu* („schon mal gesehen") Erfahrungen am Ende Erinnerungen aus einer früheren Inkarnation darstellen.

Trotz unzähliger Widerstände und auch sehr schwachen Beweisen existiert die Reinkarnationsforschung bereits seit dem Beginn des 20. Jahrhunderts. Eines der aufsehenerregendsten Ereignisse dieses Jahrhunderts ist der Fall der Inderin Shanti Devis. Als Shanti drei Jahre alt war, begann sie, ihrer Mutter von ihrem Ehemann, einem Mann namens Kendarnath, ihren Kindern und ihrem Haus in Muttra zu erzählen. Shanti sprach von einer schwierigen Schwangerschaft und einer Sturzgeburt, bei der sie starb. Nachdem die Familie vier Jahre lang diese Geschichte gehört hatte, entschloß sich Shantis Onkel, an ihren angeblichen Ehemann zu schreiben. Als Antwort schickte Kendarnath seinen Cousin. Shanti erkannte den Mann sofort und konnte sich sogar an Kleinigkeiten seines Lebens erinnern. Daraufhin sah sich Kendarnath gezwungen, Shanti persönlich zu besuchen.

Da war Shanti allerdings schon zu einer Sensation geworden; sie mußte sich alle möglichen Untersuchungen gefallen lassen. In Begleitung von Experten besuchte Shanti Muttra, wo sie kaum noch überraschend die Gruppe vom Bahnhof in das Haus führte, in dem sie einstmals gelebt hatte.

Einer der interessantesten Fälle von Reinkarnation betraf einen Indianer vom Stamm der Tlingit in Alaska. William George Sr., ein dortiger Fischer, sagte seine eigene Wiedergeburt voraus, indem er seinem Sohn und seiner Schwiegertochter eines Tages erklärte: „Wenn wirklich etwas dran ist, kehre ich als Euer Sohn zurück."

1949 verschwand William George spurlos beim Fischen. Kurz nach seinem mutmaßlichen Tod wurde seine Schwiegertochter schwanger. Sie kam mit einem Sohn nieder, wie es ihr Schwiegervater vorausgesagt hatte. Der Sohn hatte fast genau dieselben Geburtsmale wie William George. Die Eltern nannten ihn William George Jr. Als er aufwuchs, ähnelte er im Charakter wie auch im Äußeren stark seinem Großvater. Er hinkte wie dieser, hatte ebenfalls eine Neigung zum Tüfteln und Grübeln. Außerdem kannte er sich fachmännisch im Bootsbau und in der Fischerei aus.

Einmal entdeckte William George Jr. bei seinem Vater eine Uhr, die einmal William George Sr. gehört hatte. Ganz spontan rief er aus: „Da ist ja meine Uhr!".

1956 erregte das Buch „Die Suche nach Bridey Murphy" großes Aufsehen. Autor Morey Bernstein beschrieb die erstaunli-

Oben: **Ein prominenter Fall von Reinkarnation war Dolores Jay, die behauptete als Gretchen Gottlieb im 19. Jahrhundert in Deutschland gelebt zu haben.**

Gegenüberliegende Seite: **Auffallend viele Berichte über Reinkarnationen gibt es im Stamm der Tlingit Indianer in Alaska.**

che Geschichte der amerikanischen Hausfrau Virginia Tighe, die behauptete, ein Jahrhundert zuvor als Bridey Murphy in Irland gelebt zu haben. Unter Hypnose berichtete sie Details ihres früheren Lebens: Bridey war am 20. Dezember 1798 als Tochter von Kathleen und Duncan Murphy geboren worden. Ihre Kindkeit verbrachte sie auf einem Bauernhof namens Meadows in der Grafschaft Cork, wo sie auch bei einer Lehrerin namens Strayne Unterricht hatte.

Mit 20 Jahren heiratete sie Brian McCarthy und zog mit ihm nach Belfast. Ihr Mann war wie ihr Vater Rechtsanwalt. Außerdem lehrte er am Queen's College und schrieb Artikel für den *Belfast News-Letter.* Sie konnte sich auch noch an das Lieblingsessen ihres Mannes erinnern: gekochtes Rindfleisch mit Zwiebeln.

Im Alter von 66 Jahren brach sich Bridey ihre Hüfte. Daraufhin litt sie zunehmend unter Depressionen. Sie fühlte sich als Last für ihre Umwelt, so daß sie an einem Sonntagmorgen, als ihr Mann in der Kirche war, für immer einschlief. Die Fülle an Details provozierte Nachforschungen. Doch in Irland ließen sich keine Beweise für die Existenz einer Bridey Murphy McCarthy finden. Am Ende verstärkte dieser Fall nur den Glauben derer, die sowieso an Reinkarnation glaubten und vertiefte das Mißtrauen der Skepitker.

Ein anderer eindrucksvoller Fall ereignete sich 1970, als Caroll Jay die Rückenschmerzen seiner Frau durch Hypnose behandelte. Unter Hypnose begann sie plötzlich, Deutsch zu sprechen. Im Verlauf mehrere Sitzungen beschrieb Dolores Jay die Persönlichkeit ihrer früheren Inkarnation Gretchen Gottlieb. Gretchen hatte in Eberswalde im 19. Jahrhundert gelebt, wo ihr Vater Bürgermeister gewesen war.

Ihre Fähigkeit Deutsch zu reden, obwohl sie die Sprache nie gelernt hatte, stellte ein starkes Argument für eine Reinkarnation dar. Um die Existenz einer Gretchen Gottlieb zu bestätigen, flogen einige Forscher nach Deutschland. Sie fanden jedoch keine Stadt, die einen Bürgermeister namens Hermann Gottlieb hatte. Sie fanden zwar einige Hinweise, die mit Dolores Darstellung übereinstimmten, jedoch keine direkten Beweise für Carol Jays Orts- und Zeitangaben. Ihr Mann behauptete später, seine Frau wäre wohl eher von dem Geist der Gretchen besessen als reinkarniert gewesen.

Beide Fälle zeigen, daß Hypnose eines der wichtigsten Instrumente der Reinkarnationsforschung ist. Unter Hypnose ist es möglich, freien Zugang zu einer früheren Lebensperiode und sogar zu einem früheren Leben zu gewinnen. Jedoch akzeptieren nicht alle Forscher diese Methode. Denn es kann nicht ausgeschlossen werden, daß die Informationen unter Hypnose nicht doch der Phantasie entspringen. Denn hypnotisierte Personen sind extrem darum bemüht, ihren Hypnotiseur zufriedenzustellen.

Außerdem können Menschen in der Hypnose unter Cryptomnesie leiden, einer Art abnormen Gedächtnisses. Das bedeutet, daß die Erinnerungen an ein früheres Leben in Wirklichkeit Erinnerungen an Bücher, Filme usw. sind, die im Unbewußten aufbewahrt liegen.

In den siebziger Jahren führte Helen Wambach eine Reihe von genauen Untersuchungen zu Fragen der Reinkarnation durch. Sie wollte beweisen, daß Erinnerungen an ein früheres Leben mehr sind als kreative Phantasien.

Mit Hilfe von Hypnose interviewte sie 1088 Personen über ihre früheren Leben. Mrs. Wambach begann ihre Experimente damit, eine Gruppe von Leuten im Zustand der Hypnose mit bestimmten Daten zu konfrontieren. Auf diese Weise wollte sie eine starke Reaktion provozieren. Sie gab ihren Versuchspersonen außerdem Karten, um herauszufinden, ob sie auf einen bestimmten Ort reagierten. Wenn einer der Teilnehmer positiv reagierte, bat sie ihn, alles zu erzählen woran er oder sie sich erinnern konnten. Dabei suchte sie nach Besonderheiten, die uns heute noch über diese Epochen unbekannt sind wie Essen, Kleidung, soziales Leben etc.

Wie nicht anders zu erwarten, erhielt sie äußerst detailierte Beschreibungen. Mrs. Wambach fand heraus, daß die Beobachtungen ihrer Versuchspersonen in den meisten Fällen historisch exakt waren und daher auch unter statistischen Gesichtspunkten Interessantes hervorbrachten.

Mrs. Wambach folgerte, daß diese Informationen eine genaue Beschreibung der sozio-ökonomischen Situation der Menschheit zu verschiedenen Zeiten geben konnte. Das Verhältnis von Frauen und Männern war halbwegs identisch, obwohl die Gruppen nicht aus gleichviel Frauen und Männern bestanden. Die soziale Zugehörigkeit der Inkarnationen fiel zu 90 Prozent den unteren Klassen zu; nur 10 Prozent gehörten zu den gehobenen Klassen. Je näher die Inkarnationen jedoch zum 20. Jahrhundert kamen, desto

Marguerite La Fontaine Mather (*gegenüberliegende Seite*) war eine bekannte Spiritualistin und eine fleißige Mitarbeiterin von Zeitschriften zum Thema Okkultismus. Viele Veröffentlichungen drehten sich um ihr früheres Leben als Squaw bei den Apatschen.

In den 50er Jahren gelangten einige Anhänger von Mrs. Mather zur Überzeugung, daß sie auf diesem historischen Foto aus der Zeit um 1880 tatsächlich in ihrer Reinkarnation als „Die wie ein Vogel weint" zu sehen war.

höher stieg der Anteil der Mittelklasse. Mrs. Wambach untersuchte auch die Zeit zwischen den Inkarnationen. Nahezu 40 Prozent der Befragten konnten sich an diese Zeit nicht erinnern. Aber fast 60 Prozent der Teilnehmer äußerten sich davon überzeugt, daß sie wiedergeboren waren, um sich spirituell weiterzuentwickeln.

In Übereinstimmung mit anderen Psychologen, erblickt Mrs. Wambach in der Konfrontation mit Traumata aus früheren Leben eine heilende Funktion für dieses Leben. Auch wenn Hypnose als Mittel zur Erkenntnis über frühere Leben nicht unumstritten ist, sehen doch viele Forscher in ihr eine große Hilfe für die Patienten, die so über die Muster ihrer vergangenen Leben Klarheit erlangen können. Denn viele emotionalen Probleme und Neurosen haben ihren Ursprung in vergangenen Leben. Wenn der Patient die Ursprünge erkennen kann, fällt es ihm leichter, mit diesen Problemen im jetzigen Leben fertig zu werden.

Ein Psychologe berichtete zum Beispiel von einem Patienten, der Angst hatte, seine Wohnung zu verlassen. Schließlich fand der Mann heraus, daß seine Familie umgekommen war, nachdem er in einem früheren Leben das Haus verlassen hatte. Nun fiel weniger schwer, mit dieser Angst umzugehen. Auf dieselbe Art können Menschen ihre Höhenangst als Relikt aus einem früheren Leben deuten, in dem sie vielleicht von einer Brücke oder einem Dach gefallen waren. Genauso kann eine Angst vor Wasser darin begründet sein, daß man schon einmal ertrunken ist.

Auch wenn die Rückführung in frühere Leben ein sehr wirksames Mittel sein kann, um Probleme in diesem Leben in einer anderen Perspektive zu sehen und mit neuer Kraft anzugehen, stellen sie doch noch keinen Beweis für die Reinkarnation dar. Viele Forscher, die sich mit paranormalen Phänomenen beschäftigen, weisen die gesamte Idee der Reinkarnation von sich. Sie sind eher der Überzeugung, daß Phänomene, die mit Reinkarnation in Verbindung gebracht werden, genausogut oder sogar besser mit Geisterbessensenheit, Telepathie oder Poltergeistern erklärt werden können. Auch wenn die Reinkarnationstheorien unter Wissenschaftlern umstritten sind, glaubt nach jüngsten Umfragen doch jeder fünfte Amerikaner an sie.

Die Erklärung für diese Popularität sehen manche Wissenschaftler in dem Wunsch vieler Durchschnittsmenschen, ihr Leben interessanter zu machen. Ihr Leben könnte einfacher sein, wenn sie sich vorstellen, daß sie schon einmal große Könige oder Krieger oder Mätressen gewesen sind. Zu einem gewissen Teil kann das jüngste Interesse an Reinkarnation auch auf die *New Age* Bewegung zurückgeführt werden.

Gegenüberliegende Seite: **„Crystal Awakening", ein gechanneltes Bild von Marjosa Star. Die Künstlerin erklärt den Schaffensprozess: „Meine Hand ist eher mit dem Unbewußten im Einklang, als mit dem Bewußten... Auf diese Weise entstehen die Bilder von selbst.**

Das Bild unten, das während einer vorübergehenden Erblindung der Künstlerin entstand, verdeutlicht wie sicher ihre Hand von ihrem Unbewußten geführt wurde. ***Oben:*** **Schauspielerin, Autorin und *New Age* Priesterin Shirley MacLaine.**

DIE NEW-AGE BEWEGUNG

Die *New Age* Bewegung ist unglaublich zersplittert. Sie reicht von Anhängern einer ganzheitliche Medizin bis zu den Schülern spiritueller Meister und Gurus. Im Kern ist die *New Age* Bewegung Ausdruck der Suche nach einem spirituell erfüllten Leben.

Viele Anhänger glauben, daß sie ihr jetziges Leben durch Wissen über ihre vergangenen Leben verändern können. Um diese Lehren erfahren zu können, wenden sie sich an sogenannte Channels – früher nannte man sie Medium. Diese Channels sind in Kontakt mit den geistigen Führern vergangener Leben und manchmal sogar anderer Welten.

Ruth Montgomery zum Beispiel arbeitete fünfundzwanzig Jahre als bekannte Journalistin in Washington, der Hauptstadt der Vereinigten Staaten, bevor sie anfing ihre Recherchefähigkeiten auf dem spirituellen Gebiet anzuwenden. Heute ist sie davon überzeugt, daß nur Reinkarnation die „scheinbaren Widersprüche unseres alltäglichen Lebens erklären kann. Denn wir werden von Menschen so behandelt, wie wir sie im Verlauf unserer Leben behandelt haben."

Montgomerys Interesse für paranormale Phänomene wurde durch eine Séance geweckt, bei der sie mit ihrem toten Vater und anderen Verwandten in Verbindung treten konnte. Das bekannte Medium Arthur Ford riet ihr, es mit geschriebenen Botschaften aus der Geisterwelt zu versuchen. Um diese Botschaften zu erhalten, setzt sie sich in einer entspannten Haltung an die Schreibmaschine. Ihr erster Kontakt mit einem Geist hieß Lily. In den folgenden 20 Jahren kommunizierten Lily und zwölf andere Geister mit Mrs. Montgomery. Ihre Themen waren der Ursprung des immerwährenden Lebens, das Leben nach dem Tod, und die fortdauernde Entwicklung zu einer Vereinigung mit dem Schöpfer. Arthur Ford, der 1971 starb schloß sich später dieser Gruppe an.

Am Anfang glaubte Mrs. Montgomery überhaupt nicht an Reinkarnation. Doch die Geister empfahlen ihr, dieses Phänomen zu erforschen. Am Ende überzeugten sie ihre eigenen Nachforschungen. Im Lauf der Zeit fand sie heraus, daß sie einmal eine schwarze Waschfrau in Afrika gewesen war.

In einer der Schreibsitzungen, wollte Mrs. Montgomery etwas über König Juan Carlos wissen, dabei erfuhr sie, daß sie in früheren Leben des öfteren ein Mitglied der königlichen Familie gewesen war. Sie war außerdem auch ein wandernder Mönch in Frankreich und ein Lama in Tibet gewesen.

Jo-Ann Karl, eine Ex-Managerin, ist auch eine *New Age* Anhängerin. Sie begann sich für das Paranormale zu interessieren, als sie 1980 eine „out-of-body" Erfahrung erlebte. Danach wollte sie mehr über ihre vergangenen Leben erfahren und lernte für sich, daß sie viel mehr Risiken eingehen konnte. „Ich war einmal mit Petrus verheiratet", erklärt sie. „Wir reisten sehr viel mit Jesus, und predigten gemeinsam mit ihm. Nach seiner Kreuzigung machten wir weiter, bis wir nach einigen Jahren von den Römern gefangengenommen wurden. Sie kreuzigten Petrus und warfen mich den Löwen vor, nachdem sie mich vergewaltigt und an den Pranger gestellt hatten. Jetzt ist mit klar, warum ich immer Angst vor großen Tieren habe." Heute arbeitet

***Oben:* Anna Lewis Montford und ihre beiden Töchter Genevieve und Luise waren eifrige Anhänger der Theosophie, einer Lehre, die 1875 von Helena Blavatsky entwickelt worden war. Anna wurde eine Anhängerin dieser Lehre, nachdem sie Blavatskys Buch *Die geheime Lehre* gelesen hatte. Dieses Buch behauptete, daß das Individuum im Verlauf seiner Reinkarnationen eine spirituelle Entwicklung durchmacht.**

Zu Blavatskys Anhängern gehörten unter anderem so bedeutende Personen wie Thomas A. Edison, Alfred Lord Tennyson und William Butler Yeats.

Jo-Ann selber als Channel und hilft anderen Menschen, in Kontakt mit ihren vergangenen Leben zu treten.

Ein sehr erfogreiches Channel ist JZ Knight, eine ehemalige Hausfrau. Sie spricht im Namen von Ramathas einem 35.000 Jahre alten Krieger von dem untergegangenen Kontinent von Lemuria. Ramathas Worte sind in dem Buch *Ich Ramatha* veröffentlicht. Mit ihren Vorträgen verdient Jo-Ann heute einige Millionen Dollar.

Die vielleicht berühmteste Vertreterin der *New Age* Bewegung war zeitweilig Shirley McLaine. Die Schauspielerin hat ihre Suche nach einem tieferen Sinn in ihrem Leben in mehrern Büchern beschrieben. McLaine berichtet, daß sie in früheren Leben ein mongolisches Mädchen war, Hofnarr bei Ludwig XV. und eine Prostituierte. „Ich weiß, daß ich früher schon gelebt habe," stellte die Schauspielerin fest: „Ich weiß, daß es ein Leben vor der Geburt gibt. Ich kann das zwar nicht beweisen, aber ich konnte auch nicht beweisen, daß ich Mikroben auf meiner Haut habe, bevor das Mikroskop erfunden wurde."

Von einem rein wissenschaftlichen Standpunkt aus betrachtet, ist es höchst unwahrscheinlich, daß es jemals bewiesen werden kann, daß Reinkarnation eine Tatsache ist. Doch die vielen Hinweise und Indizien, lassen gar keine andere Wahl, als davon auszugehen, daß Reinkarnation eine Tatsache ist.

EDGAR CAYCE

Edgar Cayce hat eine Menge dafür getan die Reinkarnation zuerst in den USA und dann in Europa populär zu machen. Cayce fiel durch seine hellseherischen Fähigkeiten zum erstem Mal im Alter von zehn Jahren auf.

Als er an einem Nachmittag in einem Wäldchen die Bibel las, sah er plötzlich eine Frau in einem Lichtkreis. Die Frau sagte, „Deine Gebete sind erhört worden. Sag mir, was Du Dir am sehnlichsten wünschst, daß ich es Dir erfüllen kann."

Vollkommen überrascht antwortete der Junge: „Am liebsten würde ich anderen Menschen helfen können, besonders Kindern, wenn sie krank sind."

Nachdem die Frau verschwunden war, fürchtete Cayce, daß er verrückt würde. Doch ganz im Gegenteil, er bemerkte bald darauf, daß ihm eine besondere Gabe geschenkt worden war. Eines abends, als er mit seinen Schulaufgaben nicht mehr zurechtkam, hörte er wie ihn die Stimme der Frau ins Bett schickte. Als er nach einem kurzen Schlaf aufwachte, konnte er alle Aufgaben ohne Schwierigkeiten lösen.

Eine kurze Zeit später, bekam Cayce in der Schulpause einen Ball gegen den Kopf. Obwohl er nicht verletzt war, benahm er sich doch den Rest des Tages sehr seltsam. Normalerweise still und wohlerzogen, wurde er plötzlich laut und rauh. Als er einschlief, begann er zu sprechen. Er teilte seinen Eltern mit, daß er sich in einem Schockzustand befinde und um ihn zu heilen, sollten sie ihm einen Umschlag aus Mais, Zwiebeln und Kräutern machen. Was sie auch wirklich taten. Am nächsten morgen konnte sich Cayce an nichts erinnern, aber er benahm sich wieder normal.

Cayce wehrte sich als gläubiger Christ gegen übernatürliche Kräfte. Daher ignorierte er auch zwei wichtige Ereignisse in den nächsten Jahren. Mit 23 Jahren verlor er für längere Zeit seine Stimme. Da seine Ärzte keine Ursache finden konnten, wandte sich Cayce aus schierer Verzweiflung an Al Layne, einen Hypnotiseur. Unter Hypnose begann Cayce, sehr zur Überraschung von Layne, in fachmännischen Worten über sein Halsproblem zu sprechen. Er sagte, daß seine Ursache eine partielle Lähmung sei, die durch seine psychische Befindlichkeit ausgelöst worden sei. Cayce forderte Layne auf, ihm zu befehlen, die Blutzirkulation im Hals zu erhöhen. Layne folgte Cayce Anweisungen und erlebte dann mit, wie dessen Hals und Nacken durch die intensivierte Blutzirkulation feuerrot anliefen. Als Cayce aus der Hypnose erwachte, war seine Krankheit geheilt.

Auf Laynes Rat hin begann Cayce, seine Fähigkeiten gezielt einzusetzen. Unter Hypnose konnte Cayce die Krankheit eines Patienten diagnostizieren und die passende Behandlung vorschreiben. Was seine Fähigkeit so erstaunlich machte, war der Umstand, daß er nur den Namen und die Adresse eines Patienten brauchte. Seine Rezepte muteten oft seltsam an. Sie bestanden zumeist aus einer Mischung aus Kräutern, Diäten, chiropraktischen Behandlungen, Osteopathie und Hydrotherapie.

Edgar Cayces Karriere erreichte 1923 einen Wendepunkt. Ein reicher Druckereibesitzer namens Arthur Lammer, wollte ein Reading, so nannte Cayce seine Behandlungen. Lammer ging es aber nicht um eine Krankheit, er wollte vielmehr etwas über die Mysterien der Seele, Astrologie, alte Religionen, Alchemie und ähnliches erfahren. Wegen seines Glaubens reagierte Cayce zuerst ablehnend, doch nach einiger Zeit änderte er seine Einstellung.

Nach dem ersten Reading glaubte Cayce an Reinkarnation. Darauf untersuchte er bei seinen Readings die astrologische Konstellation eines Patienten und dessen frühere Leben.

Wie hoch seine Erfolgsquote war, ist schwer zu sagen. Sherwood Eddys Studie spricht von etwa 90 Prozent, aber sie beruhte auf einem sehr kleinen Ausschnitt. Es gab drei Fälle, wo er eine bestimmte Heilung für Menschen angeordnet hatte, die bereits verstorben waren. Seine eigene Frau konnte er hingegen von einer schweren Tuberkulose heilen. Von seinen Erfolgen und Fehlschlägen einmal abgesehen, war Cayce eine außerordentlich populäre Figur.

Er wollte etwas über die früheren Leben seines Klienten erfahren, um dessen gegenwärtiges Leben zu bereichern.

Im Jahre 1931 gründete er die Association for Research and Enlightment ARE (Vereinigung für Forschung und Erleuchtung) als Zusammenschluß all derer, die ihre übersinnlichen Fähigkeiten weiter entwickeln wollten. Nach seinem Tod 1945 sammelte ARE die schriftlichen Berichte von 14.264 Readings. Die meisten betrafen körperliche Probleme. Heute rühmt sich die ARE ihrer 70.000 Mitglieder. Viele andere gehören mit anderen Cayce-Jüngern den „Search for God" Gruppen an. Auch die *New Age* Bewegung hat er mit seiner Tiefentrance-Therapie inspiriert.

Oft werden Cayces Fähigkeit als Hellseherei charakterisiert. Cayce selber beschrieb sie selbst als Telepathie auf einer unbewußten Ebene. Er war davon überzeugt, daß er „in Gottes Erinnerungsbuch oder anders gesagt das universelle Bewußtsein" sehen konnte. Mit dieser Vorstellung lag Cayce sehr nahe an Jungs Theorie des „kollektiven Unbewußten". Cayce selber sprach oft von den akashischen Überlieferungen; ein Begriff der später gerne von den New Age Anhängern übernommen wurde. Das Wort askasa stammt aus dem Hinduismus und bezeichnet, „die zentrale Sammelstelle aller Ereignisse, Gedanken und Aktionen, die sich auf einem Astralplaneten ereignen und die in einem bestimmten Geisteszustand befragt werden können". Auf diese Weise war Cayce unter Hypnose fähig, sich des Wissens der akashischen Überlieferungen zu bedienen.

Die Ursprünge der holistischen Medizin lassen sich auf Edgar Cayce (*oben*) zurückführen. Cayce war ein Mystiker, der in Tiefentrance eine Philosophie des Lebens und der Gesundheit diktiert hatte.

Es gibt über 14.000 solcher Übermittlungen (Readings genannt) von ihm, bei denen er schon tausenden von Menschen geholfen hat. Nach Untersuchungen von Sherwood Eddy erzielte Cayce eine Erfolgsquote von über 90 Prozent.

PARAPSYCHOLOGIE

Oben und gegenüberliegende Seite: **Die bekannte Spiritualistin Rosa DuBois erkannte ihre Fähigkeiten schon als junges Mädchen. Sie benutzte ihre Kräfte während ihres gesamten Lebens, indem sie den einflußreichsten Familien in New York und Newport (Rhode Island) die persönliche und berufliche Zukunft voraussagte. Sie ist bis heute durch ihre richtige Vorhersage des Todes von Franklin D. Roosevelt im April 1945 und dem Abwurf der ersten Atombombe im August 1945 auf Hiroshima bekanntgeblieben.**

Rechts: **„Die Vision des Etsekiel", im Gemälde von Raphael, das den Urtypus des apokalyptischen Traums darstellt. Wie im Buch der Offenbarung beschrieben, sind es die Tiere, die das Ende der Zeit verkünden: „Wehe, wehe, den Bewohnern der Erde" (Off. 8, 13.).**

Schon seit Urzeiten haben einige Menschen besondere Fähigkeiten besessen, einen sechsten Sinn, der es ihnen erlaubte, Dinge zu *sehen* oder zu *wissen*, die andere nicht erkennen konnten: Im antiken Griechenland gab es beispielsweise Orakel, die den Tod von Königen weissagten; im Mittelalter hörte das französische Bauernmädchen Johanna von Orléans Stimmen, die sie zum Kampf gegen die englischen Eroberer aufriefen. Und Abraham Lincoln träumte von seiner eigenen Ermordung.

Unzählige andere Menschen haben derartige Träume oder Erlebnisse gehabt, ohne daß sie alle ähnlich spektakulär gewesen wären. Dennoch führen auch sie zu einer Welt außerhalb der Grenzen, die uns das normale Leben vorgibt. Heute untersuchen Wissenschaftler diese Phänomene in einer eigenen Forschungsrichtung, der Parapsychologie.

Dabei unterscheidet man vier verschiedene Arten von Außersinnlicher Wahrnehmung (ASW):

1. Die Telepathie oder das Gedankenlesen. Personen, die über diese Fähigkeit verfügen, können per Gedanken miteinander in Verbindung treten, ohne daß sie dabei sprechen. Manche Parapsychologen sind der Auffassung, daß die Telepathie am häufigsten zwischen Menschen stattfindet, die in einer engen emotionalen Verbindung stehen wie Zwillinge oder Mutter und Kind.

2. Als Hellsehen oder „zweiten Blick" bezeichnet man das Wissen kommender Ereignisse oder Dinge. Hellseherei kann in Form langer Visionen erfolgen, tritt allerdings meist in Form eines kurzen mentalen Blicks auf das Ereignis auf.

3. Vorhersehung ist die Fähigkeit, die Zukunft vorauszusagen. Dieses Wissen manifestiert sich zumeist in Träumen, kann sich aber auch in wachem Zustand kundtun.

4. Bei der Psychokinese benutzt ein Mensch die mentalen Kräfte seines Gehirns, um Materie zu verändern.

DIE „SOCIETY FOR PSYCHICAL RESEARCH"

Gegen Ende des vorigen Jahrhunderts gründete der bekannte britische Philosoph Henry Sedgwick die *Society for Psychical Research* (SPR). Diese in London ansässige Gesellschaft machte es sich zur Aufgabe, übersinnliche Phänomene zu untersuchen und sie in religiöse und wissenschaftliche Kategorien zu analysieren. Zu den Gründungsmitgliedern gehörten übrigens einige angesehene Mitglieder der wissenschaftlichen Welt, darunter Sir William Barrett, Sir William Crookes und Sir Oliver Lodge, sowie die Philosophen Frederic W. H. Myers and Edmund Gurney.

Ein Jar später traf sich Sedgwick mit William James, dem prominenten Psychologen und Philosophen der Harvard-Universität, der 1885 selbst die *American Society for Psychical Research* (ASPR) ins Leben rief. Gemeinsam mit anderen Wissenschaftlern konzentrierte sich James vor allem auf die Berichte von Menschen, die als Medium gedient hatten.

Doch beiden Gesellschaften ging es nicht darum, die unbedingte Wahrheit dieser Berichte herauszufinden. Viel wichtiger für sie war es, die Phänomene auf wissenschaftliche Art und Weise zu verstehen, sie logisch und rational zu erklären.

Allerdings hatten sowohl die ASPR als auch die SPR bald mit einigen Problemen zu kämpfen: Obwohl die Gründungsmitglieder in ihren Fächern als hervorragende Wissenschaftler galten, wußte niemand von ihnen so recht, wie man dem Außergewöhnlichen auf die Spur kommen sollte. Ein Hauptproblem bestand darin, zwischen Schwindel und Wahrheit zu unterscheiden. Eine der ersten SPR-Untersuchungen beinhaltete eine Beobachtung des Journalisten Douglas Blackburn und des Hypnotiseurs G. A. Smith, die behaupteten, Gedanken lesen zu können. Dabei gab Blackburn an, ein Bild, beispielsweise eine Zeichnung oder eine Nummer, an seinen Freund Smith zu übermitteln, obgleich dieser in der Versuchsanordnung weder hören noch sehen konnte. Sobald nun Smith diese Nachricht durch Telepathie erhalten hatte, zeichnete er die erhaltene Botschaft erstaunlich deutlich auf. Doch Jahre später, als die SPR-Wissenschaftler schon längst gestorben waren, verriet Blackburn den Trick des Ganzen:

***Gegenüberliegend, von links nach rechts:* Die Gründungsmitglieder der *Psychic Society of Chigaco*. Dazu gehörten Owen Paul Fuller, seine Frau Clara Willis Fuller, David Hillyard und Anne Wallenstein. Sie führten eine Reihe systematischer Versuche über hellseherische und telepathische Kräfte durch, in denen sie auch gerissenen Betrügern auf die Spur kamen. Dazu gehörte beispielsweise Oscar Cruz Hoffmann, der viele Mitglieder des Vereins in Chikago in Erstaunen versetzt hatte, bis er und seine Tricks 1921 entlarvt wurden. Sein Schwindel beinhaltete auch einen Spiegel, den ein Freund auf der gegenüberliegenden Straßenseite hielt. Doch eines Tages wurde sein Betrug zufällig entdeckt, als Anne Wallenstein ihm auf der Straße begegnete und direkt neben dem Mann mit dem Spiegel ein Schaufenster betrachtete!**

Viele der Berichte, die die PSC sammelte, sind niemals vollständig aufgeklärt worden. Dazu gehört auch der ungewöhnliche Fall der vier Freyberg-Schwestern (*oben*), von denen jede einzelne übersinnliche Fähigkeiten besaß. Clara Fuller und Davida Hillyard wurden so Ende der zwanziger Jahre schließlich selbst zu gläubigen Spiritualisten. Die Fullers ließen sich 1931 scheiden; Mrs. Fuller wurde eine Hellseherin und arbeitete unter dem Namen Madame Clara. Owen Paul Fuller heiratete wieder und wurde ein erfolgreicher Immobilienmakler in Kalifornien. Anne Wallenstein setzte die Arbeit der PSC bis zu ihrem Tode 1943 fort.

Wie der „Große Houdini", benutzten andere Magier des frühen 20. Jahrhunderts ihr Wissen über die Erzeugung von Illusionen, um die Tricks der übersinnlichen Welt zu demonstrieren. „Geisterbilder" waren nichts anderes als manipulierte Fotografien, die Nachrichten von den Toten waren meistens gefälscht und bei Séance-Sitzungen in den abgedunkelten Räumen war es ein leichtes, ein Tamburin zu schlagen oder eine Glocke zu läuten.

Percy T. Tibbles (1879-1939) (*unten*) trat als Bühnenmagier in Europa und den USA auf. Er verzauberte sein Publikum 1905 als „Zauberer der Sphinx"; von diesen Vorstellungen stammt das Plakat.

Adelaide Hermann (*gegenüberliegende Seite*), ein prominenter weiblicher Magier ihrer Zeit, nannte sich selbst „Königin der Zauberei".

Er hatte sein Bild auf ein winziges Stück Zigarettenpapier gemalt, das er Smith unbemerkt hatte zustecken können!

Die ASPR mußte eine ganze Reihe derartiger Betrügereien hinnehmen, obwohl es bei ihren Untersuchungen einige Fälle gab, in denen außersinnliche Kräfte am Werk gewesen waren.

Eine ihrer interessantesten Experimente betraf Leonora Piper, eine Hausfrau aus Boston. Offensichtlich war die Frau ein mentales Medium, so daß sie in der Lage war, die Nachricht eines Toten auszusprechen oder aufzuschreiben. Bei ihren Sitzungen fiel sie gewöhnlich in Trance, um sich für die Geister zu öffnen, mit deren Stimme sie dann meist sprach. Ihr berühmtester Geist nannte sich Phinuit. Er sprach mit einem starken französischen Akzent und behauptete, ein französischer Physiker gewesen zu sein. Allerdings konnten über eine solche Person keinerlei Aufzeichnungen gefunden werden. Zudem waren seine Französischkenntnisse recht beschränkt. Dennoch kam William James nach monatelangen Beobachtungen zu dem Schluß, daß Leonora Piper in ihren Trancezuständen Dinge erkannte, die sie im bewußten Zustand nicht hätte sehen können.

William James empfahl Leonora Piper 1887 an Dr. Richard Hodgson weiter, den SPR-Vertreter in London. Hodgson galt als energischer und gründlicher Wissenschaftler, der Leonora Piper sogleich testen ließ, um sicherzugehen, daß sie bei ihren Séancen nur auf Fremde stieß. Außerdem ließ er ihre Post kontrollieren und öffnen und beauftragte einen Privatdetektiv mit ihrer Observation. Trotz allem blieben die Botschaften, die sie in ihren Trancezuständen verkündete, sehr genau und konkret. Und Hodgson fand niemals heraus, ob diese Informationen tatsächlich von Geistern stammten und Leonora Piper wirklich außersinnliche Kräfte besaß.

PSI-FORSCHUNG

Die ernsthafte Forschung auf dem Gebiet der Parapsychologie begann Ende der zwanziger Jahre mit den Arbeiten von Professor Joseph Banks Rhine an der Duke-Universität in den USA. Rhine war Gelehrter am Institut für Psychologie und glaubte, daß jeder Mensch übersinnliche Kräfte habe. Deshalb beschäftigte sich Rhine im wesentlichen mit Durchschnittsmenschen.

Für seine Experimente zog er Studenten und Mitglieder seiner Fakultät heran. Er begann seine Forschungen mit einem Test, bei dem die Versuchspersonen die Reihenfolge der Kartenbilder eines umgedrehten Stapels von Spielkarten nennen sollten. Wenn sie besser abschnitten, als dies der Zufall erlaubte, mußte ihnen irgendetwas dabei geholfen haben. Allerdings bestand die Gefahr, daß die 52 Karten eines Sets zu viel waren, um damit wirklich arbeiten zu können, denn die Versuchsteilnehmer könnten bestimmte Zahlen bevorzugen oder andere vermeiden (weil sie damit Unglück assoziierten).

Deshalb bat Rhine einen Kollegen, Karl Zener, ein neues Kartenset zu entwerfen. Die Zenerkarten, wie sie seitdem genannt

ADELAIDE HERRMANN
QUEEN OF MAGIC

Unten: **Das Haus des Parapsychologen Henry Quinn Neville in San Franzisko. Hier führte er auch viele seiner Versuche durch.**

werden, bestehen nur aus 25 Karten – fünf Karten von jeweils einem bestimmten, einfachen Motiv. Dies waren ein Kreis, ein Quadrat, ein Stern, ein Pluszeichen und eine Wellenlinie.

Um nun auch die telepathischen Kräfte zu untersuchen, mußte der Sender (also die erste Versuchsperson) seine Gedanken auf eine Karte richten, nachdem sie einmal aufgedeckt war. Der Empfänger sollte das Motiv dieser Karte aufzeichnen. Oft saßen bei der Versuchsanordnung Sender und Empfänger am selben Tisch, doch in einigen Fällen waren sie auch weiter voneinander entfernt, manchmal gar in zwei Gebäuden. In späteren Tests sollte

der Empfänger versuchen, das Motiv der aufzudeckenden Karte vorauszusagen oder die Reihenfolge der Karten des Stapels zu benennen. In anderen Experimenten sollte der Empfänger vorher bestimmen, in welcher Reihenfolge die neu gemischten Karten liegen würden. Nach den bekannten Zufallswerten mußte man davon ausgehen, daß eine Person insgesamt etwa fünfmal die richtige Angabe machte.

Nach zweijährigen Studien hatte Rhine neun Personen gefunden, die mit ihren Angaben regelmäßig über den Zufallswerten lagen. Zu den besten unter ihnen gehörte ein junger Theologiestudent namens Hubert Pearce. Pearce bewies sein unglaubliches Talent vor allem, wenn er die Reihenfolge der Karten exakt bestimmte. Für ihn entwickelte Rhine neue Tests, die bis heute als Meilenstein in der PSI-Forschung gelten.

Bei diesen neuen Versuchen saß Pearce in einer Kabine in der Universitätsbibliothek, während die sendende Person, J. Gaither Pratt, eine Karte vom Stapel nahm, ohne sie anzusehen. Pratt zeichnete dann seine Vorstellung des Kartenmotivs auf, während Pearce das Motiv vorhersagen sollte. Die Ergebnisse waren überraschend: In einem Zeitraum von acht Monaten wurden 1.850 Versuche dieser Art durchgeführt, und in einer Serie von zwölf Kartendurchgängen traf Pearce bis zu dreizehnmal pro Kartenstapel!

Obwohl Rhine und seine Kollegen dafür keine Erklärung finden konnten, begannen sie doch die Psychologie hinter dem rein psychischen Vorgang näher zu betrachten. Sie fanden beispielsweise heraus, daß Stimmung und Gefühle diese Fähigkeiten beeinflußten; generell schnitten die Versuchspersonen besser ab, wenn sie motiviert waren. Als man Pearce für jede richtige Vorhersage 100 Dollar anbot, erriet Pearce jede einzelne Karte im Stapel. Andererseits ging die Trefferquote zurück, wenn die Person sich gestreßt oder müde fühlte. Bei Pearce zeigte sich dies, als seine Verlobung in die Brüche ging.

Rhine veröffentlichte seine Ergebnisse 1934 in einem Buch, das er *Extra Sensory Perception* nannte. Rhine war der erste, der den Begriff „Außersinnliche Wahrnehmung" verwendete und prägte. Die Öffentlichkeit war zwar begeistert von seinem Werk, und selbst einige Wissenschaftler waren vom Wert seiner Arbeit überzeugt. Doch sorgte Rhine mit seinen Thesen auch für viel Kritik. Einige Psychologen bemängelten die statistischen Methoden, andere wiesen auf den hohen Toleranzbereich der Fehler hin. Doch die schärfste Kritik zielte auf die Einmaligkeit der Versuche, denn mit anderen Personen ließen sie sich in dieser Form nicht wieder-

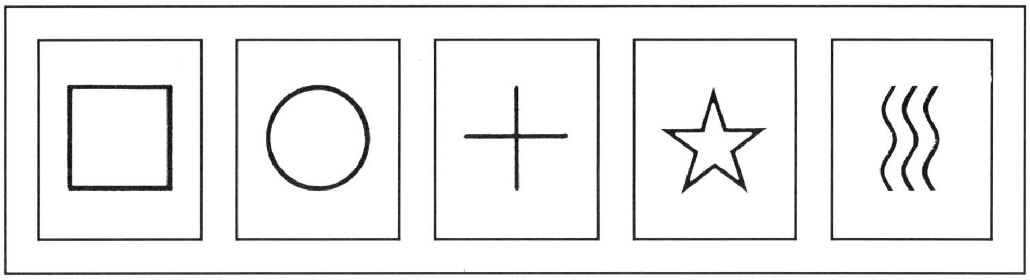

Henry Quinn Neville (*oben*) war 1891 in Karlsruhe geboren und hieß eigentlich Heinrich Neuenberg. Als Zwanzigjähriger wanderte er in die USA aus. Später studierte Neville an den Universitäten von Stanford und Kalifornien Psychologie und Parapsychologie.

Neville orientierte sich an den Arbeiten von J. B. Rhine und Karl Zener und führte eine Reihe spektakulärer und aufwendiger Experimente durch. In einem dieser Versuche verwendete er auch die Zenerkarten (*links*). Bei diesem Experiment saß die Versuchsperson in einem Flugzeug: Interessanterweise zeigte sich, daß die Person so bessere Ergebnisse erzielte als jede Person auf der Erde!

Unten: **Parapsychologie hat seit den bahnbrechenden Forschungen von J.B. Rhine ständig versucht, die Geheimnisse des menschlichen Geistes zu enträtseln.**

Gegenüberliegende Seite: **Die Popularität des Zauberers Harry Kellar traf zufällig mit dem steigenden Interesse an Spiritualismus zusammen. Er behauptete von sich, daß er die Fähigkeit habe, mit der Welt des Übersinnlichen, ja sogar mit dem Teufel selbst, in Kontakt treten zu können. Zwar war die Vorstellung einer speziellen Verbindung zwischen Magier und Satan nichts Neues, doch Kellar wagte es aber erster, ein Bild des Teufels in seinen Plakaten zu verwenden.**

holen. Die Wiederholbarkeit von Versuchen ist es aber, die eine These als allgemeingültig legitimiert.

Die meisten Wissenschaftler akzeptierten die ASW-Forschung nicht als gleichrangige Wissenschaft. Selbst die Duke-Universität, die als erste Einrichtung in den USA ein Labor für Parapsychologie gegründet hatte (mit Rhine als Direktor), bestand auf einer klaren Trennung zwischen der Parapsychologie und den etablierten Wissenschaften.

Das Buch von Rhine erregte auch das Interesse des berühmten Psychiaters und Philosophen Carl Jung, der das Werk lobte und Rhine ermutigte, mit seiner Arbeit fortzufahren, selbst wenn er auf vorhersehbare Kritik stoßen sollte. Jung war seit seiner Kindheit fasziniert von paranormalen Phänomenen; schließlich war er in einer Umgebung aufgewachsen, die ihn derartiges als natürlichen Bestandteil des Lebens ansehen ließ. Als Erwachsener beschäftigte er sich zunächst mit der Astrologie und dem *I Ging*, er verfolgte verständlicherweise die Arbeiten von Rhine mit großer Neugier. Jahre später entwickelte Carl Jung seine Theorie der Synchronizität, nach der äußere und innere Ereignisse, die in keiner kausalen Verbindung zueinander stehen, in einem „bedeutungsvollen Zufall" zusammentreffen. Als Beispiel für seine Theorie erzählte Jung gerne von der Pendeluhr in Sanssouci Friedrichs des Großen, die stehen blieb, als der König starb.

Jung hatte Rhine vor den Kritikern gewarnt. In den kommenden 25 Jahren sollten die Parapsychologen vor allem durch Kritik an ihrem Fach bekannt bleiben. Dennoch forschten Rhine und andere bis 1965 weiter, als er in Pension ging und das Labor an der Duke-Universität geschlossen wurde. Doch an anderen Orten in der ganzen Welt wandte man sich der Parapsychologie zu, so daß heute allein in den USA über einhundert Colleges und Universitäten PSI-Forschung betreiben. In Europa unterhalten die Universitäten Utrecht und Freiburg Forschungszentren.

Im Laufe der Jahre wurden die Testmethoden technisch immer ausgereifter. Computer haben die manuelle Arbeit ersetzt und die Zenerkarten sind elektronischen Zufallsgeneratoren gewichen.

Einer der ersten Apparate dieser Art wurde von Dr. Helmut Schmidt am Boeing-Forschungslabor in Seattle benutzt. Das Instrument basierte auf dem Zerfall von Partikeln radioaktiven Strontiums 90, deren Elektronenstrahlung vier farbige Lämpchen unregelmäßig und zufällig leuchten ließ. Die Testpersonen sollten nun vorhersagen, welche Lampe als nächste leuchten würde. In einer Testreihe sagten die Versuchspersonen durchschnittlich in 26,7 Prozent der Fälle das richtige Lämpchen voraus. Die Chance, richtig geraten zu haben, betrug nur 25 Prozent. Zwar scheint der beobachtete Wert mit 26,7 Prozent nur unwesentlich höher zu liegen, ist jedoch im statistischen Sinne signifikant.

Eine andere Methode in der PSI-Forschung sind Versuche, bei denen die Testpersonen frei antworten können, also nicht auf wenige Möglichkeiten (wie die vier Lämpchen) beschränkt sind. Das bekannteste Experiment dieser Art führten Harold Puthoff, Bonnar Cox und Russell Targ 1974 am Forschungszentrum der Stanford-Universität durch. Dabei fuhren Puthoff und Cox in einem PkW rund eine

KELLAR
LEVITATION
COPYRIGHT 1904 BY
THE STROBRIDGE LITHO CO
CINCINNATI & NEW YORK

Unten: **In einem Experiment, das am Stanford-Forschungszentrum stattfand, konnte die Versuchsperson Pat Price die Bilder von Wasser und Booten erkennen, bevor das Wissenschaftlerteam in ihrem PkW diesen Ort erreicht hatte – den Bootshafen in Marina.**

halbe Stunde ziellos durch die Umgebung, während die Versuchsperson Pat Brice, ein pensionierter Polizeibeamter aus Burbank (Kalifornien), in einem abgeschirmten Raum saß. Der Versuch sollte zeigen, daß es so etwas wie Vorhersehung gibt. Während nun Puthoff und Cox ohne bestimmtes Ziel durch die Landschaft fuhren, sollte Price ihre augenblicklichen Standorte nennen. Price war in der Lage, diese Positionen und ihre Szenerien genau zu beschreiben, bevor Puthoff und Cox dort angekommen waren: „Ich sehe einen kleinen Bootssteg oder ein kleines Dock für Boote an der Bucht... Ich sehe einige Motorboote, ein paar kleinere Segelyachten", sagte Price beispielsweise, oder: „Ich erkenne ein Gebäude mit einer orientalisch wirkenden Architektur, das ungefähr gegenüber liegen muß."

Zwanzig Minuten später kamen Cox und Puthoff am Redwood-Hafen in Marina an, der rund acht Kilometer vom Forschungszentrum entfernt liegt. Gleich in der Nähe lag ein arabisches Restaurant.

ÜBERSINNLICHE PHÄNOMENE IM ALLTÄGLICHEN LEBEN

Übersinnliche Phänomene lassen sich natürlich auch außerhalb der Labors beobachten, obwohl es im alltäglichen Leben fast unmöglich ist, PSI-Kräfte zu entdecken. Dabei richten die Forscher ihr Interesse besonders auf Naturkatastrophen und Unglücksfälle.

Eine der am besten untersuchten Katastrophen ist der Untergang der *Titanic* im Jahre 1912. Ian Stevenson, Psychiater und Parapsychologe an der Universität von Virginia, analysierte übersinnliche Phänomene, die mit der *Titanic* zusammenhingen. Er fand tatsächlich 19 Fälle, in denen offenbar übersinnliche Erlebnisse eine Rolle gespielt hatten. Der befragte Personenkreis bestand aus Verwandten der Opfer und anderen, die keinerlei Verbindungen zu den Passagieren hatten. Die PSI-Erlebnisse waren zumeist in Träumen oder Halluzinationen aufgetreten.

Ein elfjähriges Mädchen, dessen Mutter an Bord gewesen war, erzählte von einem „seltsamen Todesgefühl". Und zwei Tage, bevor die *Titanic* sank, und der Ozeanriese an den jubelnden Menschen auf der Isle of Wright vorbeifuhr, brach eine Frau in der Menge völlig hysterisch zusammen und schrie: „Sie wird sinken!"

Eine andere, oft vorausgesagte Katastrophe war eine Lawine aus Kohlen im Bergbaudorf Aberfan im englischen Wales. Am Morgen des 21. Oktobers 1966 löste sich ein fast tausend Meter hoher Kohleberg, kam als riesige Lawine den Abhang hinunter und raste auf das Dorf zu: Bäume wurden entwurzelt, Häuser weggefegt, die Schule brach unter der schwarzen Masse zusammen. Einen Tag zuvor hatte eines der Mädchen aus dem Dorf ihrer Mutter von einem merkwürdigen Traum erzählt, in dem sie zur Schule gehen wollte, aber das Gebäude von einer schwarzen Masse bedeckt sah.

Vorahnungen der Katastrophe in Aberfan hatte es in ganz England gegeben. Viele Menschen hatten Albträume, in denen sie in völliger Schwärze erdrückt wurden; andere träumten von laufenden Kindern, die einer schwarzen Lawine entkommen wollten, und wieder andere sahen einfach das Wort „Aberfan" einzeln buchstabiert in ihren Träumen.

Der Londoner Psychiater J. C. Barker organisierte schließlich eine systematische Suche nach Menschen, die ähnliche Vorahnungen erlebt hatten. Dr. Barker befragte insgesamt 76 Personen, die angaben, das Unglück vorausgesehen zu haben. Zwar konnte er 16 Fälle ausschließen, doch unter den 60 verbleibenden waren mehr als die Hälfte Menschen, die das Unglück im Traum gesehen hatten. In rund einem Drittel der Fälle hatten die Leute das Erlebnis auch in einem Brief oder in ihrem Tagebuch niedergeschrieben. Barker war überzeugt von der Existenz übersinnlicher Kräfte und sah daher die Notwendigkeit, eine zentrale Meldestelle für Vorahnungen einzurichten – 1967 gründete er das *British Premonitions Bureau*. Bald danach wurde eine ähnliche Einrichtung auch in den USA gegründet.

Katastrophen werden oft vorausgesehen. Zahlreiche Erlebnisse übersinnlicher Art wurden bekannt, nachdem die *Titanic* 1912 gesunken war (*oben*). Diese Berichte untersuchte Dr. Ian Stevenson an der Universität von Virginia. Von ähnlichen Erlebnissen wurde 1893 nach dem Zugunglück eines Wanderzirkus berichtet (*unten*).

ANDERE BEWUSSTSEINSEBENEN

Gertrude Wallingford Hamilton (*unten*) aus San Franzisko konnte sich selbst in Hypnose versetzen und in eine Art Tiefschlaf-Trance fallen. Wenn sie einmal in diesem Zustand war, hatte sie seltsame Träume und Visionen.

In ihren Memoiren erinnert sie sich an einen Traum, in dem sie ihre Heimatstadt aus Asche und Flammen aufsteigen sah wie den mystischen Vogel Phoenix. Sie deutete diesen Traum als Prophezeiung für das große Erdbeben und Feuer, das die Stadt 1906 verwüstete. Neun Jahre später aber war San Francisco mit der *Pacific International Exposition* in neuem Glanz wiedererstanden.

Da sich das Unbekannte so oft in Träumen zeigt, begannen Wissenschaftler damit, einen neuen Forschungszweig einzurichten, den sie Erforschung der anderen Bewußtseinsebenen nannten. Dabei gehen sie davon aus, daß eine Person, die sich in einem anderen Bewußtseinszustand befindet, wie etwa Schlaf oder Trance, sensibler auf das eigene Unterbewußtsein reagiert.

Parapsychologen waren sich schon lange klar darüber, daß der Schlaf übersinnliche Fähigkeiten verstärkt; 1965 führten beispielsweise Dr. Montague Ullman und Dr. Stanley Krippner am Maimonides-Medizinischen Zentrum in New York eine Untersuchung der Traumtelepathie durch.

In ihren Experimenten schlief die Versuchsperson (der Empfänger) in einem schalldichten Raum, während die zweite Person (der Sender) sich in einem weiteren Raum auf ein Motiv konzentrierte, das von den Wissenschaftlern vorgegeben war. Die Mediziner benutzten einen Elektroenzephalographen, um die Gehirnströme des Schlafenden messen zu können. Wenn diese Person REM-Anzeichen aufwies (schnelle Augenreflexe während der Tiefschlafphase), die anzeigen, daß jemand träumt, wurde er sofort geweckt und über den Traum befragt. In vielen Fällen entsprachen diese Traumberichte dem Motiv, auf das sich die sendende Person konzentriert hatte. Ein „Empfänger" beschrieb seinen Traum beispielsweise als „irgendetwas mit Pfosten". Er hatte nichts als im Boden steckende Pfosten gesehen und dabei plötzlich ein Gefühl der Bewegung verspürt, das er unbewußt mit dem Madison Square Garden und einem Boxkampf asso-

Links: Die grauenhafte Wirklichkeit, von der Gertrude Hamilton schon geträumt hatte: die Feuer in San Franzisko, nachdem ein Erdbeben die Stadt in Trümmer gelegt hatte. Doch der Traum endete mit einem Phoenix – vielleicht als Symbol für die *Panama-Pacific International Exhibition* 1915 (*unten*).

Unten: **In einem Versuch zur Erforschung der „Ganzfeld"-Theorie berichtete eine Versuchsperson von Flammen. In einem anderen Raum hatte sich die „sendende" Person auf ein TV-Bild von Feuerschluckern konzentriert.**

Gegenüberliegende Seite: **Versuchspersonen am Parapsychologie-Zentrum in Marin behaupteten, daß sie in der Lage wären, ihre Bewußtseinsebene zu wechseln, indem sie sich auf eine Kerzenflamme konzentrierten. Sobald eine höhere Bewußtseinsebene erreicht war, ist ein Mensch eher dazu bereit, die eigenen übersinnlichen Kräfte zu nutzen.**

ziierte. Das Bild war das Gemälde *Dempsey and Firpo* von George Bellow, das einen Preisboxkampf im Madison Square Garden darstellt!

In den siebziger Jahren entstand eine neue Forschungsrichtung, die Ganzfeld-Theorie. Der Parapsychologe Charles Honorton war der erste, der ein solches Traumerlebnis hatte, bei dem die Sinneswahrnehmung viel schärfer und konzentrierter erscheint als bei ähnlichen Erlebnissen. Die Versuchsperson liegt dabei in einem abgedunkelten Raum, die Augen mit halben Tennisbällen bedeckt, in den Ohren eine beruhigende Synthesizermusik. In diesem zwar wachen, doch sehr entspannten Zustand, ist die Person von allen äußeren Einflüssen und Ablenkungen abgeschirmt und kann sich voll auf die inneren Bilder konzentrieren.

In einem dieser Versuche im Psychophysischen Forschungszentrum in Princeton 1984, konzentrierte sich eine Versuchsperson darauf, ein bestimmtes Bild aus einer Fernsehsendung an eine zweite Versuchsperson zu übermitteln. Als der „Sender" seine Gedanken gerade auf das Bild von zwei Feuerschluckern einstellte, berichtete die zweite Versuchsperson in dem abgedunkelten Raum, daß er ein züngelndes Geräusch hörte, das ihn an Flammen erinnerte, ohne daß er dabei Hitze verspürte.

ÜBERSINNLICHKEIT UND VERBRECHEN

Einige der erstaunlichsten Fälle übersinnlicher Kraft lassen sich hinter den Schlagzeilen der Boulevardpresse finden. Denn oft berichten sie davon, wie ein Mensch mit übernatürlichen Fähigkeiten ein Verbrechen löste, das der Polizei monatelang Rätsel aufgegeben hatte. Meist sind die Geschichten eher Dichtung als Realität. Trotzdem gibt es eine Reihe gut dokumentierter Fälle, in denen Menschen mittels ihrer übersinnlichen Kräfte ein Verbrechen aufklären konnten.

Zwei der bekanntesten Geschichten dieser Art nahmen ihren Anfang ausgerechnet im kleinen Holland. Die beiden Personen mit übersinnlichen Kräften hießen Gerard Croiset und Peter Hurkos. Croiset, 1909 geboren, war schon in den dreißiger Jahren wegen seiner übersinnlichen Kräfte bekanntgeworden. Er hatte es in seinem Leben keinesfalls leicht; es fiel ihm schwer, einen vernünftigen Beruf auszuüben. Die Wende für ihn kam 1945, als er Willem Tenhaeff kennenlernte, der Privatdozent für Parapsychologie an der Universität von Utrecht war. Er glaubte fest, daß Croiset der talentierteste Mann mit übersinnlichen Kräften war, den er jemals getroffen hatte. In den kommenden zwanzig Jahren prüfte Tenhaeff nicht nur die mentalen Kräfte von Croiset, sondern brachte diesen zu noch höheren Leistungen.

***Unten:* Gerard Croiset sagte richtig voraus, daß man die Leiche des sechsjährigen Wimpje Slee in einer Gracht finden würde.**

Dennoch zeigte auch Croiset eine relativ geringe Aufklärungsrate bei Verbrechen, wie übrigens die meisten Menschen mit übersinnlichen Kräften. Croiset ist durch seine Mitarbeit im Fall Kiecorius berühmt. Das vierjährige Mädchen, Edith Kiecorius, aus Brooklyn in New York, war am 22. Februar 1961 spurlos verschwunden. Croiset war bereit, an der Suche nach dem Mädchen teilzunehmen, und bevor er die Niederlande Richtung New York verließ, hatte er eine Vision: das Mädchen war bereits tot! Ihre Leiche würde man in einem hohen Gebäude mit einer großen Werbetafel auf dem Dach finden, gleich in der Nähe wären eine Hochbahnlinie und ein Fluß. Den Mörder sah Croiset als kleinen, etwa 55 Jahre alten Südeuropäer mit einem scharfgeschnittenen Gesicht. Kurz nachdem Croiset in New York angekommen war, hatte er eine zweite Vision, in der das Gebäude fünf Stockwerke hatte, und die Leiche im zweiten Stock gefunden werden würde.

Wie Croiset vorausgesagt hatte, fand man die Leiche des kleinen Mädchens tatsächlich im zweiten Stockwerk eines Gebäudes nahe am Hudson und einer Hochbahn. Die Polizei verhaftete später einen kleinen Mann, dessen Aussehen mit der Vision übereinstimmte. Doch die Ironie bei diesem Fall ist die Tatsache, daß die Polizei den Mord ohne die Hilfe von Croiset aufgeklärt hatte – sie fanden die Leiche während einer Suchaktion, die in keinem Zusammenhang mit den Äußerungen Croisets stand.

Mehr noch als Croiset war sein Landsmann Peter Hurkos ein theatralisch auftretender Mann. Er hatte seine übersinnlichen Fähigkeiten zum ersten Mal 1941 bemerkt, nachdem er aus dem vierten Stock eines Hauses gefallen war, dessen Wände er gerade angestrichen hatte. Der 31jährige Arbeiter wurde bewußtlos ins Krankenhaus gebracht. Als er vier Tage nach seinem Sturz erwachte, litt er an einer Gehirnerschütterung, Gedächtnisschwund und möglicherweise auch neurologischen Spätschäden. Kaum hatte er das Bewußtsein wiedererlangt, hatte er eine Vision seines Sohnes Benny in einem brennenden Raum – fünf Tage später mußte der Junge aus einem brennenden Haus gerettet werden.

Nach dem Unfall war Hurko's Konzentrationsfähigkeit derart gestört, daß er weder arbeiten noch lesen konnte. Doch plötzlich schien er übersinnliche Kräfte zu entwickeln. Schließlich bat man ihn 1947 darum, den Mord an einem holländischen Kohlearbeiter aufzuklären.

Hurkos konnte sich regelrecht in die Hülle des Ermordeten hineinfühlen und sagte, daß der Mann von seinem Stiefvater getötet worden sei, und daß man die Tatwaffe auf dem Dachboden im Hause des Ermordeten finden würde. Tatsächlich entdeckte die Polizei das Gewehr an jener Stelle. Fingerabdrücke auf der Waffe überführten schließlich auch den Täter – den Stiefvater!

Bald wanderte Hurkos in die USA aus, wo er ebenfalls sehr populär wurde und als Hellseher für Hollywood Stars diente. Obwohl Hurkos gewöhnlich nicht mehr an der Aufklärung von Verbrechen arbeitete, entschloß er sich 1964, an der Suche nach dem „Würger von Boston" teilzunehmen. Sechs Tage lang konzentrierte er sich auf verschiedene Dinge in zwei Schachteln, die mit dem Mordfall zu tun hatten. Schließlich verkündete Hurkos, daß der Mörder an einem College in Boston zu suchen sei. Daraufhin zeigte ihm die Polizei einen Brief an eine Bostoner Schwesternschule, den ein Mann geschrieben hatte, der eine Krankenschwester kennen-

Unten: Croiset war so erfolgreich, daß er nach New York ging. Dort half er, das Verschwinden der vierjährigen Edith Kiecorius aufzuklären. Obwohl er verschiedene Hinweise gab, die tatsächlich mit dem Fundort ihrer Leiche übereinstimmten, klärte die Polizei das Verbrechen unabhängig davon auf.

Unten: **Als Donald Sandifer im Herbst 1960 einen Verwandten in Sandpoint, Idaho, besuchte, war er gerne bereit, seine übersinnlichen Kräfte einzusetzen, um den fünfjährigen Mikey Rosewall zu suchen, der seit zwei Tagen verschwunden war.**

Als Sandifer der Polizei sagte, er hätte in einer Vision Wasser gesehen, wurde die Suche rund um den Pend Oreille Fluß konzentriert, wo man Mikey fand – hungrig, schmutzig und müde, aber sonst unversehrt.

lernen und heiraten wollte. Hurkos erklärte sofort, daß der Briefschreiber auch der Mörder sei. Er beschrieb ihn als einen 52jährigen Mann, homosexuell und frauenverachtend, der mit einem starken französischen Akzent sprechen sollte. Außerdem hätte dieser Mann eine akzentuierte Nase, dünnes, zurückgehendes Haar und einen großen Adamsapfel. Die Polizei ging den Spuren nach, die Hurkos gesehen hatte, und fand einen Mann, den sie Thomas P. O'Brien nannte. Seine wahre Identität wurde geheimgehalten. Von seiner äußeren Erscheinung und seinem Benehmen her entsprach er exakt den Beschreibungen von Hurkos. Allerdings hatte die Polizei keine Beweismittel gefunden, um ihn auch verhaften zu können. Doch gelang es ihnen, O'Brien in eine psychiatrische Nervenklinik zur weiteren Beobachtung einzuweisen. Diese Idee stieß übrigens auch auf die Zustimmung O'Briens selbst, der so nicht wegen Mordes angeklagt werden konnte. Damit war der Fall ohne Prozeß erledigt.

Diese Beispiele zeigen, wie schwierig es ist, Menschen mit übersinnlichen Kräften bei der Aufklärung von Verbrechen einzusetzen. Die Details, die sie in ihren Visionen sehen, führen selten zur Lösung und sind manchmal sogar völlig falsch.

Dorothy Allison, eine Frau mit übernatürlichen Kräften aus New Jersey, hat an über 4.000 Fällen gearbeitet, von denen

sie allerdings nach eigener Aussage nur annähernd hundert gelöst hat.

Sie zog zum ersten Mal das öffentliche Interesse auf sich, als sie im Dezember 1967 bekanntgab, daß sie über den Verbleib des fünfjährigen Michael Kurcsics Bescheid wußte. Der Junge würde tot sein, sagte sie, man würde seine Leiche in einem Abflußrohr finden. Seine Schuhe würden vertauscht angezogen sein, er würde außerdem einen grünen Skianzug tragen. In einiger Entfernung sah sie ein graues Gebäude, goldene Buchstaben und die Nummer 8. Zwei Monate später fand die Polizei die Leiche des Jungen in einem Abflußrohr bei Clifton im US-Staat New Jersey. Wie Deborah Allison vorhergesehen hatte, trug der Kleine einen grünen Skianzug und hatte die Schuhe vertauscht übergestreift. In der Nähe standen ein graues Gebäude, eine Fabrik mit goldenen Werbebuchstaben und die PS 8-Grundschule.

Sieben Jahre später löste Deborah Allison ein Verbrechen, das wieder mit einer verschwundenen Person begann und mit einem Mord endete. Wie schon zuvor, führten auch hier die Hinweise, die sie der Polizei geben konnte, zu der Entdeckung der Leiche der ermordeten Deborah Sue Kline. In diesem Fall hatte Deborah Allison vorausgesagt, daß man die Leiche der 18jährigen auf einem Hügel finden würde. Sie sah auch die Farbe Gelb, eine Müllkippe, einen Schuh und einen transportablen Swimming Pool aus Plastik. Und sie sagte voraus, daß der Fall bald gelöst sein werde, da man einen der beiden Täter fassen, und dieser seinen Komplizen verraten würde.

Tatsächlich sollte sie mit ihrer Vision Recht behalten: Ein Mann namens Richard Lee Dodson war geständig und führte die Polizei nach Fannettsburg Mountain. Dort waren alle Hinweise, die Deborah Allison gesehen hatte, wirklich vorhanden: Gelbe Straßenschilder, eine Müllkippe, und der Schuh, der dem Opfer gehört hatte. Die Leiche war in der Nähe begraben. Sie lag unter einem Swimmingpool aus Plastik.

Unten: **Mit der Hilfe von Henry Mikeskell und dessen übersinnlichen Kräften gelang es 1930 der Polizei in San Franzisko, eine merkwürdige Schießerei aufzuklären, die vor dem Haus 1635 Ellis Street stattgefunden hatte.**

Die Beschreibungen von Mikeskell führten die Behörden zu Dorothea Howard, die im Laufe der Schießerei spurlos verschwunden war.

PSYCHOKINESE

Gegenüberliegende Seite: **Die Magier vergangener Zeiten mögen ihr Publikum mit allerlei Tricks begeistert haben. Heute besitzen dagegen Menschen wie Uri Geller übersinnliche Kräfte, mittels derer sie faszinierende Vorstellungen liefern.**

Unten: **Amanda Stewart zeigte während einer Testreihe an einem College in Neu England erstaunliche telekinetische Fähigkeiten. Sie wurde im Labor eingeschlossen und war dennoch in der Lage, eine ganze Schublade voller Besteck zu verbiegen, obwohl diese sich in einer Cafeteria quer über dem halben Campous befand. Nachdem sie 1959 ihren Universitätsabschluß abgelegt hatte, hörte sie mit der wissenschaftlichen Forschung auf und gründete eine Familie.**

J. B. Rhine widmete sich nicht nur der Erforschung von Telepathie, Vorhersehung und Hellseherei, sondern beschäftigte sich später auch mit einem vierten Gebiet der PSI-Forschung, der Psychokinese. Gewöhnlich wird dieser Begriff kurz PK genannt. Er bezeichnet die Fähigkeit des Geistes, Materie zu beeinflussen und zu verändern. Rhine interessierte sich für diesen Forschungszweig, nachdem ihn ein professioneller Spieler besucht hatte. Der behauptete, er könne beim Würfelspiel die fallenden Würfel beeinflussen. Rhine war natürlich neugierig geworden und prüfte die Fähigkeiten des Mannes in einer Testreihe: Er sollte einen Würfel 24 mal oder ein Würfelpaar 12 mal würfeln. Dabei sollten natürlich die Motive fallen, die er sich zuvor gewünscht hatte.

Rhine fiel auf, daß die beobachteten Ergebnisse dann am besten waren, wenn die Versuchsperson hochmotiviert war. Rhine ließ einen Würfelwettbewerb veranstalten, bei dem er vier Theologiestudenten, die fest daran glaubten, durch ihre Gebete zu gewinnen, gegen ein Team aus vier anderen Studenten antreten, die eine hohe Trefferquote beim Würfelspiel gezeigt hatten. Beide Gruppen schnitten sehr gut ab; jedenfalls wesentlich besser als es der Zufall erlaubte.

Trotz dieser Erfolge blieb vieles von Rhines Forschungsergebnissen nicht schlüssig, so daß er wenig veröffentlichte. Zudem mangelte es der PSI-Forschung an der Unterstützung der wissenschaftlichen Welt, und besonders die Psychokinese schien vielen noch dubioser als andere parapsychologische Phänomene.

In den sechziger Jahren waren Parapsychologen allerdings so weit, daß sie in einer Reihe von Labortests die Existenz von Psychokinese ausreichend demonstriert hatten. Deshalb wandten sie sich langsam der Außenwelt zu, um dort nach spektakulären Fällen von Psychokinese zu suchen. Dabei traf man auch auf Ingo Swann, der schon als Kleinkind psychokinetische Kräfte gezeigt hatte. Als er gerade zwei Jahre alt war, konnte er bei seiner Mandeloperation seinen Körper verlassen und der Operation zusehen. Als Erwachsener waren seine Fähigkeiten noch besser geworden, so daß er einer Reihe von Experimenten zustimmte, die die besten Parapsychologen der Welt mit ihm planten.

Gertrude Schmeidler vom New Yorker City College entwarf speziell für ihn eine Testreihe, um seine psychokinetischen Kräfte zu analysieren: Selbst aus einer Entfernung von sieben Metern war Swann noch in der Lage, die Temperatur eines Thermometers zu verändern, sogar dann, wenn es sich in einer abgedichteten Flasche befand. In einigen Fällen schwankte dabei übrigens auch die Körpertemperatur von Swann selbst.

Einer der bekanntesten – und auch am heftigsten kritisierten – Menschen, die über psychokinetische Kräfte verfügen, war Uri Geller, ein israelischer Magier. Geller wurde durch seine sensationellen Fernsehauftritte bekannt, in denen er vorführte, wie er Metall verbog und zerbrach. Nach seinen TV-Auftritten wurden die Fernsehanstalten oft mit hunderten von Anrufen überschüttet, in denen die Zuschauer berichteten, daß ihre *eigenen* Schlüssel, Silberbestecke und andere metallische Objekte sich während Uri Gellers Vorstellung verbogen hatten.

THE GREAT
JANSEN
AMERICA'S GREATEST TRANSFORMIST
AND HIS OWN
BIG AMERICAN COMPANY
COPYRIGHT 1911
AMERICAN
SHOW PRINT
MILWAUKEE
CO
-8956-

Ein Löffel (*ganz oben*) in seinem normalen Zustand und die Zeichnung eines Künstlers, die die psychokinetischen Kräfte am Werk zeigt (*oben*), die den Löffel verbiegen.

***Rechts:* Ein Blick auf eine Gabel vor und nach einem Experiment, mit dem die psychokinetischen Kräfte von Jonathan Kemmerle geprüft werden sollten. Kemmerle war ein gewöhnlicher Buchhalter aus Cincinnati (Ohio) und erkannte seine besonderen Fähigkeiten, als er noch zur Schule ging. Nach einer Reihe intensiver Tests ermüdete er zunehmend und lehnte schließlich weitere Untersuchungen ab.**

Uri Geller wurde natürlich von Parapsychologen vielerlei Tests unterzogen. Dabei liebte er es, den Wissenschaftlern kleine Streiche zu spielen – manchmal ließ er eine Stoppuhr plötzlich losgehen. Doch wenn er erst einmal im Labor saß, zeigte sich, daß seine Fähigkeiten nur schwer nachzuweisen waren. Er war eine durchweg unkooperative Versuchsperson, der auf seinen eigenen Methoden beharrte.

Als die Ergebnisse der Geller-Tests veröffentlicht wurden, wiesen Kritiker sogleich darauf hin, daß sie vielfach kaum kontrolliert worden seien, und daß die Testsituation weniger an eine Forschungseinrichtung als vielmehr an einen Zirkus erinnerte. Unter den schärfsten Kritikern waren auch Zauberkünstler, die zeigten, daß einige der angeblich psychokinetischen Kräfte schlichtweg Tricks gewesen sein könnten.

Im Gegensatz zu Uri Geller war eine andere Person, die Russin Nina Kulagina, eine dankbare Versuchsperson. Unter strengen Laborbedingungen zeigte sie eindeutig die Fähigkeit, Dinge zu bewegen oder gar in Kreisbahnen zu bringen. Ihre psychokinetischen Kräfte beeinflußten Kunststoffe, Metall und Plastik, selbst wenn sich die Objekte hinter Plexiglas befanden. Nach den Testberichten schaffte sie es einmal, allein durch Gedankenkraft das Eiweiß vom Dotter zu trennen und sie in verschiedene Richtungen davonschweben zu lassen.

ASW-THEORIEN

Die erste große Herausforderung für Parapsychologen war die Beweisführung, daß es übersinnliche Phänomene überhaupt gibt. Gefragt wird bis heute immer, wie dieses oder jenes geschehen kann, da es doch offensichtlich allen Gesetzen der Physik widerspricht. Allerdings glauben nur wenige Wissenschaftler, daß herkömmliche Theorien paranormale Ereignisse überhaupt erklären können. Dabei berufen sie sich gerne auf das Weltall, dessen Aufbau wir noch keinesfalls ganz begriffen haben. Aber vielleicht können uns Vorstellungen vom Aufbau des Universums dabei helfen, Erklärungsmodelle für außersinnliche Wahrnehmung zu finden.

Eines der ersten dieser Modelle hing mit den Gesetzen des Elektromagnetismus zusammen, also den Licht- oder Energiewellen. Einige Parapsychologen gehen davon aus, daß übersinnliche Kräfte sich innerhalb dieses Spektrum manifestieren müßten. Da fast alle elektromagnetischen Wellen von den normalen menschlichen Sinnen nicht wahrgenommen werden können (einmal abgesehen vom sichtbaren Licht), scheint es möglich, daß sich ihre Unsichtbarkeit für wenige Menschen mit besonderen mentalen Kräften aufhebt. Dieses Gedankenmodell wird heute von den meisten Forschern abgelehnt, weil man solche „PSI-Wellen" nie finden konnte.

Ein neueres Modell basiert dagegen auf einer abstrakten, mehrdimensionalen Geometrie. Die paranormale Energie befindet sich zwar außerhalb dieses abstrakten Raumes, steht aber mit den vier Dimensionen Höhe, Weite, Tiefe und Zeit in Verbindung. Einige Mathematiker räumen ein, daß es sicher mehr als die vier bekannten Dimensionen gibt – vielleicht bis zu 26 – und daß die PSI-Welt zu einer von ihnen gehören könnte. Doch für diese Theorie lassen sich eben keine *physikalischen* Beweise finden.

Ein weiteres Modell, das übernatürliche Kräfte erklären könnte, geht auf die Quantenmechanik zurück. Nach ihren Gesetzen verhalten sich Partikel auf subatomarer Ebene in einer für uns paradox erscheinenden Weise. Dies läßt sich an einem einfachen Beispiel erklären: Wenn zwei Partikel, ein Elektron und sein Gegenüber in der Antimaterie, ein Positron, zusammenstoßen, lösen sich beide Teilchen auf. Dabei entstehen zwei Photonen, die in verschiedene Richtungen davonfliegen. Nach den Beobachtungen aus der Quantenmechanik wird nun das Photon A solange weder eine Richtung noch eine Geschwindigkeit oder irgendeine andere meßbare Größe aufweisen, solange es nicht von einem Beobachter bemerkt wird. In diesem Moment erst nimmt es eine Richtung und eine Geschwindigkeit usw. an. Und im selben Augenblick weist das Photon B exakt die entgegengesetzten Größen auf. Einfach ausgedrückt, scheint es so zu sein, als ob das Photon B „wüßte", was das erste Photon tut. Offensichtlich gibt es etwas, das unser Universum zusammenhält, das wir aber (noch?) nicht kennen. Dieses Modell läßt sich auch auf die übernatürliche Energie übertragen, wobei man davon ausgeht, daß das menschliche Bewußtsein auch auf einer subatomaren Ebene existiert. Dies würde auch erklären, weshalb eine Person mit derartigen Fähigkeiten sofort von etwas weiß, was auf der anderen Seite der Erde geschieht.

In den neunziger Jahren stellt sich die wissenschaftliche Unterstützung für die Parapsychologie recht unterschiedlich dar. Obwohl manche Wissenschaftler keinen Sinn mehr in weiteren Forschungen sehen, beweist eine Umfrage der Wissenschaftszeitschrift *New Scientist*, daß nach wie vor ein großes Interesse an der Parapsychologie existiert.

***Unten:* Wie kommt psychokinetische Energie zustande und welche Form nimmt sie an? Wissenschaftler versuchen bis heute auf Fragen wie diese Antworten zu finden. Aber immer noch sind sie mehr damit beschäftigt, Skeptiker davon zu überzeugen, daß es übersinnliche Phänomene gibt.**

INDEX

Seite 176: **Seit uralten Zeiten war die Menschheit von übersinnlichen Erscheinungen fasziniert. Seit der Ära der Geisterjäger und Spiritisten versuchen Wissenschaftler, die Geheimnisse des Universums zu enträtseln. Doch der Schlüssel dazu muß noch gefunden werden.**

AV
YAGA
BOMBAY